全国高职高专药学类专业规划教材（第三轮）

医药营销心理学

第 3 版

（供药学类专业用）

主　编　刘　婕

副主编　夏　冬　任　滨

编　者　（以姓氏笔画为序）

任　滨（山东医药技师学院）

刘　婕（山东医药技师学院）

刘　群（山东医药技师学院）

刘相晨（山东省漱玉平民大药房连锁股份有限公司）

连进承（重庆三峡医药高等专科学校）

辛　亮（安庆医药高等专科学校）

张黎逸（重庆医药高等专科学校）

罗　莎（长沙卫生职业学院）

郑　丹（山东药品食品职业学院）

姚大志（哈尔滨医科大学大庆校区）

夏　冬（辽宁医药职业学院）

中国健康传媒集团

中国医药科技出版社 · 北京

内 容 提 要

本教材为"全国高职高专药学类专业规划教材（第三轮）"之一，系根据学科发展和高等职业教育教学改革的新要求，紧密结合岗位知识和职业能力要求、理论与实践密切联系等特点编写而成。本教材在上一版的基础上，新增了医药商品特性与营销心理、医药商品价格与营销心理、药店购物环境心理、医药广告心理等内容，扩展了新的知识面和技能面，内容更加详实完整。本教材为书网融合教材，即纸质教材有机融合电子教材、教学配套资源（PPT、微课、视频、图片等）、题库系统、数字化教学服务（在线教学、在线作业、在线考试），使教学资源更加多样化、立体化。

本教材主要供全国高等职业院校药学类专业师生教学使用，也可作为医药连锁企业的参考培训用书。

图书在版编目（CIP）数据

医药营销心理学/刘婕主编. —3 版. —北京：中国医药科技出版社，2024.5（2025. 11 重印）.

全国高职高专药学类专业规划教材. 第三轮

ISBN 978 - 7 - 5214 - 4680 - 7

Ⅰ. ①医… Ⅱ. ①刘… Ⅲ. ①药品 - 市场心理学 - 高等职业教育 - 教材 Ⅳ. ①F713. 55

中国国家版本馆 CIP 数据核字（2024）第 106282 号

美术编辑 陈君杞
版式设计 友全图文

出版 **中国健康传媒集团** | 中国医药科技出版社
地址 北京市海淀区文慧园北路甲 22 号
邮编 100082
电话 发行：010 - 62227427 邮购：010 - 62236938
网址 www. cmstp. com
规格 889mm×1194mm $^1/_{16}$
印张 10 $^1/_2$
字数 310 千字
初版 2015 年 8 月第 1 版
版次 2024 年 6 月第 3 版
印次 2025 年 11 月第 2 次印刷
印刷 天津市银博印刷集团有限公司
经销 全国各地新华书店
书号 ISBN 978 - 7 - 5214 - 4680 - 7
定价 **39. 00 元**

获取新书信息、投稿、为图书纠错，请扫码联系我们。

数字化教材编委会

主　编　刘　婕　黄　鹏

副主编　高艺伦　郑吉亨

编　者　(以姓氏笔画为序)

任　滨（山东医药技师学院）

刘　婕（山东医药技师学院）

刘　群（山东医药技师学院）

连进承（重庆三峡医药高等专科学校）

辛　亮（安庆医药高等专科学校）

张黎逸（重庆医药高等专科学校）

罗　莎（长沙卫生职业学院）

郑　丹（山东药品食品职业学院）

郑吉亨（山东医药技师学院）

姚大志（哈尔滨医科大学大庆校区）

夏　冬（辽宁医药职业学院）

高艺伦（山东医药技师学院）

黄　鹏（山东医药技师学院）

出版说明

全国高职高专药学类专业规划教材，第一轮于2015年出版，第二轮于2019年出版，自出版以来受到各院校师生的欢迎和好评。为深入学习贯彻党的二十大精神，落实《国务院关于印发国家职业教育改革实施方案的通知》《关于深化现代职业教育体系建设改革的意见》《关于推动现代职业教育高质量发展的意见》等有关文件精神，适应学科发展和高等职业教育教学改革等新要求，对标国家健康战略、对接医药市场需求、服务健康产业转型升级，进一步提升教材质量、优化教材品种，支撑高质量现代职业教育体系发展的需要，使教材更好地服务于院校教学，中国健康传媒集团中国医药科技出版社在教育部、国家药品监督管理局的领导下，组织和规划了"全国高职高专药学类专业规划教材（第三轮）"的修订和编写工作。本轮教材共包含39门，其中32门为修订教材，7门为新增教材。本套教材定位清晰、特色鲜明，主要体现在以下方面。

1. 强化课程思政，辅助三全育人

贯彻党的教育方针，坚决把立德树人贯穿、落实到教材建设全过程的各方面、各环节。教材编写将价值塑造、知识传授和能力培养三者融为一体。深度挖掘提炼专业知识体系中所蕴含的思想价值和精神内涵，科学合理拓展课程的广度、深度和温度，多角度增加课程的知识性、人文性，提升引领性、时代性和开放性，辅助实现"三全育人"（全员育人、全程育人、全方位育人），培养新时代技能型创新人才。

2. 推进产教融合，体现职教特色

围绕"教随产出、产教同行"，引入行业人员参与到教材编写的各环节，为教材内容适应行业发展献言献策。教材内容体现行业最新、成熟的技术和标准，充分体现新技术、新工艺、新规范。

3. 创新教材模式，岗课赛证融通

教材紧密结合当前实际要求，教材内容与技术发展衔接、与生产过程对接、人才培养与现代产业需求融合。教材内容对标岗位职业能力，以学生为中心、成果为导向，持续改进，确立"真懂（知识目标）、真用（能力目标）、真爱（素质目标）"的教学目标，从知识、能力、素养三个方面培养学生的理想信念，提升学生的创新思维和意识；梳理技能竞赛、职业技能等级考证中的理论知识、实操技能、职业素养等内容，将其对应的知识点、技能点、竞赛点与教学内容深度衔接；调整和重构教材内容，推进与技能竞赛考核、职业技能等级证书考核的有机结合。

4. 建新型态教材，适应转型需求

适应职业教育数字化转型趋势和变革要求，依托"医药大学堂"在线学习平台，搭建与教材配套的数字化课程教学资源（数字教材、教学课件、视频及练习题等），丰富多样化、立体化教学资源，并提升教学手段，促进师生互动，满足教学管理需要，为提高教育教学水平和质量提供支撑。

前言 PREFACE

为适应高等职业教育教学改革的新要求，对接医药市场需求、服务健康产业转型升级等变局，职业教材建设应紧跟行业改革发展的步伐，支撑高质量现代职业教育体系发展的需要，为此我们启动了教材的修订编写工作。经过充分的调研和论证，并根据高等职业教育药学类专业的人才培养目标，确定了本课程的教学大纲和教材内容，让教材更好地服务于职业院校教学。

医药营销心理学是一门新兴的应用型学科，发展较快，所以本教材在上一版教材的基础上，做了大胆的修改工作。在新版教材编写中，力求体现高职高专教育特点，深度挖掘提炼专业知识体系中蕴含的思想价值和精神内涵，强化课程思政，实现全员育人、全程育人和全方位育人。教材内容的设置对接岗位，面向生产、物流、服务、管理第一线，引入医药行业企业专家参与教材编写的各环节，为教材内容适应行业发展献言献策，推进产教融合，努力体现高职教育改革成果。同时尽量使教材内容与技术发展衔接，与营销心理活动过程对接，与技能竞赛、职业技能等级考证中的技能点、竞赛点深度对接，达到学有所用的目的。

在本版教材中，我们增加了市场营销学 4P 理论中心理学原理的运用，分别是项目五医药商品特性与营销心理、项目六医药商品价格与营销心理、项目七药店购物环境、项目八医药广告心理等，与上版教材相比，内容结构更加完整，更加突出了心理学理论在市场营销活动中产生的重要作用，对培养符合医药市场需要的高技能专业营销人员可以起到促进效果。

本教材由刘婕担任主编，具体编写分工如下：项目一由刘婕编写；项目二由张黎逸编写；项目三由罗莎编写；项目四由任滨编写；项目五由夏冬编写；项目六由姚大志、郑丹编写；项目七由连进承编写；项目八由辛亮编写；项目九由刘群编写。全书由刘婕、刘相晨、刘群整理统稿。在此，向所有帮助、支持本教材出版的工作人员表示衷心感谢！

限于编者水平与经验，书中疏漏与不足之处在所难免，敬请读者和广大同行批评指正，以便后期纠正和补充。

编　者
2024 年 5 月

CONTENTS 目录

项目一 医药营销与医药营销心理

PPT

任务一 认识医药市场营销学与医药营销心理学

情境导入

情境：汶川大地震发生后，社会各界纷纷给灾区捐钱捐物，在一次全国赈灾募捐晚会上，某饮料生产商集团以1亿元的捐款成为国内单笔捐款最高的民营企业。晚会播出后立刻在网络上出现了"让某饮料从中国的货架上消失""某饮料，你够狠"等评论，商店里某饮料上一罐卖一罐，甚至产品卖到脱销。而某饮料这种无心插柳柳成荫的行为成为最好的广告。

思考：这一事件迎合了消费者的何种心理？

市场营销是经济社会中适用领域最为广阔的经济管理活动，在发达国家，35%左右的企业员工都在市场营销领域从事工作，非商业企业组织也大量应用市场营销的知识和方法，市场营销活动产生的利润，不仅是企业生存必不可少的，而且是整个国民经济生存和健康发展不可或缺的，除了对国民经济的贡献外，市场营销活动还有助于改善人们的生活质量。

在医药领域里同样如此，医药企业不能单纯地追求生产技术优势，更需要追求医药市场方面的优势，没有医药市场营销，企业就不能更好高速地发展。

一、医药市场营销学

（一）医药市场营销学的概念

医药市场营销是企业以消费者需求为出发点，综合应用各种战略与策略，把医药商品和服务整体地销售给消费者，尽可能满足消费者需求，并最终实现企业自身目标的经营活动。

（二）医药市场营销观念

营销观念是企业开展营销活动的指导思想，即医药企业在开展营销活动中处理企业、消费者和社会之间利益关系的态度和思想，其核心问题是：在不同的市场环境下，以"什么"为中心开展企业的生产经营活动。

不同的营销环境决定了不同的营销观念，企业大体经历了五种营销观念，即生产观念、产品观念、推销观念、市场营销观念和社会营销观念，前三种一般被认为是传统的营销观念，后两种是现代营销观念，现代市场营销活动只有奉行现代营销观念，才能取得企业营销成功。

（三）营销 4Ps 策略

医药企业在营销活动中可以控制的开拓市场的因素有很多，最常见的一种分类方法是4Ps，即产品（product）、价格（price）、分销（place）和促销（promotion），再加上策略（strategy）。这4个P的适当组合与搭配，体现了市场营销观念指导下的整体营销思想。

1. 产品 企业注重开发产品的功能，要求产品有独特的卖点，把产品的功能诉求放在第一位。

2. 价格 根据不同的市场定位，制定不同的价格策略，产品的定价依据是企业的品牌战略，注重品牌的含金量。

3. 分销 企业并不直接面对消费者，应注重经销商的培养和销售网络的构建，企业与消费者的联系是通过分销商进行的。

4. 促销 企业注重销售行为的改变来刺激消费者，以短期的行为促成消费的增长，吸引其他品牌的消费者或提前消费来促进销售的增长。

二、心理与心理学

（一）心理

心理是指生物对客观物质世界的主观反应，人的心理现象是自然界最复杂、最奇妙的一种现象。人可以看、听、说、闻，拥有"万物之灵的智慧"，还有七情六欲、千人千面的个性……这些都属于心理现象。

心理现象包括心理过程和人格。心理过程主要包括认知过程、情绪、情感过程和意志过程。认知过程，如感觉、知觉、记忆、思维等；情绪、情感过程，如喜、怒、忧、思、道德感、理智感、美感等。人格主要包括心理特征、心理倾向性和自我意识。

（二）心理学

心理学就是研究人和动物心理现象发生、发展和活动规律的一门科学。心理学既研究动物的心理（研究动物心理主要是为了深层次地了解、预测人的心理的发生、发展的规律），也研究人的心理，而以人的心理现象为主要研究对象，因此心理学是研究心理现象和心理规律的一门科学。

目前，心理学的研究主要分为理论研究和应用研究两个方面。它主要包括实验心理学、认知心理学、人格心理学、社会心理学、发展心理学、心理测量学、生理心理学等学科。心理学应用研究的目的则是将理论研究的成果运用到不同的领域以解决各种实际问题。它主要包括临床心理学、教育心理学、学校心理学、工业与组织心理学、广告心理学、消费心理学、法律与犯罪心理学、运动心理学等学科。

> **知识链接**
>
> **心理学发展历程简介**
>
> 在远古时代，人们还不清楚自己身体的构造，却开始注意各种心理现象。古希腊、古罗马以及西欧中世纪的哲学家对灵魂的见解不同，提出了形态各异的理论，其中许多论述都是关于心理现象的。可以说，他们的思想中闪烁着心理学的火花。
>
> 通过几个世纪哲学心理学和心理生理学的研究，心理学逐渐形成了自己的体系、科学事实和研究方法。1879年，冯特在德国莱比锡大学建立第一所心理学实验室，从此，心理学成为一门独立的学科。

心理学自从脱离哲学而成为一门独立学科之后，相继出现了许多理论学派。各学派在心理学的研究对象、性质和方法上持有不同的观点，研究的范围和内容也各不相同。各学派之间研究重点各有侧重，观点各异，学派内部也因见解不同而分出了新的派别。

三、医药营销心理学

（一）医药营销心理学的概念

医药营销心理学主要是研究医药市场营销活动中，营销对象（厂商、消费者等）的心理特点与行为规律的科学。

医药营销心理学的相关理论对医药商品这一特殊商品的经营和销售，及其特殊消费者的消费动机、态度、人格和购买习惯等一系列问题进行分析、解释，并对部分影响因素进行讨论，希望能对医药商品销售过程起到参谋作用，并对企业的经营决策有所帮助。

（二）医药营销心理学的理论来源

医药营销心理学主要理论应依据以下几个方面。

1. 市场营销学　作为独立的学科，它是市场营销原理和市场营销管理的结合体。现代市场营销学，其应用从营利组织扩展到非营利组织，并同经济学、行为科学、人类学、数学等学科相结合，成为应用型边缘管理学科。市场营销活动是维系医药企业健康运转的重要因素，正确合理的市场营销活动可以促进医药企业经济效益，并且可以增加医药企业市场竞争力。市场营销思想对心理学知识的应用主要体现在以下几个方面。

（1）有关动机的思想　动机在市场营销中就是销售吸引力，这一概念本身就说明了加入市场抱有某种目的，并暗示了某些对市场行为产生影响的因素。在一些早期的市场营销著作中，本能欲望和冲动被作为购买的基础进行了讨论；满意、舒适和方便则被解释为从感觉中产生的动机。市场动机特定地被解释为购买动机，且分为始发动机和选择动机、理性动机和感性动机、购买动机和惠顾动机以及最终动机（或个人动机）和产业动机等。刺激的概念被用于解释"销售吸引力"，即产品和服务刺激满足欲望的特征，它们能激起购买动机。对刺激的无反应或冷淡被称为"销售阻力"，但它可以通过适当的行为刺激来加以克服。

（2）沟通及教育的心理功能　心理学解释了人们的学习过程，某种想法通过知觉、顿悟和直觉被意识接受，通过思考、推理、联想被理解和发展，通过记忆来保留和回忆，通过判断被应用。这种理论观点正好被用于解释市场营销中如何使信息的传递引起对方的兴趣，以及如何同对方成功沟通的过程。

（3）市场营销学的概念在心理学领域里蕴含新的意义　例如，销售过程分为知晓、兴趣、欲望、确信和行为五个阶段；在某种环境下，个体按照冲动而不是逻辑推理来采取行动。个性的概念也被用于无生命的市场营销机构。还有一个被运用的概念是意象，即仅仅由于心目中对某人的印象而形成对他的性格特征的认识。意象是由暗示、教育和经历发展而来的，意象的存在仅仅是一种心理现象。

2. 心理学　心理学基本原理是医药营销心理学中关于消费者在消费过程中的心理过程、个性特征等理论的主要理论依据。心理学侧重于研究行为发生和发展的规律，包括由此而产生的相应的态度。另外，作为心理学分支之一的社会心理学则是研究个体或群体在特定条件下对心理活动，尤其是医药消费心理活动的发生、发展变化规律的理论依据。社会心理学所研究的个体、群体的特征及其态度的形成和转变，对于研究医药消费者的购买愿望及影响因素有重要的意义。有了社会心理学的知识，才能更多地了解医药消费者的行为是如何受到社会群体、他人和家人影响的。此外，社会心理学中沟通理论和人际关系理论是医药营销心理学中营销人员素质与能力培养的理论依据，其中还包括与消费者的沟通技术、人际关系的建立与发展等，都是药品营销者应具备的能力。

3. 营销心理学 研究探讨的是商品营销活动中主要营销对象——消费者的心理特征，以及营销人员应具备的基本心理素质和相关的营销策略，为营销活动提供心理学理论依据，讨论营销活动应遵循人们心理活动的规律，提倡把营销策略、营销方式以及营销宣传与消费者的心理过程、个性心理特征联系起来。另外，营销心理学中不同程度地涉及社会学、经济学、跨文化人类学等方面的知识，社会信息传播、社会生活方式变化及家庭结构问题的理论，商品生产与商品流通、商品价格的理论，不同民族的文化传统、生活方式和风俗习惯等对人类消费行为的影响等。

4. 医学伦理学 是专门研究医学道德的学科。在医药经营销售活动中，药品作为特殊商品，其特殊性就体现在它的用途上，医药消费者购买这一商品的主要用途就是治疗疾病，保证身体健康。因为药品关乎人的生命和健康，与人们的生命安危息息相关，不同于一般商品，所以，医药营销人员的职业素质和道德要求显得极为重要。也正因为这样，医药营销心理学中对于营销人员的心理素质和职业要求，以及营销观念始终贯穿相关的医学伦理学和医学道德的理念。

四、医药营销心理在医药市场营销中的重要作用

研究医药市场营销活动离不开对活动参与者行为与心理规律的研究。人是复杂的，每个人都拥有自己的价值观，而且消费心理也都不相同，这就要求在医药商品的经营活动中，经营者要兼顾各方面的因素，不仅要知道医药消费者的心理，尽量满足绝大多数消费者的需求，同时要了解从业人员的心理，还要把营销的方法、策略以及广告宣传等对消费者产生的影响结合起来。

总之，就是研究各种自己所经营的医药产品这一特殊商品有关的一切对象的心理活动，这些研究离不开医药营销心理学的理论应用，目的就是了解这些市场营销活动参与者的心理活动规律，以提高市场营销的核心作用。

1. 成功营销策略的运用应当从心理分析开始 心理学是研究人们的心理、意识和行为以及个体如何作为一个整体，与其周围的自然环境和社会环境发生关系的一门科学。其研究的对象是人，而人正是市场营销活动的主体，也是市场营销学研究的对象之一。由于心理学和市场营销学的研究对象存在相同之处，因此，两者的关系十分密切，心理学的应用贯穿了整个市场营销管理的过程。

2. 心理研究利于全面、深入把握消费者的需求与购买行为 营销活动怎样才能激起消费者的欲望与需求，促使消费者购买产品，就必须对消费者的心理进行研究，只有真正了解消费者的心理活动及其变化过程，才能使营销的知觉与观念、理智与情感的诉求达到预期的目的。营销中的说服过程，就是让消费者对营销的内容感兴趣，引起消费者的共鸣，让消费者相信营销传播的内容，按照营销者的意图采取购买行为。

3. 对于及时掌握市场信息，全面优化营销组合，提高营销绩效有帮助 营销心理学的研究并没有止步于了解消费者的需求，它更强调与消费者沟通、互动，真正进入消费者的内心世界，使营销创意（产品策略创意、品牌创意、广告宣传创意等）与消费者达到心灵的共鸣。这就要求营销人员尽力尽心地倾听消费者的心声，领悟他们在购买行为中的感受。如果在产品设计、生产、销售等各个环节上都考虑消费者的心理需求，实际上等于不花成本而创造了更高的价值。

4. 对消费者心理研究可以创造需求，引导消费 人的心理特征具有相对的稳定性，同时也具有一定的可塑性，因此消费者行为具有可引导性。营销者可以在一定的范围内对自己和消费者的行为进行预测和调整，也可以通过改变环境实现对行为的调控，尽量消除不利因素，创设有利环境，引发自己和消费者的积极行为，甚至变不可能为可能，这正是营销心理在营销中的特殊作用。

5. 有利于改善营销人员自身的营销素质，从而提高服务水平　营销心理不仅研究消费者的行为与心理规律，也研究营销者、竞争者、利益相关者的行为与心理规律，它使企业能够真正做到在各个方面都"知己知彼"明白消费者的真正需求，要明白自己某项决策背后的心理规律的支撑，明白竞争对手对自己决策的反应，明白企业利益相关团队的配合程度，从而提高决策的科学性、营销的针对性、沟通的成功率等。

任务二　认识医药营销心理学的研究对象、发展历程和研究方法

▶ 情境导入 ///

情境：某药店在重阳节组织促销活动，有"免费向老人送鸡蛋""营养品第二件一折""××天然维生素 E 超低价"等多种优惠活动，在药店门口发放宣传单时，店员看到如果消费者是小姑娘，就会提示"我们在做活动，××天然维生素 E 只卖 50 元"；如果消费者是中年人，则会说"我们在做活动，家里有老人可以免费领鸡蛋"，这些优惠活动大大提高了消费者对 DM 单的关注度，并直接产生大量客流。

思考：1. 针对不同消费者的话术优势在哪里？
　　　2. 不同消费者的心理需求有哪些？

一、医药营销心理学的研究对象

1. 研究影响医药营销活动的心理因素　以产品设计、定型到投放市场以及企业的促销和消费者的购买为一个基本周期。在这个过程中，伴随着医药商品价值的转移活动和实体的运动，参与营销活动的各个主体，其心理现象均会产生复杂的变化。医药营销活动中心理因素的变化主要表现在三个方面。

（1）消费者（中间商、病人）对营销者和医药商品所产生的认知和情感。如识别了外形、记住了某些特征、产生了好感等。

（2）消费者在认知、情感过程中所表现出来的稳定的心理倾向。个体的性格起着主要的作用，如是追求物美价廉、货真价实、企业形象，还是追求高额利润、标新立异、个人形象等。

（3）营销者心理需求及心理变化的层次和趋势。

2. 研究受心理因素影响而产生的购买行为和购买习惯　相对固定的心理特点必定影响和制约着特定的购买行为和购买习惯，比如受地域及观念的影响，某些药品在某些地区可能会长期受到认可。

3. 研究细分市场的心理标准　由于营销者（包括病人）的心理特点不同，而形成了医药商品市场的不同消费群体，这也许正是细分市场的理想标准。如从病人方面入手，可分析其生活方式、性格特征、经济基础等；如从营销者分析，可考虑其需求、兴趣、性格、爱好、生活方式等。

4. 研究市场营销的心理策略　比如，设计人员设计的药品，从外观、品牌、包装设计等方面均能符合营销者和病人的心理需求；可以运用心理策略去激励中间商更好地营销本企业的医药商品；可以根据妇女、老年人、文艺工作者、体育爱好者等群体的心理特点和行为规律，采取一定的心理策略让他们主动接受；还可以从心理学的角度开展企业的公共关系活动，以更广范围、更大程度地提高本企业的形象和声誉。具体内容包括广告心理学、消费心理学、妇女心理学、老年心理学以及对细分市场、营销渠道、企业宣传、促销活动的综合心理研究等内容。

二、医药营销心理学的发展历程

医药营销心理学是近年来出现的新兴学科，目前正处在初步发展阶段，属于应用心理学研究范畴，是营销心理学的一个分支。伴随着医药营销领域的扩大与市场变革，医药营销心理学也面临着前所未有的机遇和挑战。

（一）营销心理学的发展

营销心理学是专门研究营销活动中卖方和买方的心理现象产生、发展和变化的一般规律以及买卖双方心理沟通的一般过程的科学。

营销心理学形成于 20 世纪 60 年代的美国，但其渊源却可以追溯 19 世纪末、20 世纪初，即市场营销学发展的早期，与市场营销学一同产生和发展，并相互促进的。营销心理学的发展主要经历了以下几个阶段。

1. 营销心理学萌芽阶段（19 世纪末至 20 世纪初）　19 世纪末至 20 世纪初，西方企业刚刚经历了一个飞速发展的黄金时期，生产力急剧提高，工业化产品产量激增，进入产品相对过剩阶段。此前，由于西方资本主义经济迅速发展，消费需求极度膨胀，形成卖方市场格局，企业奉行生产观念，完全忽视消费需求的研究和其他营销手段的配合。面对"供大于求"的难题，人们首先想到的是运用广告宣传来解决。

1901 年，美国心理学家斯科特首次提出了要把现代广告活动和广告工作的实践发展成为科学。1903 年，他编著了《广告原理》一书，第一次把广告当作一种学术理论来探讨。1908 年，斯科特撰写了《广告心理学》一书，他运用心理学的原理分析了消费者的接受心理，开始了对广告理论的较为系统的探索。同一时期，美国哈佛大学的闵斯特伯格对广告的面积、色彩、文字运用和广告编排技巧等因素与广告效果之间的关系进行了系统的实验研究。

心理学对市场营销中的问题进行研究的结果，促进了市场营销学的发展。这一时期，市场营销理论开始形成，并注意心理学知识在市场营销中的应用问题。受市场营销学基本理论框架的影响，营销心理学的研究也基本上以广告心理学的形式出现。

2. 销售心理学研究阶段（20 世纪 20 年代至 40 年代）　第一次世界大战爆发，给美国工商企业带来了前所未有的发展机遇。从 1923～1929 年危机爆发之前的 6 年间，出现了工商企业的极度繁荣，广大消费者中蕴藏着巨大的消费需求。1929 年开始的大萧条，使企业面临前所未有的困难，一方面产品过剩，另一方面消费者的潜在需求未得到满足，迫使企业不得不采取各种方式加大产品的推销力度，使企业尽快摆脱危机和萧条的影响。

这种社会现实，使美国学术界和企业界空前重视推销理论的研究和推销技巧的运用。这一时期，市场营销理论开始对市场营销职能进行深入研究，将销售看成同生产一样的重要环节，并将市场营销系统的目标定位为使产品从生产者那里顺利地转移到使用者手中，企业市场营销活动的中心应由卖方向买方转移。与此同时，对销售中的心理现象的研究也受到重视。在提出"创造需求"口号的同时，开始重视和加强市场调研，预测消费趋势，刺激消费需求。市场学、管理学、广告学、心理学等在市场营销活动中得到广泛运用，并取得显著效果。美国西北大学的贝克伦在《实用心理学》一书中用两章专门论述了销售心理学的问题，提出了解消费者的需要是搞好推销工作的核心环节。

3. 消费者心理学研究阶段（20 世纪 50 年代至 70 年代）　二战以后，美国各大企业集团及其过剩的生产能力需要寻找新的出路，市场竞争日益激烈。从 20 世纪 40 年代中期开始，美国经历的"第三次科技革命"使美国企业经历了"20 年的繁荣期"，买方市场全面形成。而新技术革命浪潮使传统工业企业相对衰落，新兴工业、高技术部门企业崛起。这些社会经济条件促使市场营销学逐渐从经济学中独立出来。与此同时，营销心理学的研究呈现繁荣景象，发表了大量有关营销心理学方面的研究成果。许多心理学家开始关注营销领域，如：1951 年，美国心理学家马斯洛提出了需要层次理论；1953 年，美国心理学家布朗开始研究消费者对商标的倾向性；1957 年，社会心理学家鲍恩开始研究参照群体对消费者购买行为的影响；1960 年，美国成立"消费者心理学会"，1969 年成立"消费者协会"。

此时，营销心理学的研究逐步摆脱了单个领域的束缚，从流通领域进入生产领域，成为参与指导整个市场营销活动的一门学科。

4. 营销心理学大发展阶段（20 世纪 80 年代至今） 20 世纪 80 年代开始，西方经济在经过了 80 年代的缓慢发展后，90 年代进入了一个全新的电子商务时代。市场营销进入了一个伟大划时代意义的时期，营销理念、营销运作策略、营销组织发生了深刻的变化，由此引起的对营销心理的研究更加深入，范围也不断扩大，营销理念、营销运作策略、营销组织均发生巨大变化。

近年来，营销实践及理论的变化，极大地增强了对消费者研究的重视程度，也提高了对企业营销技巧的要求，因此，对营销参与者各方行为与心理规律的研究也更加深入、细致，具体表现如下。

（1）研究范围不断扩大 既强调消费者满意，也强调员工满意，并将企业利益相关团体的满意放在重要位置。此外，还着手对竞争对手、合作伙伴的行为与心理特点进行研究，以增强竞争取胜的可能。

（2）研究更加深入 对消费者的研究，不再只局限于消费心理，更注重个人整体与长期关系的建立。

（3）研究方法更加精确和数量化 研究体系日臻完善如在研究消费者忠诚度、品牌忠诚度时，运用了各种定量分析方法，使心理研究成果对营销实践的指导更有效。

（4）沟通效率更高 在与合作伙伴、消费者沟通方面，形成系统观点，并将网络平台作为辅助手段，提高了沟通绩效。

（二）医药营销心理学的初步发展

在过去，中国的医药营销主要以中药店、老字号为主，自给自足的农耕社会中，竞争并不是很明显。1949 年以后，中国经济处于计划经济时代，对于医药产品实行"包产包销"政策，医药企业只关注自身产品的生产，没有或者很少涉及医药营销问题。改革开放以后，大量外资企业涌入，三资企业、合资企业等多种企业形式在中国涌现，对原有民族企业、国有企业形成了冲击，在竞争中也促使中国的企业进行深刻反思、奋起直追。

营销心理学的研究始于 20 世纪 80 年代，并获得长足发展。1991 年，原商业部将"营销心理学"正式列入经营与管理专业的课程，并组织编写了"营销心理学教学大纲"。1992 年以后，部分院校已经将这门课程列入教学计划。营销心理学在我国的发展对我国企业的营销实践起到了很好的指导作用。

当前，中国处于互联网、大数据、云处理的时代，新医改政策正在稳步进行，医药销售的格局进一步变化。这一切，对于医药企业来讲既充满了挑战，也预示着机遇。

在经济学中，人们的消费行为是感性消费和理性消费的统一。随着社会经济的发展，人们的生活水平逐步提高，健康意识愈来愈强，生活方式也发生巨大变化，感性消费现象在医药营销领域亦成为普遍现象，因此，医药营销心理学愈来愈受到重视。所谓感性消费，是指消费者在选择具体的消费品时，在关注其质量的前提下，更加注重产品所引起的感官愉悦，并同时强调产品形式是否符合消费者的品位、理念、价值和偏好等。感性消费实际上也就是一种心理或精神性消费。这就要求医药营销相关行业要深入研究消费者的心理特点，根据消费者的心理状态开展营销活动，从而以消费者为依托引导市场发展，成为医药商战中的赢家。

三、医药营销心理学的研究原则与方法

（一）研究原则

无论哪一门学科，都必须接受哲学的指导，因为哲学是关于自然、社会和人类思维最一般、最普遍规律的科学。医药营销心理学同样必须以马克思主义的哲学，即辩证唯物主义和历史唯物主义作为研究的理论基础，医药营销心理学的研究原则如下。

1. 客观性原则　是进行任何科学研究所必须遵循的基本原则。在医药营销活动中，各种心理现象都是由客观存在引起的，对各种心理现象的研究，也必须结合营销活动的实际情况，去客观、历史地分析、研究，从而揭示营销活动中各种心理现象的特点及发展、变化的规律，而不能主观臆断、凭空猜想。

2. 发展性原则　要求对营销活动中各种心理现象的研究要用变化的、发展的眼光去看待。影响医药营销的各种因素随时处于变化之中，营销人员的心理及行为与各种影响因素相适应也处于变化之中，表现在营销观念、营销动机、营销机构等方面，因此，医药营销人员既要客观研究现实存在的营销客体的心理特点、行为规律，又要用发展的眼光预测其将来的方向及水平，只有这样，医药企业才能在营销活动中始终处于主动的地位和积极的状态。

3. 联系性原则　每个人都生活在复杂的自然环境和社会环境中，任何一个心理现象的产生都受到环境的影响和制约，而这种影响和制约在不同时间、不同地点、不同条件下的反映又有所不同。所以，在研究营销参与者的心理现象时，不仅要考虑与之相联系的多方面的因素，还要分析引起营销心理现象的原因、条件等。总之，要注意研究社会环境诸因素对营销参与者心理的影响，不能孤立地、片面地看问题。

（二）研究方法

医药营销心理学系心理学与营销学的交叉学科，其研究方法既从属于心理学的研究方法，也有营销学的研究特点，基本方法如下。

1. 实验法　是指系统地操作某一实验变量，使相应的心理行为现象产生或改变，进而分析研究的一种方法。实验法的优点是研究速度较快，并可根据要研究的心理行为现象，灵活调整、控制环境变量；其缺点是实验变量的控制要有相应的条件，如相应的仪器设备、标准的计算工具以及配套的控制软件等。根据研究目的和手段的不同，实验法可分为实验室实验法和自然实验法两种。

（1）实验室实验法　是指在实验室条件下，通过人为地控制相应实验变量，借助相关的仪器设备，来研究心理行为变化规律的方法。通过实验室严格的人为条件控制，可能获得较精确的研究结果。另外，由于实验条件严格控制，运用这种方法有助于发现事件的因果关系，并可以对实验结果进行反复验证。医药营销心理学的许多课题都可以在实验室进行研究，如人们可以用速示器、抓台器等仪器在实验室中研究消费者的记忆、选择偏好等。实验室实验法的缺点是被试者在实验室环境中容易引起心理紧张，相应的实验结果可能会产生偏差。

（2）自然实验法　也叫现场实验法，指在实际营销环境中，由实验者创设或改变某些条件，以引起被试某些心理活动进行研究的方法。在这种实验条件下，由于被试者处于自然状态中，不会产生很强的紧张心理，因此，得到的资料比较切合实际。但是，自然实验中由于实验环境不易控制，在许多情况下，人们往往借助专门的实验设备来记录被试者的心理现象。

2. 观察法　就是研究者依靠自己视、听器官，在自然环境中对人的行为进行有目的、有计划的系统的观察并记录，然后对所作记录进行分析，以期发现心理活动变化和发展规律的方法。观察法使

用方便，所得材料真实，并且简单易行，费用低廉。但是，观察法也具有一些缺点，如：在进行观察时，观察者只能被动地等待所要观察的事件出现，在事件出现时，所能观察到的是，消费者如何从事活动，并不能得到消费者为什么这样活动以及当时其内心是怎样想的资料；观察资料的质量在很大程度上也受到观察者本人的能力水平、心理因素的影响；为了使观察得来的资料更全面、真实、可靠，被观察的人和事数量要多、面要广，而且为了取得大量的资料，所需的人力和时间自然要多。一般只有当研究的问题能够从消费者外部行动得到说明时，才适宜于应用观察法。目前，人们运用观察法进行研究时，常常借助于现代的视听器材设备，如摄影机、录像机、录音机、电视等。

观察法一般用于研究消费者需求与动机、消费行为与态度、购买决策等；广告、商标、包装、橱窗和柜台设计在营销沟通中的效果，商品价格对购买的影响，商店的营销状况和某种新产品是否受消费者的欢迎等方面。

例如，要了解药店橱窗广告设计的效果，可以在橱窗前用摄像头记录行人注意广告或停下来观看广告的人数，以及观看广告人数在路过行人中所占的比例。之后，还可以通过重新设计广告牌，然后再观察统计观看的人数占路过行人的比例，以此来比较两种设计的效果。

知识链接

观察法在实际研究中的应用

1966 年美国的威尔斯和洛斯克鲁托在超级市场内所进行的消费心理研究，是运用观察法的典型例子。他们在超级市场的谷物食品、糖果和洗衣粉柜台前进行了 600 小时的观察。从消费者进入这些柜台的过道开始，直到离开过道为止，他们观察消费者的各种活动，做了 1500 条记录。通过观察记录的分析，研究了消费者的构成、性别及成年人和儿童所占的比例；还分析了当几个人在一起时，是谁影响了购买。此外，消费者的其他一些微观的心理活动，诸如，对价格的议论，对商标与包装的兴趣都在分析之列。这种观察研究不仅为探查消费心理的一般规律提供了资料，同时也为商店改进经营策略提供了依据。

3. 调查法　是通过晤谈、访问、座谈或问卷等方式获得资料，并加以分析研究的方法，具体的方式有面谈调查、信函调查、电话调查、留置调查、街头随机调查等。下面介绍三种常见的方法。

（1）晤谈法　也叫作访问法。通过与被试者晤谈，了解其心理信息，同时观察其在晤谈时的行为反应，以补充和验证所获得的资料，进行描述或者等级记录以供分析研究。晤谈法的效果取决于问题的性质和研究者本身的晤谈技巧。

（2）座谈　也是一种调查访问手段。通过座谈可以从较大范围内获取有关资料，以提供分析研究。这种方法的优点是简单易行，便于迅速获取资料；缺点是具有较大的局限性。要使谈话有效须注意三点：目的明确，问题易懂；讲究方式，控制进程；系统、完整、详尽地记录谈话的内容。

（3）问卷调查法　是运用内容明确的问卷量表，让被试者根据个人情况自行选择回答，然后通过分析这些回答来研究被试者心理状态的方法。常用的方法有是非法、选择法和等级排列法三种。问卷法的优点是能够在短时间内取得广泛的材料，且能够对结果进行数量处理，缺点是所得材料较难进行质量分析，难以把所得结论与被试者的实际行为进行比较。

在许多情况下，为了使调查不至于遗漏重要内容，往往事先设计调查表或问卷，列好等级答案，当面或通过邮寄供被调查者填写，然后收集问卷对其内容逐条进行分析等级记录并进行研究。例如调查住院病人对护理工作是否满意、哪些满意、哪些不满意及其等级程度。问卷调查的质量决定于研究者事先对问题的性质、内容、目的和要求的明确程度，也决定于问卷内容设计的技巧性以及被试者的合作程度。例如，问卷中的问题是否反映了所要研究问题的实质、设问的策略是否恰当、对回答的要求是否一致、结果是否便于统计处理，以及内容是否会引起被调查者的顾虑等。

4. 投射测验法　又称深层法。是一种通过无结构性的测验，引发被测试者的反应，从中考察被测试者所投射的人格特征的心理测试方法。具体地说，就是给测试者意义不清、模糊而不准确的刺激，让其进行想象、加以解释，使他的动机、情绪、焦虑、冲突、价值观和愿望在不知不觉投射出来，而后从他的解释中推断其人格特征。在该领域中比较常用的有角色扮演法、造句法和词汇联想法等。

四、学习医药营销心理学的意义

医药营销心理学属于应用心理学的分支，是心理学在医药市场营销活动中的实践应用，但更应当被看作是医药市场营销理论的重要组成部分，是当今成功的医药营销活动必不可少的理论工具，所以医药营销心理学的研究对于参与医药营销的各个方面都有着重要的意义。

（一）有助于医药企业更好地开拓市场

市场"细分"过程中，既要考虑社会经济形态的标准，也应考虑心理与行为方面的差异，这样才能更加符合市场营销的实际需要；在调动经销商工作积极性方面，既要运用经济手段去吸引，还要运用心理策略去激励，效果才会更好；另外，在品牌设计、包装装潢、广告促销等方面，也应注意借鉴和运用心理学的原理和技术，才能使营销策略在整体上更具有竞争力，从而争得实效，更好地开拓市场。

（二）有助于更好地满足消费者的需求

医药经销商和病人的需求，在物质形态方面有区别，在消费心理和行为习惯方面也有差异。医药企业如果只注意到药品在物质形态方面的不同，而忽略了消费心理与行为习惯的特点，就不能最大限度地满足经销商和病人的需求，营销效益当然也会受到影响。尤其在当今感性消费时代，此问题更加突出。因此，医药企业必须研究和了解消费者的心理特征，有针对性地制定营销策略，使经销商和病人在获得物质利益和身体康复的基础上，同时也获得心理上的愉悦。

（三）有助于医药企业改善营销管理，提高服务水平

医药企业必须按市场需求来组织生产和开展营销活动，这是目前我国医药企业在调整产品结构、转变营销观念、改善营销状况的过程中应该努力的方向。部分企业营销状况不理想，一个重要的原因就是忽略了整个营销过程中大量的心理因素。相反，另外一些企业抓住了这个关键问题，真正满足了经销商和消费者的心理需求，提高了服务的档次，取得了显著的营销业绩。因此，广大医药企业管理者应该借鉴他人的成功经验，在设计、生产、广告、营销等各个环节上，考虑到心理因素的巨大影响，最大限度地改善营销管理，提高服务水平。

▎**知识链接** ┈┈

如何学好医药营销心理学

1. 要想很好地学习这门课程，需要留出足够的时间来阅读教材和复习课堂笔记。

2. 兴趣是最好的老师，带着浓厚的兴趣和疑问投入学习，把学到的知识重新组织和整理，并将有价值的内容和自己的思考、总结及时记录下来。

3. 讲究学习方法和记忆策略。在学习新知识时，要及时复习，并且要间隔地进行复习，这种经常性的学习要比考前突击更有效。

4. 以学习为中心，创造良好的学习氛围。找一些喜欢学习的同学，并与他们交流学习的内容与

方法，就会发现自己知识的深度和广度都有所提高。

5.注重理论与实践相结合。在生活实习过程中，遇到的问题要善于运用学过的知识进行分析，并提出可行的解决方案，在实践中检验和巩固所学的知识。

•••• 目标检测

答案解析

一、单选题

1. 医药营销心理学的研究原则有（　　）

　　A. 创新性　　　　　　B. 真实性　　　　　　C. 科学性　　　　　　D. 联系性

2. 营销中的4Ps中的4P指的是（　　）

　　A. 推销策略　　　　　B. 价格策略　　　　　C. 商品策略　　　　　D. 物流策略

3.（　　）是企业开展营销活动的指导思想

　　A. 营销观念　　　　　B. 市场观念　　　　　C. 消费者至上观念　　D. 营利观念

4. 医药营销心理学的研究方法有观察法、实验法、调查法和（　　）

　　A. 投射测验法　　　　B. 晤谈法　　　　　　C. 信息收集法　　　　D. 访问法

二、简答题

1. 当前学习和研究医药市场营销学有何重要意义？

2. 学习医药营销心理学应掌握哪些实用的研究方法？

书网融合……

本章小结　　　　　　习题

项目二　消费者的个体心理

PPT

> 学习目标

知识目标：通过项目的学习，应能掌握消费者心理过程的基本概念，熟悉消费者心理过程中各部分的基本特征，了解心理学知识在医药营销活动中的运用。

能力目标：通过任务的学习，具备在营销活动中观察分析消费者个体心理的能力，根据消费者个性心理规律开展营销活动。

素质目标：通过项目的学习，树立对心理规律的探索学习意识，促进营销实践活动的前瞻思维。

任务一　认识心理现象中的心理过程

> 情境导入

情境：一个老教授昔日培养的三个得意门生都事业有成，一个官场上春风得意，一个商场上捷报频传，一个埋头做学问如今也苦尽甘来，成了学术明星。于是有人问老教授：你认为三人中哪个会更有出息？老教授说："现在还看不出来。人生的较量有三个层次，最低层次的是技巧的较量，其次是智慧的较量，而最高层次的较量则是个性的较量。"顿时，现场鸦雀无声。

思考：1. 为什么最高层次的较量是个性的较量？

2. 结合医药消费市场领域的特点，你持怎么样的观点呢？

一、消费者的认知过程

认知过程是人们获得知识和应用知识的过程。人通过认知过程主观的、能动的反映着客观事物及事物之间的内在联系，认知过程包括感觉、知觉、注意、记忆、想象和思维等心理活动。

（一）感觉

1. 感觉的概念　感觉是人脑对直接作用于感觉器官的客观事物的个别属性的反映。虽然感觉只能反映事物的个别属性，如颜色、声音、气味、软硬等，是最简单的心理现象。但是一切较高级、较复杂的心理现象，都是在感觉的基础上产生的。感觉是人认识世界的开始。如果一个人丧失了感觉，就不能产生认知，也不会有情绪情感和意志。如果感觉被剥夺，人的心理就会出异常。

2. 感觉的种类　根据刺激的来源，感觉可以分为内部感觉和外部感觉。接受机体内部刺激并反映它们的属性的感觉称为内部感觉，包括运动觉、平衡觉、机体觉等。接受外部刺激并反映它们的属性的感觉称为外部感觉，包括视、听、嗅、味、皮肤觉等。

3. 感受器与适宜刺激　直接接受刺激产生兴奋的装置叫感受器。感受器将各种刺激的能量转换为神经冲动，经传入神经到达大脑皮层的特定区域形成感觉。大多数感受器只对一种刺激特别敏感，并且感受器与刺激种类的关系都是固定的。例如视觉感受器感受光波的刺激，听觉感受器感受声波的刺激，嗅觉感受器感受有气味的气体的刺激等。感觉器官最敏感的那种刺激就是该感受器的适宜刺激。视觉的适宜刺激是波长为 380 ~ 780 纳米的电磁波，听觉的适宜刺激是 16 ~ 20000 赫兹的空气振动，嗅觉的适宜刺激是能挥发的、有气味的物质。

4. 感受性和感觉阈限　每个人的感觉器官的感受能力是不同的。同样的声波刺激，有人能听到，有的人却听不到，这就是感觉能力的差别。感觉器官对适宜刺激的感受能力叫感受性。感受性的高低可以用感觉阈限来衡量。能引起感觉的最小刺激量叫感觉阈限。感受性与感觉阈限之间成反比，感觉阈限低感受性高。

感受性可分为绝对感受性和差别感受性，感觉阈限可分为绝对感觉阈限和差别感觉阈限。刚刚能引起感觉的最小刺激强度叫绝对感觉阈限，可以衡量绝对感受性的高低。绝对感觉阈限越小，绝对感受性越高。刚刚能引起差别感觉的最小变化量叫差别感觉阈限，可以衡量差别感受性的高低。觉察到的差别越小，也就是差别感觉阈限越小，说明他的差别感受性越强。德国的生理学家韦伯在 1840 年发现，差别阈限可随着刺激强度的变化而变化，但是差别阈限和原来刺激强度的比例却是一个常数，用公式表示就是 $\Delta I/I = K$，ΔI 是差别阈限，I 是原来的刺激强度，K 是个常数，叫韦伯常数，这就是韦伯定律。韦伯定律适用于中等的刺激强度。

5. 感觉的特征

（1）感觉适应与感觉后像　感觉适应是指在外界刺激的持续作用下，感受性发生变化的现象。"入芝兰之室，久而不闻其香；如鲍鱼之肆，久而不闻其臭"，说的就是感觉适应现象。各种感觉都有适应现象，但适应性的高低有很大差别。嗅觉很快产生适应，痛觉则很难适应。有些感觉适应表现为感受性的降低，有些感觉适应则表现为感受性提高。人从亮的环境到暗的环境，开始看不到东西，后来逐渐看到了东西，这是暗适应；从暗的环境到亮的环境，开始觉得光线刺的眼睛睁不开，很快就不觉得刺眼了，这是明适应。暗适应是感受性增强的现象。在实际生活中，感觉适应是利弊兼具的一种心理现象。

如音乐停止后，声音还在耳朵里萦绕；电灯熄灭了，灯泡的形象还能在眼睛里保留一会儿。这种外界刺激停止作用后，感觉形象还能暂时保留一段时间的现象，称为感觉后像。感觉后像有正后像、负后像两类之分。正后像在性质上和原感觉的性质相同，负后像的性质则同原感觉的性质相反。比如，注视电灯一段时间后，关上灯，仍有一种灯好像在那亮着的感觉印象，这是正后像。

（2）感觉对比与联觉　不同刺激作用于同一感受器时，感受性在强度和性质上发生变化的现象叫感觉对比。如灰色在黑色的背景上要比在白色背景上显得更亮一些。人们常说"红花还得绿叶扶"，就是因为有了绿色的对比，红色看起来更加鲜艳了。除了视觉有对比，嗅觉、味觉和皮肤感觉都有对比现象。如病人喝过苦的药水，再吃甜的东西，会觉得更甜；触摸过冷的东西再摸热的东西，觉得热的更热了。

当我们听到节奏感很强的音乐时，会觉得灯光也和音乐节奏一起闪动。这种一个刺激不仅引起一种感觉，同时还引起另一种感觉的现象叫联觉。联觉现象在日常生活中非常普遍。教室和病房需要安静，其装饰常常采用冷色调，冷色使人感到清凉平静。电冰箱大多数是白色为主的冷色调，因为红色等暖色调会让人产生其制冷效果不好的错觉。

（3）感觉的补偿　在不同的生活实践中，人的感受性发展也不相同。尤其是通过专门的训练可使人的某种感觉比常人敏感。如调音师的听觉比常人灵敏。如果一个人丧失某种感觉，由于生活的需要，会使其他感觉更加发达来补偿。如盲人的听觉和触觉更加灵敏。

6. 感觉在消费者购买行为中的作用　感觉是影响消费者购买行为重要的因素，感觉因素在市场营销中的意义和作用相关研究越来越多，其主要内容综合概括为以下三点。

（1）感觉是消费者判定产品质量的好坏、鉴别产品真伪的重要手段和途径。

（2）感觉是企业开发新产品的重要基础。

（3）感觉是营销策划时必须认真考虑的一个重要因素。

（二）知觉

1. 知觉的概念 知觉是人脑对直接作用于感觉器官的客观事物的整体属性的反映。知觉与感觉都是人脑对直接作用于感觉器官事物的反映，但是感觉只反映事物的个别属性，知觉则反映事物的整体属性；知觉对事物的反映依赖于个人的知识经验，并受人的主观态度影响，而感觉则不依赖于个人的知识和经验。

2. 知觉的特性

（1）整体性 知觉的对象由不同的部分组成，有不同的属性，但人们并不把它感知为个别孤立的部分，而总是把它作为具有一定结构的整体来反映，甚至当某些部分被遮盖或抹去时，人们也能够将零散的部分组织成完整的对象，知觉的这种特性称为知觉的整体性或知觉的组织性。格式塔心理学家曾对知觉的整体性进行过许多研究，提出知觉是把组成事物的各个部分，按照一定的规律，以稳定并且连贯的形式组织起来。

（2）选择性 每时每刻作用于感觉器官的事物有很多，人不能把所有作用于感觉器官的事物都纳入自己的意识范围，而总是把某一事物作为知觉的对象，周围的事物作为知觉背景。知觉对象清楚突出，而知觉背景模糊不清。这种对外界事物进行选择的知觉特性，称为知觉的选择性。由于知觉选择性，人能集中注意少数重要的刺激或刺激的重要方面，而排除次要刺激的干扰。知觉的对象并不是固定不变的。知觉对象与知觉背景可以发生变化。

（3）恒常性 知觉的恒常性是指由于知识和经验的参与，使知觉并不随着知觉条件的变化而变化。例如，就视觉而言，随着观察的距离、角度和明暗条件不同，视网膜上的物像各不相同，但人们能够校正信息的输入，不至于面对复杂多变的外部环境而不知所措。由于知觉这种相对稳定的特性，使人能够在不同的情况下，始终按事物的真实面貌来反映事物，从而有效地适应环境。因此，知识经验越丰富，就越有助于知觉对象的恒常性。知觉恒常性现象在视知觉中表现得很明显、很普遍，主要表现为大小恒常性、形状恒常性、明度恒常性、颜色恒常性。

（4）理解性 知觉的目标之一是以自己的过去经验来解释知觉的对象，并用词汇或概念对其进行命名或归类，即给知觉对象赋予一定的意义。这种人们以已有的知识经验为基础，去理解和解释事物，使它具有一定的意义的特性，称为知觉的理解性。即便在非常困难的条件下，人也能够依据特别微小而零散的线索试图对知觉对象命名，并把它归入熟悉的一类事物之中。知觉的理解性是以知识经验为基础的，有关的知识经验越丰富，对知觉对象的理解就越深刻、越全面，知觉也就越来越迅速、越完整、越正确。如一个经验丰富的护士对疾病和病患的知觉要比新护士来得更加快速、深刻、完整。另外，言语对人的知觉具有指导作用。言语提示能在环境相当复杂、外部标志不很明显的情况下，唤起人的回忆，运用过去的经验来进行知觉。言语提示越准确、越具体，对知觉对象的理解也越深刻、越广泛。

3. 知觉的分类 依据知觉对象存在的形式分为空间知觉、时间知觉、运动知觉等。

（1）空间知觉 是对事物空间特性的反映，它不是天生就有的，是通过后天学习获得的。它包括对物体大小的知觉、形状知觉、方位知觉、距离知觉。

（2）时间知觉 是对事物的延续性和顺序性的反映。人可以根据计时器、昼夜交替、四季变换及人体的生物钟等对时间进行知觉。生物钟不仅可以估计时间还可以调节人的行为活动。人们所从事活动内容的丰富性、对事件所持有的态度和情绪可以影响时间知觉的准确性。

（3）运动知觉 是对物体在空间位移速度的反映，物体位移的速度太快太慢都不产生运动知觉。如光的运动速度非常快，时钟上的时针走得太慢，人们都看不到。

4. 错觉　对刺激的主观歪曲的知觉称为错觉。错觉是客观存在的，通过主观无法克服，有固定的倾向。只要具备条件，错觉就必然产生，这是有规律的。错觉有线条长短的错觉、线条方向的错觉等。电影、电视中的特技镜头、霓虹灯的变换效果等，都是错觉在现实生活中的应用。

5. 知觉对消费者购买行为的影响

（1）知觉引导消费者选购自己需要的商品　有购买目标的消费者能很快在琳琅满目的商品中知觉到自己的目标对象，对其他视而不见或者知觉模糊。商家在店面装修、橱窗设计、广告图案设计、商品包装、商品陈列、器具使用等方面要充分研究和利用消费者的知觉特征，适当利用错觉进行巧妙的艺术设计，能产生良好的心理效果从而促进营销。

（2）知觉带动消费者作出理性购物决策　消费者在作出购买决策时往往会用到知觉的理解性。追求实惠实用的消费者更多的关注商品的实际功能、价格、性能和质量等因素；追求时尚奢华的消费者更多地关注商品的品牌、外观、档次、口碑、社会评价等因素。可见各种商品的特征都有可能成为影响消费者决策的促进和否决因素。

（3）知觉能促进消费者对某种商品形成特殊的喜爱情感　消费者对商品的良好印象通常与知觉的恒常性有关，如某个品牌的商品通常质量、服务、企业形象、社会评价口碑等比较好，这些良好印象会转化为消费者的购买行为，并成为该品牌的忠实消费者，甚至购买该品牌商品的同时还免费为其做义务宣传员，向亲朋好友推荐这些产品。

（三）注意

1. 注意的概念　注意是心理活动对一定对象的指向和集中。指向是指由于器官容量的限制，心理活动总是选择某一对象，同时舍弃其他对象。集中是指心理活动停留在某一对象并保持一定的紧张度和强度。如外科医生在做手术时，他的注意力集中在手术操作中。注意能使选择对象处于心理活动的中心并努力维持，是主动进行的。

注意不是一种心理过程，而是一种始终与心理活动相伴随的心理状态。也就是说，注意是心理活动总是指向和集中在某些对象上的这种状态。离开心理过程，注意就不存在；离开注意，心理过程也无法进行。注意不能反映事物的属性、特点，只能保证心理过程朝着目标进行，及时准确地反映客观事物及其变化。

2. 注意的种类　根据产生和保持注意有无目的性和意志努力的程度不同，可以把注意分为无意注意、有意注意和有意后注意三类。

（1）无意注意　没有预定目的，不需要意志努力维持的注意称为无意注意。无意注意是由外界事物引起不自主的注意，因此也叫不随意注意。如：上课时大家正在专心听讲，教室的门突然被人咣当一声打开，有人不由得看了一眼，这就是无意注意。引起无意注意的原因，一方面有刺激本身的特征，如新颖的、奇异的、变化的、对比鲜明的、突然出现的、强度大的刺激；另一方面还包括人的主观特征，如个人的兴趣、爱好、需要、情绪等。

（2）有意注意　有预定目的，需要付出一定意志努力维持的注意，称为有意注意，也叫随意注意。有意注意是一种主动的服从注意对象的状态，受人的意识支配。如：学生上课认真听老师授课，护士进行静脉注射等护理操作，这些都是需要意志努力维持的有意注意。有意注意是在无意注意的基础上发展起来的、人类所特有的一种心理现象。有意注意可以提高工作和学习的效率，因此要培养有意注意。可以通过加深对目的、任务的理解，培养和提高兴趣、增强抗干扰的能力等途径来保持有意注意。

（3）有意后注意　既有目的，又不需要意志努力维持的注意，这就是有意后注意，也叫随意后注意。当人们刚学骑自行车时，特别小心、精力集中，这是有意注意。当把自行车作为交通工具，骑自行车已经变成一种熟练的技能时，这时骑自行车就不需要特别关注，只在交通拥挤的复杂情况时，稍加注意就行了，这时骑自行车就成了有意后注意。有意后注意是在有意注意的基础上发展起来的，具有高度的稳定性。当一些活动和操作变成有意后注意，将会节省人的精力，对完成长期任务有积极的意义。

在每个人的心理活动中，都有这三种注意类型。无意注意可以转化为有意注意，有意注意可以转化为有意后注意，三种类型的注意相互转化，才能保证人们学习和工作的效率。

3. 注意在营销中的作用

（1）巧妙运用有意注意和无意注意来创造更多的营销机会　把现代化零售商业企业集购物、娱乐、休闲、餐饮，甚至精神享受等为一体化，满足消费者全方位需求，使消费者的购物活动时而有意注意、时而无意注意、时而忙于采购、时而消遣娱乐，感受到去商场购物的乐趣。

（2）发挥注意的心理功能引发消费需求　正确地运用和发挥注意的心理功能，可以使消费者实现从无意注意到有意注意的转换，从而引发需求。

（3）利用注意规律吸引消费者的注意　消费者每天面对的广告内容和商品营销信息很多，利用注意规律让消费者最大限度地知觉到目标商品信息，引起消费者的注意。

（四）记忆

1. 记忆的概念　记忆是过去的经验在头脑中的反映。感知觉是反映当前作用于感觉器官的事物，而记忆是对过去经验的反映。凡是过去的经验都可以储存在大脑中，在需要的时候又可以把它们从大脑中提取出来，只有这样人们才能不断地积累知识和经验，并通过分类、比较等思维活动，认识事物的本质和事物之间的内在联系。所以，记忆是人脑对输入的信息进行储存、编码和提取的过程。因为记忆把过去的心理活动和现在的心理活动联系起来，所以记忆是心理发展的奠基石。通过记忆，人们不断地积累知识与经验，记忆是人类智慧的源泉。

2. 记忆的种类　根据记忆的内容，记忆可分为五种。

（1）形象记忆　对感知过的事物形象的记忆。通常以表象形式存在，因此也叫表象记忆。这种记忆是对客观事物的形状、大小、体积、颜色、声音、气味、滋味、软硬、温冷等具体形象和外貌的记忆。直观形象性是形象记忆的显著特点。

（2）情景记忆　是指对亲身经历过的事件的记忆。如人对包含时间、地点、人物和情节的事件的记忆。

（3）语义记忆　是用词的形式对事物的性质、意义等方面的记忆，也叫逻辑记忆。这种记忆不是保持事物的具体形象，而是以概念、判断、推理等为内容，是人类特有的记忆形式。

（4）情绪记忆　是对自己体验过的情绪和情感的记忆，也叫情感记忆。如对某些事件愉快的记忆，对某些事件痛苦的记忆。情绪记忆常成为人们当前活动的动力，推动人去从事有愉快记忆的活动，回避那些有痛苦记忆的活动。

（5）动作记忆　是对身体的运动状态和动作技能的记忆，也叫运动记忆。如某些生活习惯和一些工作生活的技能等，都是动作记忆。这一类记忆比较牢固。

上述记忆的分类是相互联系的。在很多记忆事物时，常有两种或者多种记忆形式参与。

3. 记忆的过程　记忆由识记、保持和再现三个基本环节组成。

（1）识记　是记忆的开始，是外界信息输入大脑并进行编码的过程，也是人们学习和取得知识经验的过程。识记可分为无意识记和有意识记两种。

1）无意识记　是没有预定目的，也不需要付出努力的识记。一般说来，人们感兴趣的事物、有重大意义的事物、许多知识经验都可以通过无意识进行记忆的。但是无意识记具有片面性、偶然性等特点，不利于系统的学习知识。

2）有意识记　是事先有明确目的、并需要付出努力的识记，如外语单词的记忆。有意识记是系统学习和掌握知识的主要手段，在学习和工作中具有重要意义。根据记忆材料的识记，有意识记还可分为机械识记和意义识记。意义识记比机械识记持久，并且更易于回忆或再认。

（2）保持　知识经验在大脑中储存和巩固的过程叫保持。保持是信息储存的动态过程，因为随着时间的推移，保持的内容在量和质两方面发生变化。由于每个人的知识和经验不同，信息保持的变化也不尽相同。识记获得知识经验，保持把识记的内容储存在大脑中，识记的次数越多，知识和经验保持的越牢固。

（3）再现　又包括回忆和再认，回忆和再认是储存的信息提取的过程。从大脑中提取知识经验的过程称为回忆；如果识记过的材料重现在眼前，再从大脑中提取的过程称为再认。再认和回忆都是从大脑中提取已经储存的信息，只是形式不一样。

记忆的过程是一个完整的过程，这个过程的三个环节是密不可分的，缺少任何一个环节记忆都不能完成。识记是保持和回忆的前提，没有识记就没有保持，更不会有回忆和再认；识记了没有保持，就不会有回忆和再认，保持是识记和回忆的中间环节；回忆是识记和保持的结果，有助于所学知识的巩固或经验的积累。

4. 记忆的三个系统　根据信息的编码、储存时间的长短和信息提取的方式不同，记忆可分为瞬时记忆、短时记忆和长时记忆三种记忆系统。

（1）瞬时记忆　又叫感觉记忆或感觉登记，是指外界刺激以极短的时间呈现一次后，信息在感觉通道内迅速被登记并保留一瞬间的记忆。瞬时记忆的信息以感觉的形式保存，以刺激的物理特性进行编码。前面所说的感觉后像就是一种感觉记忆。瞬时记忆的容量很大，但保留的时间很短，图像记忆保存 0.25 ~ 1 秒，声象记忆可超过 1 秒。瞬时记忆应注意可转入短时记忆。

（2）短时记忆　是指外界刺激以极短的时间一次呈现后，保持时间在 1 分钟内的记忆。在短时记忆对信息的编码方式中，语言材料多为听觉形式编码，非语言材料以视觉表象为主。短时记忆既有从瞬时记忆中转来的信息，也有从长时记忆中提取出来的信息，都是当前正在加工的信息，因此是可以被意识到的。短时记忆的容量在 7 + 2 个项目（项目是记忆单位，可以是字、词或短语等）。短时记忆中的信息经过复述可以进入长时记忆，如果不复述则随时间延长而自动消失。

（3）长时记忆　是指信息保持时间大于 1 分钟的记忆。长时记忆的信息保持时间可以是几分钟、几天、几个月、几年甚至终生难忘。长时记忆的容量无论是信息的种类还是数量都很大。长时记忆的信息编码有语义编码和形象编码。研究表明，长时记忆的材料组织程度越高，越容易提取。当长时记忆储存的信息因为自然衰退或者受到干扰时，会产生遗忘。

5. 遗忘及其规律

（1）遗忘的概念　如果储存在大脑中的信息既不能回忆也不能再认，或者发生了错误的回忆或再认，就是发生了遗忘。遗忘可能是永久性遗忘，如果不重新学习，就永远不能回忆或者再认；也可能是暂时性不能回忆或者再认，在适当条件下还可以再恢复。

（2）遗忘的原因　遗忘可能是由于储存的信息没有得到强化而逐渐减弱直至消退，也可能是前后获得的信息相互干扰。如果先前学习获得的信息对新近的学习产生干扰，叫作前摄抑制。如果是后来学习获得的信息对新近的学习产生干扰，叫作倒摄抑制。

（3）遗忘的规律　德国的心理学家艾宾浩斯是对记忆和遗忘进行研究的创始人。他在识记后不同的时间间隔里检查被试者的记忆保存量，结果发现，在识记的最初阶段遗忘的速度很快，但是，随着时间的推移，遗忘的速度越来越慢。他的研究成果证明了遗忘的规律。后人用他的实验数据，以间隔的时间为横坐标，以保存量为纵坐标，绘制了遗忘进程曲线，如图 2 - 1 所示。从遗忘曲线上看，遗忘的速度是越来越慢。 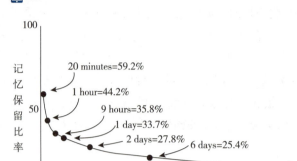 微课

图 2-1 记忆曲线

在学习知识时，为了取得良好的记忆效果，根据先快后慢这一遗忘的规律，应该及时复习。如果不及时复习，由于起初遗忘的内容多，因此学习记忆的效果差。如果在还没遗忘多少的时候进行复习，就能取得事半功倍的效果。

遗忘还受个人的兴趣、爱好以及信息是否有意义、是否能够理解等因素的影响。个体感兴趣、喜欢的信息，或者自认为对自己很重要的信息，或者能够真正理解其含义的信息不容易遗忘。要增强记忆力，就应该根据这些记忆的规律，在实践中培养良好的记忆品质。如培养兴趣爱好、明确目的、加强理解、减少干扰等。

知识链接

逆行性遗忘

逆行性遗忘多见于脑部受到创伤引起，表现为外伤前一段时间的事情不能回忆，不知道自己是怎样受伤的，也可见于受到严重的打击引起，应激时间不能回忆。

一般外伤引起的逆行性遗忘恢复比较难，很可能完全不能回忆，甚至失忆，终身不能回忆，应激事件引起的遗忘在应激事件消除后，一般能完全恢复，不留有后遗症。逆行性遗忘是一个与药物镇静催眠作用相关的一种副作用。逆行性遗忘是在服药后不能记忆信息。所有的镇静催眠药物都有逆行性遗忘副作用，其遗忘程度与药物种类及药物的血浆浓度有关，也就是接受的信息决定与遗忘的程度，即药物剂量越高，其血中浓度越高，遗忘也越严重，其机制是第二级记忆发生扰乱。

6. 记忆在营销中的作用　在购物过程中，引起消费者注意并吸引他们前去观察的商品，才会留在消费者的记忆中。研究消费者的记忆规律对市场营销活动有积极的作用，营销者应该在商品的设计、包装和广告上加以改进，吸引消费者注意的同时，要便于消费者对其产生形象记忆；在商品的排列和柜台的布置上要体现相互关联，便于消费者的逻辑记忆；营销人员的服务态度要热情周到，便于诱发消费者的情感记忆。

（五）思维

1. 思维的概念　思维是人脑对客观事物的本质和事物之间的内在联系的反映。在思维的形式上，思维是对客观事物间接的和概括的反映；在反映客观事物的时间上，思维可以反映当前的事物，也可以反映过去的事物，甚至未发生的事物。

无脊椎动物只具有某种感觉；脊椎动物发展出各种感觉，对事物外部的各种属性有了比较全面的

认识，产生了知觉；灵长类的动物虽然能够认识到事物之间的外部联系，但还不能认识到事物的本质和事物之间的内在联系，只能是达到了思维萌芽阶段。只有人类能透过事物的外部现象，认识到事物的本质，认识到事物之间的内在联系，产生了思维。所以，思维是心理发展的最高阶段。

2. 思维的特征 思维作为事物内在联系的反映形式，具有间接性和概括性的特征。

（1）间接性 思维对客观事物的反映不是直接的，而是根据以往的经验或者以其他事物为媒介，对没有直接作用于感觉器官的客观事物加以认识和反映，这就是思维的间接性。例如早上起来看到地很湿，可以推断出昨天夜里下了雨。虽然没有亲眼看见下雨，但是从眼前的情景可以推断出来。再如，临床医生通过对病患心脏的听诊，以及通过心电图等手段来了解心脏的状况。另外，由于思维的间接性，人们可以对尚未发生的事物作出预见。例如气象台的天气预报等。

（2）概括性 思维可以把某一类事物的共同属性抽取出来，形成这一类事物共同的、本质的及规律性的认识，这就是思维的概括性。一个概念概括了一类事物的共同属性，以词的形式表现出来。例如，把各种蔬菜的共同特点抽取出来加以概括，形成蔬菜的概念；把各种水果的共同特点抽取出来加以概括，形成水果的概念。概念的形成，先是把事物的特性从事物本身中抽取出来，然后再把抽取出来的事物的属性加以分类，用词语把这一类事物标记出来，这就是思维的概括。思维的概括水平随着知识的丰富、经验的增多、言语的发展，由低级向高级不断发展。思维的概括水平越高，越能认识事物的本质和规律。

3. 思维的操作过程 思维是通过把新输入的信息与原来储存的信息进行分析与综合、抽象与概括、分类与比较等一系列活动，来揭示事物本质的特征及事物之间内在的、规律性的联系。

（1）分析与综合 分析是将事物整体分解为各个部分或各个属性的思维过程；综合是将事物的各个部分或各个属性结合起来形成一个整体的过程。分析与综合是同一思维过程中相反而又紧密联系的两个方面。在分析与综合的过程中，达到认识事物本质的目的。

（2）抽象与概括 抽象是舍弃事物的非本质属性和特征，而抽取事物的共同属性和本质特征的思维过程；概括是把抽取出来的共同属性和特征结合在一起，并推广到同类的其他事物中去的思维过程。

（3）分类与比较 分类是根据不同事物之间的共同点、不同点以及事物的主要特征和次要特征把事物归入相应的某一类。比较是把不同的事物或现象放在一起，确定它们的共同点、不同点及其相互关系。

4. 思维的种类

（1）动作思维、形象思维和抽象思维 根据思维的形态，思维可以分为动作思维、形象思维和抽象思维。动作思维是在思维过程中，以实际动作为支撑的思维。婴幼儿掌握的语言少，其思维方式主要靠动作思维来解决问题。动作思维具有直观和具体的特点。形象思维是用表象来解决问题的思维。如作家在文艺作品中塑造人物形象，建筑设计师设计房屋都是形象思维。抽象思维是以概念、判断、推理的形式来反映客观事物的运动规律、本质特征和内在联系的认识过程。如医生将病人的症状、体征及实验室检查等因素结合在一起，进行思考得出临床诊断的过程。抽象思维是发展较晚的一种高级形式。

一般情况下，成年人在解决问题进行思维时，往往是三种思维相互联系、交叉运用的。由于任务不同，三种思维参与的程度也不同。

（2）辐合思维和发散思维 根据思维的方向，思维可以分为辐合思维和发散思维。辐合思维是把可以解决问题的各种信息集中起来得出最好的答案，也叫求同思维。如在标准化考试中的单项选择题，就是在几个答案中选择一个最佳答案。发散思维是沿着不同的方向或者从不同角度探索解决问题答案的思维，也叫求异思维。当解决问题不止一个方法或者没有现成的经验可以借鉴的时候，就需要发散思维。

（3）创造思维和再造思维　根据思维是否具有创造性，思维可分为再造思维和创造思维。再造思维是用已知的方法解决问题的思维。这种思维在解决问题时既规范又可以节约时间。创造思维是用独创的方法解决问题的思维，是智力水平高度发展的表现。创造性思维可以带来更高的社会价值。

5. 问题解决的思维过程　认知心理学研究思维的一个途径就是问题解决。问题解决是一个非常复杂的心理过程，其中最为关键的是思维活动。解决问题的思维过程，可分为发现问题、分析问题、提出假设和检验假设四个阶段。

（1）发现问题　是解决问题的开始阶段，是看清楚问题，并产生解决问题的需要和动机。这与个体的认知水平、知识经验、需要和动机等因素有关。认知水平高、知识经验丰富、求知欲旺盛的人，容易发现问题。

（2）分析问题　就是找出问题的关键所在，找出问题的主要矛盾和矛盾的主要方面。通过这些分析，可以把握问题的实质，确定解决问题的方向。

（3）提出假设　就是根据问题的性质、已有的知识经验、以前解决类似问题所用的策略等因素，找出解决问题的原则、途径和方法。提出假设不一定一次成功，往往要经过多次的尝试之后，才能找到正确的解决方案。

（4）检验假设　要查明假设是否正确，必须通过实践证明。如果假设在实践中多次验证获得成功，问题得到了解决，就证明了假设是正确的。反之，证明假设是错误的，就需要另外寻找解决问题的方案，重新提出假设。

在现实中不能机械地去应用以上所说的问题解决的步骤，因为实际的思维过程不会按照一个步骤接着一个步骤那样按部就班的进行，而是一个反复的、曲折的过程。

6. 问题解决的策略

（1）算法策略　是在问题空间中随机搜索所有可能的解决问题的方案，直至选择一种有效的方案解决问题的方法。采用算法策略可以保证问题的解决，但是需要花费大量的时间和精力进行反复的尝试。这个方法费时费力。

（2）启发法　是根据一定的经验，在问题空间内进行较少的搜索，以达到问题解决的一种方法。启发法不能保证问题解决的成功，但这种方法比较省时省力。启发法有手段－目的分析法、逆向搜索法及爬山法。手段－目的分析法是将需要达到问题的目标状态分成若干子目标，通过实现一系列的子目标最终达到总目标的方法；逆向搜索是从问题的目标状态开始搜索，直至找到通往初始状态的通路或方法；爬山法是采用一定的方法，逐步降低初始状态和目标状态的距离，以达到问题解决的一种方法。

7. 影响问题解决的心理因素　影响问题解决的因素有自然因素、社会因素和心理因素。这里只介绍几种影响问题解决的心理因素。

（1）迁移　是指已有的知识、经验和技能对学习新知识、获得新经验、掌握新技能产生影响。如果这种影响是有利的、积极的，就是正迁移。如果这种影响是阻碍的、消极的，就是负迁移。如学习汉语拼音会妨碍英语的学习，这是负迁移。

（2）定势　是指从事某种活动前的心理准备对后边活动的影响。已有的知识经验，或者刚获得的经验都会使人产生定势。定势可以使人们在从事某些活动时，能够相当熟练，甚至达到自动化，节省很多时间和精力。但是，定势也会束缚人们的思维，使人们只用常规方法去解决问题，而不求用其他"捷径"突破，因而也会给解决问题带来一些消极影响。不仅在思考和解决问题时会出现定势，在认识他人、与人交往的过程中也会受心理定势的影响。

（3）原型启发　从实际生活中受到启发而找到问题解决的途径或方法叫原型启发。产生启发作用的事物叫原型。例如，瓦特看到水开时产生的蒸汽把壶盖顶起来，受到启发，发明了蒸汽机。但不是有了原型就一定会有原型启发。

8. 消费者思维的特点与购买行为　消费者在购物时往往要经过紧张的思维活动。一方面，由于所要购买的商品在满足需要上的特性不同，或者是为了实现购买还必须克服某些困难；另一方面，由于消费者个体的差异，在思维方式上又表现出不同的特点。

（1）思维的独立性　有的消费者在购物中有自己的主见，不轻易受外界的影响，而是根据自己的实际情况权衡商品的性能和利弊等，独立作出购买决定；缺乏思维独立性与批判性的消费者，则易被偶然暗示所动摇。

（2）思维的灵活性　有的消费者能够依据市场的变化运用已有的经验，灵活地进行思维并及时地改变原来的计划，作出某种变通的决定，有的则墨守成规。

（3）思维的敏捷性　有的消费者能在较短的时间内发现问题和解决问题，遇事当机立断，能迅速作出购买决定，有的则犹豫不决错失良机。

（4）思维的创造性　有的消费者在消费活动中，不仅善于求同，更善于求异。能通过多种渠道收集商品信息，在购买活动中有创新意识、有丰富的创造想象力。

（六）想象

1. 想象的概念　想象是大脑对已有的表象进行加工和改造，进而创造新形象的过程。这是一个形象思维的过程。

2. 想象的分类　按照是否有目的、有意识，想象分为无意想象和有意想象。

（1）无意想象　没有预定的目的，在某种刺激下，不由自主产生的想象叫无意想象。如在溶洞中看到形状各异的钟乳石，根据它的形状，把它想象成现实中的事物。梦是一种无意想象，没有目的，不受意识支配，而且内容往往脱离现实，不合逻辑。如果一个人总能听见现实中本不存在的声音，或者看见现实中不存在的物体，这就是出现了幻觉。幻觉是在精神异常状态下产生的无意想象。

（2）有意想象　有目的、有意识进行的想象是有意想象。有意想象又分为再造想象、创造想象和幻想。

当我们在看文学作品中的人物描述时，头脑中会产生一个活生生的人物形象，这种根据语言描述或图标模式的示意，在头脑中形成相应形象的想象叫再造想象。在再造想象过程中，会运用自己的感知觉材料和记忆表象作部分的补充。

不依据现成的描述和图示，创造出新形象的过程叫创造想象。如科学家的创造发明、服装设计师设计的新款服装、画家构思绘制的图画等。创造想象具有首创性的特点，比再造想象要复杂、困难得多。

幻想也是一种创造想象，它是和一个人的愿望相联系并指向未来的想象。科学幻想推动人们探索世界，为人类造福。古人幻想的"嫦娥奔月"如今都变为了现实。个人对自己未来的幻想就是理想。理想是个人进步的动力。如果只停留在对未来的幻想，而没有实现这种愿望的努力，幻想就成了空想。空想使人沉溺于虚假的满足，是有害的。

3. 想象在营销中的作用　人们在实践中常常会遇到一些困难，也产生一些新的需要，这些困难和需要促使人们改变客观现实，从而创造新的东西，想象就是在这样的实践活动的要求下发展起来的。想象在市场活动中不仅对消费者的消费行为产生影响，而且对经营者也会产生影响。具体表现在以下三个方面。

（1）引发消费者的美好想象　消费者在评价、购买商品时常常伴随有想象活动。例如，选购衣服时对穿着效果的想象，买家具时对居室美化的想象等。有消费活动就有想象发挥作用，商品的设计与生产、包装与营销方案都必须注意到消费者的这种心理活动特点，才能够很好地引发消费者的美好想象，诱导其购买行为的发生。

（2）培养营销人员的丰富想象力　成交率的高低在很大程度上取决于营销人员的再造想象，优秀的营销人员应该想象出哪种商品更适合自己当前接待的消费者的需要。另外，营销人员在对货品的陈列、橱窗布置、介绍商品、展示功能等业务中，都可以发挥想象的作用。

（3）想象让品牌或者商品具有象征意义　想象在营销活动中有巧妙的作用，好的企业名称、商品品牌、广告语都会引起消费者的想象和对企业、产品的良好情感，甚至使得某些产品或者品牌建立起了特定的象征意义，成为吸引消费者的关键因素。例如，高尔夫运动象征着尊贵与优雅，牛仔裤象征着自由、民主化和平民化，中国旗袍象征着女人味和高贵大方等。企业在开展商品设计、包装、命名、广告设计、宣传重点等工作时，可以用多种方法来丰富消费者的想象力，以达到成功宣传和推销产品的目的。

二、消费者的情绪与情感过程

人在认识和改造客观世界的实践活动中，会表现出喜、怒、哀、恨等态度体验，这就是人的情绪和情感过程。

（一）情绪与情感概述

情绪和情感是人对客观事物是否满足自己的需要而产生的态度体验。客观事物是情绪情感产生的来源，需要是情绪情感产生的基础。如果外界事物符合主体需要，就会引起积极的情绪体验，否则会引起消极的情绪体验。另外，情绪和情感是一种主观感受或者内向体验，它能够扩大或缩小、加强或减弱内在需要，使人更易于适应变化多端的环境。

一个人的情绪和情感可以通过他的外部表现看出来。人的表情就是情绪情感变化的外部表现，人的表情包括面部表情、身体表情和语言表情。表情既有先天的，又有后天模仿的，它以复杂的方式传递着交际的信息，是人们相互了解，帮助人辨认当时所处的人际环境，从而产生相适应的反应。

1. 情绪与情感的区别与联系

（1）区别　情绪是人对客观事物是否符合自己需要的简单的体验。这是较低级的，人和动物共有。如在面对美好的事物，人会产生愉悦；对危及生命安全的事件，人会产生恐惧。情感是与人的社会需要相关联的体验。这是高级的、复杂的、人类特有的。情绪具有冲动性、情境性和不稳定性的特点；情感具有深刻性、稳定性和持久性的特点。

（2）联系　情绪依赖于情感，情感也依赖于情绪。人的情感总是在各种不断变化的情绪中体现出来。离开具体的情绪过程，情感就不存在。如一个人的爱国主义情感在不同情况下的表现不同，当看到祖国遭受列强的蹂躏时无比的愤怒，当看到祖国日新月异的发展非常喜悦。

2. 情绪与情感的功能

（1）适应　情绪和情感是机体生存、发展和适应环境的重要手段，这有利于服务、改善人的生存和生活条件。如婴儿通过情绪反应与成年人交流，以便得到更好的抚养。人们也可以通过察言观色了解他人的情绪状态，来决定自己的对策，维持正常的人际交往。这些都是为了更好地适应环境，以便更好地发展。

（2）动机　内驱力是激活机体行动的动力，而情绪和情感可以使内驱力提供的信号产生放大和增强的作用。

（3）组织　情绪和情感对其他心理活动具有组织作用。因为积极的情绪和情感对活动起着促进作用，消极的情绪和情感对活动起着阻碍作用。这种作用与情绪和情感的强度有关。中等强度愉快的情绪和情感有利于人的认识活动和操作的效果。

（4）信号　情绪和情感具有传递信息、沟通思想的功能，这项功能是通过情绪情感的外部表现也就是表情实现的。表情还与身体的健康状况有关，是医生诊断病情的指标之一。

3. 情绪、情感变化的维度及其两极化　对情绪情感可以从强度、动力性、激动度和紧张度几个方面来进行度量，即情绪情感变化有不同的维度。每一维度都具有两种对立状态，如爱与恨、喜悦与悲伤等。这两种对立状态构成了情绪情感的两极。情绪情感的强度有强和弱两极，动力性有增加和减弱两极，激动度有激动和平静两极，紧张度有紧张和轻松两极。

（二）情绪与人的行为和健康

1. 情绪的种类

（1）基本情绪和复合情绪　人的基本情绪有快乐、愤怒、悲哀、恐惧四种类型，简称为喜、怒、哀、惧。快乐是需要满足的体验和反映；愤怒是愿望和目的达不到、一再受挫的体验和反映；悲哀是失去喜爱的东西或无法得到所追求的东西的体验和反映；恐惧是预感或面临无法应对的危险的情绪体验。由不同的基本情绪组合派生出复合情绪。如由恐惧、痛苦、不安等情绪组合起来的可能是焦虑。

（2）心境、激情和应激　从情绪的状态看，情绪可分为心境、激情和应激三种状态。

1）心境　是微弱的、持久的而具有弥漫性的情绪体验状态。愉快的心境使人精神愉快，看周围的事物也带上愉快的色彩，动作也会变得敏捷。正所谓"人逢喜事精神爽"。而不愉快的心境使人感到心灰意冷，意志消沉。长期悲观的心境还会有损于人的健康。

2）激情　是一种强烈的、持续时间较短的情绪状态。这种状态往往由重大的、突如其来的生活事件或者激烈的、对立的意向冲突引起的，具有明显的外部表现和生理反应。在激情状态下，人能发挥自己意想不到的潜能，做出平常不敢做的事情，但也能使人的认识偏激，分析力和自控能力下降。

3）应激　是在出乎意料的紧急情况或遇到危险情境时出现的高度紧张的情绪状态。如人在遇到地震、火灾或者恐怖袭击时，会根据自己的知识经验，迅速地判断当前情况，挖掘自己的潜能，以应对危险的情境。

（3）社会情感　人的社会情感主要有道德感、理智感和美感，这些都特属于人类的高级情感。

1）道德感　是根据一定的道德标准，人们对自身及他人言行进行评价的一种情感体验。如对祖国的自豪感、对社会的责任感、对集体的荣誉感以及职业道德都属于道德感。医护人员的职业道德就是医德，是医护人员的医疗行为准则。

2）理智感　是指人在智力活动中所产生的情绪体验，是满足认识和追求真理的需要而产生的。如在科学研究中发现新线索、取得新成果，学习有了进步以及多次试验失败后获得成功等，这些都是理智感。理智感对推动学习科学知识，探索科学奥秘有积极作用。

3）美感　是按照个人的审美标准对客观事物、文学艺术作品以及社会生活进行评价产生的情感体验。美感包括自然美感、社会美感和艺术美感。雄伟壮丽的山脉、波涛汹涌的大海、蜿蜒的溪流、广袤的草原蕴含自然美感；高尚的品格、优雅的举止、礼貌的行为是社会美感；扣人心弦的小说、激动人心的乐曲、巧夺天工的雕塑属于艺术美感。美感体验与个人的审美能力和知识经验有关。

2. 情绪的生理机制

（1）情绪的内脏反应　实验证明，一切情绪变化都会导致机体的生理反应，引起内脏、血管、皮肤等变化。如在愤怒、紧张、恐惧时，交感神经兴奋，心跳加快、呼吸加深加快、血压升高。当心情愉快时，表现为副交感神经活动亢进的现象，消化液分泌增加，胃肠运动加强。

（2）情绪的中枢机制　美国的心理学家坎农于20世纪30年代提出情绪丘脑理论。外界刺激作用于感觉器官，引起神经冲动，经感觉神经传至丘脑，丘脑所产生的神经冲动传至大脑，引起情绪的主观体验。这一理论忽视了外因变化的意义和大脑皮质对情绪发生的作用。

3. 情绪对身心健康的影响 医学研究发现，当人处于愉快、欣喜等正性情绪时，机体的免疫力提高，有益于人们的健康。而当人长期处于忧愁、焦虑、抑郁等负性情绪时，机体的免疫力下降。长期处于恶劣的情绪下，会妨碍个体的正常心理活动，导致社会功能下降，影响工作、学习和社会交往。高血压、消化性溃疡、某些恶性肿瘤这些疾病与人的情绪有关，属于心身疾病。

不良的情绪不但影响个人的生活质量，还破坏周围人的好心情，导致人际关系紧张或恶化。对于正在成长中的孩子，如果生活在这种环境中，还会影响孩子的身心健康，甚至导致其行为障碍。

（三）情绪调节

1. 情绪调节 是个体管理、调整、整合、改变自己或他人情绪的过程。在这个过程中，通过一定行为策略和机制，情绪在主观感受、生理反应等方面发生一定的变化。

2. 情绪调节策略 有关成年人情绪调节策略的研究主要是通过开放式问卷、个体访谈、座谈等方式。学者们不仅研究情绪调节策略的类型，还注重研究情绪调节策略的个体差异以及情绪调节策略。研究者归纳出以下四种情绪调节策略。

（1）合理宣泄不良情绪 通过写日记、听音乐、唱歌、旅游、找朋友聊天、体育锻炼等方式来加以宣泄，也可以在无人的地方大声喊叫或大哭一场来解除自己的压抑情绪。

（2）转移注意力 通过转移注意力的方法来切断不良情绪的发展，利用自己的优势和兴趣爱好，把不良情绪转移到现实行为中去，以弱化恶劣的情绪。切记不要把心中的烦恼和怨气发泄到周围人身上尤其是亲人身上，或采取一些不良的嗜好进行错误的应对。如抽烟、酗酒或者吸食毒品等。

（3）升华 将自己的行为和欲望导向有利于社会和个人的、比较崇高的方向，这就是升华作用。在别人升职加薪、取得成就时，与其妒忌痛苦而情绪不佳，不如冷静理智地面对，把着眼点放在自己的事业上，全心投入到学习工作之中，一方面可以淡化自己的坏情绪，另一方面对社会和个人都有利。

（4）提升幽默感 "笑一笑十年少，愁一愁白了头"，幽默感可以解除心病，维持心理平衡，对不良情绪起到调节作用，并可控制不良情绪的发生。如哲学家苏格拉底在跟学生谈论学术问题时，其夫人突然跑进来，先是大骂，接着又往苏格拉底身上浇了一桶水。苏格拉底笑着说"我早知道，打雷之后，一定会下雨。"本来很难为情的场面，经此幽默就被化解了。"快乐的情绪，健康的行为"是人类心身健康的基石，是事业成功的坚实基础。

（四）情绪情感与消费行为

消费者的情绪本身包含积极和消极两种极性，其对于消费行为的作用也有积极的一面和消极的一面。积极的情绪及对商品所持有的喜欢的体验，会对消费行为产生积极的作用，推动消费行为进行的速度，帮助消费者克服购买行为中可能出现的各种困难。消极的情绪对消费行为起抑制作用，如果消极情绪来源于商品，消费者会拒绝购买这种商品；如果消极情绪来源于购物场所，消费者会尽快离开这种购物场所；如果消极情绪来源于营业人员，有的消费者会尽量躲避这种令其讨厌的营销人员，还有的消费者可能会激发不良情绪而同营销人员发生矛盾和冲突。

消费者在长期的购物过程中，会形成一些稳定的情感体验，这些情感体验以及相应的态度就是消费者情感，如某企业的商品质量好、信誉高，在消费者心目中树立了良好的形象，消费者对它产生了信任感、亲切感，当消费者买到这种商品，并在实际使用中需要得到满足时，会产生喜悦和满意的情绪。商场和营业人员应从两个方面来处理消费者的情绪情感问题：一方面是创造出优美的购物环境和优良的服务质量；另一方面是树立商业企业的良好形象使消费者能够长久地对该企业抱有良好的情感。

知识链接

网红主播对消费者情绪情感的影响

1. 情感认同　网红主播通过与粉丝的互动建立情感联系，网红主播在直播或视频中表现出的热情、兴奋等正面情绪可以感染观众，激发他们的购买欲望。

2. 从众心理　网红主播的影响力和粉丝群体的从众心理相结合，能够形成一种群体消费效应。

3. 信任感建立　网红主播通过分享个人生活、经验和使用感受，建立起与粉丝之间的信任关系，更愿意尝试他们推荐的产品。

4. 满足个性化需求　网红主播通常会针对不同粉丝群体的特点和需求进行内容定制，可以更好地满足消费者的个性化需求，提升他们的满意度和忠诚度。

5. 社交互动　网红主播的直播间或社交媒体评论区成为粉丝之间互动的平台，这种社交互动能够增强消费者的社区归属感和参与感，加深情感联结。

三、消费者的意志过程

人在认识客观世界的同时，还会能动地改造世界，表现出人的意志。

1. 意志的概念　人的认识活动都是有目的的，为了达到某一目的，往往会遇到一些困难，就需要克服困难去实现目的。意志是有意识地确定目的，调节和支配行为，并通过克服困难和挫折，实现预定目的的心理过程。受意志支配的行动叫意志行动。只有有目的，通过克服困难和挫折实现的，即受意志支配的行动，才是意志行动。

2. 意志活动的特征　意志总是表现在个体的行动之中，受意志支配和控制的行为称为意志行动。人的意志行动有以下三个主要特征。

（1）明确的目的性　是指人在行动之前有一定的计划，能清楚地意识到自己要做什么、准备怎么做，这与动物本能的、无意识的活动有本质的不同。但有时人的行动也缺乏目的性，如"梦游"是无目的无意识活动，不属于意志活动。

（2）与克服困难相联系　意志活动是有目的的活动，在目的和现实之间总是有各种各样的障碍和困难需要克服。没有任何困难和障碍的活动不能算意志活动。在活动中克服困难的性质和程度，可以用来衡量一个人的意志是否坚强以及坚强的程度。

（3）以随意运动为基础　人的活动是由一系列动作或运动组合而成，这些运动可分为不随意运动和随意运动。非随意运动是指不以人的意志为转移的、自发的运动，如由自主神经支配的内脏活动和非条件反射活动。随意运动是意识为中介的运动形式。人的意志活动是由一系列随意运动实现的。意志行动的目的性决定了意志行动必须是在人的主观意识控制下完成的，所以随意运动是意志行动的基础。工作中各种操作都是随意运动，它要求有一定目的和熟练程度，是意志行动的必要条件。意志行动的这三个基本特征是相互联系、不能分割的。

3. 消费者意志过程的基本特征　消费者意志过程就是消费者在购买活动中有目的地、自觉地支配和调节自己的行动，克服各种困难，实现既定的购买目标的心理过程。在消费者意志过程中具有两个主要特征。

（1）有目的的心理活动　消费者的意志是在有目的的行动中表现出来的，这个目的是自觉的、有意识的。有的消费者省吃俭用就是为了购买盼望已久的耐用消费品，这就是形成明确的购买目的的过程。

（2）克服困难的心理活动 消费者在有了明确购买目的后，要实现购买行为会遇到种种困难。克服困难的过程就是消费者的意志行动过程。例如，在挑选商品时，面对几种自己都喜爱的商品，或遇到较高档的商品，但经济条件又不允许，或者自己对商品的内在质量难以判断，就会导致购买信心不足等。总之，消费者的意志过程是与克服困难相联系的。

4. 消费者购买行为的意志过程 消费者购买行为的意志过程一般包括三个阶段：采取决定阶段、执行决定阶段、体验执行效果阶段。

（1）采取决定阶段 是意志行动的开始阶段，它决定着意志行动的方向和行动计划。任何消费行为都是由一定的需要、动机引起的。但在同一时间或期间内，消费者同时有多种需要，也就会同时产生多种购买动机。对于多数消费者来说，不可能在同一时间内满足所有需要，因而就会发生购买动机的冲突。意志活动的第一表现就是解决这种冲突，根据需要的重要程度和轻重缓急，确定最主要的购买动机。消费者在购买动机确定之后，还有一个具体购买对象的确定问题。因为同类商品会有牌号、质量、档次、价格等方面的差异。消费者选择、确定购买对象的过程，就是把市场上现有的商品与自己的要求进行比较的过程。消费者购买对象确定之后，还要制订购买行动计划，保证购买目标的实现，这些都需要在意志活动的参与下进行。

（2）执行决定阶段 是消费者意志过程的完成阶段，它是根据既定的购买目的购买商品，把主观上的观念上的东西变为现实的购买行动的过程。在执行过程中，仍然有可能遇到种种困难和障碍。所以，执行购买决定是真正表现意志的中心环节，它不仅要求消费者克服自身的困难，还要排除外部的障碍，为实现购买目的，付出一定的意志努力。

（3）体验执行效果阶段 是消费者购买的发展阶段，消费者通过对商品的使用，体验购买决策的效果，如商品性能是否良好、使用是否方便、实际效果如何。消费者购买评价对其以后的购买是重复还是拒绝、扩大还是缩小有重要的影响。

5. 消费者的意志品质与消费行为 意志品质是指一个人在实践过程中所形成的比较明确的、稳定的意志特点。良好的意志品质是保证活动顺利进行、实现预定目的的重要条件。意志的基本品质包括自觉性、果断性、坚韧性和自制性四个方面。

（1）自觉性 是指个体自觉地确定行动目的，并独立自主地采取决定和执行决定。这反映了一个人在活动中坚定的立场和始终如一的追求目标。它贯穿于意志行动的始终，也是意志行动进行和发展的重要动力。与自觉性相反的表现是易受暗示和独断。

（2）果断性 是指面对复杂多变的情境，能够迅速而有效地采取决定并实现决定。要想迅速而有效地采取决定，不仅要大胆，更要心细。果断性是在全面考虑行动的各个环节和环境的诸多因素的基础上，明辨是非、当机立断。与果断性相反的品质是优柔寡断和武断。

（3）坚韧性 是指在执行决定阶段能矢志不渝，坚持到底，遇到困难和挫折时能顽强、乐观地面对和克服。与坚韧性相反的品质是顽固或执拗。

（4）自制性 是指能够完全自觉、灵活地控制自己的情绪，约束自己的言行的意志品质。与自制性相反的表现是任性和怯懦。

在现实生活中，意志品质对消费者的行为方式具有重要作用。例如，在采取决定购买阶段，有时会发生激烈的思想冲突，担心购买这种商品是否会遭到他人的非议。能否冲破传统观念的束缚和社会舆论的压力，常常取决于消费者的勇气和意志，而这与消费者自己的意志品质有直接关系。具有意志果断性的消费者，往往能抓住时机，及时作出正确合适的购买决策。

任务二 认识心理现象中的个性心理

情境导入

情境： 公司开会讨论问题时，往往会有这样的典型表现：甲总是抢先发言，讲起话来粗声大气，像放连珠炮一样快，争论得手舞足蹈，涨得脸红脖子粗。乙讲话口齿伶俐，眉飞色舞，有手势但又较节制，一边讲还一边观察别人对自己讲话的反应。丙先思考一番，然后再不慌不忙地陈述自己的意见。丁坐在那里，半天不言，等大家说完，或在伙伴的催促下，才讲出自己的独到见解，讲话时语调舒缓，但口气十分肯定。

思考： 1. 他们为什么会有不同的表现？

2. 他们分别代表了什么气质类型的人？

一、消费者气质上的差异

（一）气质的概念

气质是表现在心理活动的强度、速度、灵活性和指向性等方面的一种稳定的心理特征。心理活动的速度主要是指知觉的速度、思维的敏捷性、情绪和动作反应的快慢；强度是指情绪与情感表现的强弱、意志努力的程度；稳定性是指注意持续时间的长短、情绪的变化起伏；指向性是指心理活动倾向于内心世界还是外界环境。

人的气质是先天形成的，受神经系统活动过程的特性所制约，它只赋予人们的言行某种独特的色彩，不能决定人的社会价值，不具有好坏之分。任何一种气质类型的人都既可以成为品德高尚、为社会做贡献的人，也可以成为道德败坏、有害于社会的人。此外，气质也不能决定一个人的成就，任何气质的人只要经过自己的努力都能成为事业有成的人。

（二）气质的特征

1. 动力性 气质不是行为活动的心理原因，而是使人的心理活动具有某种稳定的动力特征，形成各自独特的行为方式。例如，有的人总是活泼好动，反应灵活；有的人总是安静稳重，反应迟缓；有的人总是性情急躁；有的人总是沉着冷静。这些心理活动的动力特征，赋予个体独特的行为方式和风格。

2. 稳定性 由于气质是由人的高级神经系统的活动特点决定的，个体一出生，就具有由某种生理机制决定的某种气质。例如，有的婴儿爱哭闹、爱活动；有的则较少啼哭、活动量小。因此，人的气质不依活动的内容为转移，在不同性质的活动中，气质往往表现出极大的稳定性。例如，一个具有内敛气质的消费者，在购买商品时，一般不主动与周围的人交谈，喜欢自己认真观察分析。而这种气质特征在其他的活动，如工作、聚会、比赛等各种活动中也都会表现出同样的风格。

3. 可塑性 气质虽然是由神经系统的先天性形成的，但不是一成不变的。研究表明，气质在教育和生活条件的影响下能发生一定程度的改变。例如，一味脾气急躁的人为了胜任护士工作，可能会变得自制和包容。此外，随着年龄的增长，遗传因素会慢慢减少，如年轻时冲动热情、急躁易怒，中年以后，则会逐渐趋向沉着冷静、谨慎淡然。

（三）气质的类型

气质类型是指某一类人身上共同具有的典型气质特征的有机结合。气质类型的划分多种多样，但最具代表性和生命力的还是从古希腊沿袭下来的四种传统的气质类型。

古希腊的"医学之父"希波克拉底提出人体内有血液、黄疸汁、黑胆汁、黏液四种不同的体液。这四种体液的比例不同，就会形成不同的气质类型。在体液的混合比例中，血液占优势的人属于多血质，黄疸汁占优势的人属于胆汁质，黑胆汁占优势的人属于抑郁质，而黏液占优势的人则是黏液质。这种气质类型的划分虽然缺乏科学性，但是符合人的现实表现，具有一定的生理基础，因而具有代表性。四种传统气质类型的典型表现如下。

1. 胆汁质的人 反应速度快，有较高的反应性与主动性。情感和行为动作迅速且强烈，有极明显的外部表现；性情开朗、热情、坦率，但脾气暴躁，好争论；情感易于冲动但不持久；精力旺盛，经常以极大的热情从事工作，但有时缺乏耐心；思维具有一定的灵活性，但对问题的理解具有粗枝大叶、不求甚解的倾向；意志坚强、果断勇敢，注意稳定而集中但难于转移；行动利落而又敏捷，说话速度快且声音洪亮。

2. 多血质的人 行动具有很高的反应性，这类人情感和行为动作发生得很快，变化得也快，但较为温和；易于产生情感，但体验不深，善于结交朋友，容易适应新的环境；语言具有表达力和感染力，姿态活泼，表情生动，有明显的外倾性特点；机智灵敏，思维灵活，但常表现出对问题不求甚解；注意与兴趣易于转移，不稳定；在意志力方面缺乏忍耐性，毅力不强。

3. 黏液质的人 反应性低，情感和行为动作进行得迟缓、稳定，缺乏灵活性；这类人情绪不易发生，也不易外露，很少产生激情，遇到不愉快的事也不动声色；注意稳定、持久，但难于转移；思维灵活性较差，但比较细致，喜欢沉思；在意志力方面具有耐性，对自己的行为有较大的自制力；态度持重，好沉默寡言，办事谨慎细致，从不鲁莽，但对新的工作较难适应，行为和情绪都表现出内倾性，可塑性差。

4. 抑郁质的人 有较高的感受性，这类人情感和行为动作进行得都相当缓慢，柔弱；情感容易产生，而且体验相当深刻，隐晦而不外露，易多愁善感；往往富于想象，聪明且观察力敏锐，善于观察他人观察不到的细微事物，敏感性高，思维深刻；在意志方面常表现出胆小怕事、优柔寡断，受到挫折后常心神不安，但对力所能及的工作表现出坚忍的精神；不善交往，较为孤僻，具有明显的内倾性。

以上是四种气质类型的典型表现，而在现实生活中并不是每一个人都能被归入某一气质类型。除了少数人具有典型特征外，大多数人都属于中间型或混合型。

（四）消费者的气质类型对购买行为的影响

研究发现，气质类型不同，对待同一件事情的态度和处理方法也不同。在市场营销活动过程中，不同气质类型的消费者，在购买行为中的反应也是各具特点的。消费者的气质特点主要反映在他们购买过程中的决策速度、情绪反应、行为特点等方面。

1. 胆汁质类型消费者 此类消费者在购买行为中情绪变化强烈且表情外露，易于冲动，容易受广告宣传和购买环境及服务态度等的影响。一旦被商品的某一特点所吸引，便易于完成购买行为，不愿花太多时间进行比较和思考，考虑问题不够周详，事后往往存在后悔现象。如果购物时需要等待或者营销人员速度慢、态度欠佳，则容易激起他们的烦躁情绪乃至发生冲突；喜欢购买新颖奇特、标新立异的商品。

接待这类消费者，营销人员要动作快速准确、语言简洁明了、态度和蔼可亲、耐心周到；可适当介绍商品的有关性能，增强感情色彩，调动他们的情绪，以引起他们的注意和兴趣，使其能快速作出购买行为；为胆汁质类型消费者推销产品时，注重突出与众不同性，建议购买新商品。

2. 多血质类型消费者　此类消费者热情开朗，善于交际，适应能力强，在购买行为中乐于同营销人员甚至其他消费者交谈所购买的商品，能以多渠道获得商品的信息；选购过程中，易受商品的造型、颜色、命名、新颖性等和周围环境的影响，注意力容易转移，情绪起伏大，行为易受感情的影响；对外界刺激反应灵敏，容易接受外界信息，情绪体验不深，决策过程迅速且容易改变。

接待这类消费者，营销人员应主动与之交谈，热情周到，以联络感情并对其施加影响；要不厌其烦，有问必答，广泛提供产品信息，为消费者当好参谋，使他们专注于商品，缩短购买过程。

3. 黏液质类型的消费者　此类消费者在购买过程中自信心较强，情绪稳定，不易受广告宣传、包装及他人意见的影响，喜欢通过自己的观察、比较和分析作出决定，他们喜欢独立进行，不喜欢营销人员过分的热情和干扰；这类消费者注意力稳定，对商品刺激反应缓慢，沉着冷静、谨慎周密，决策过程较长，对新商品持审慎态度。

接待这类消费者，营销人员应给予其足够的决策时间，避免过多的语言和过分的热情，应尽可能让消费者自己慢慢了解商品，并在他们优柔寡断时，及时提供引导。

4. 抑郁质类型消费者　此类消费者在购买商品时往往千思万虑、优柔寡断、谨小慎微，他们一方面表现出缺乏购物和交流的主动性，另一方面又对营销人员的推荐介绍不感兴趣或不信任；抑郁质类型的消费者心思缜密，情绪体验深刻，往往能发现商品的细微不足，对营销人员的态度极为敏感，难以忍受轻微的怠慢行为。

接待这类消费者，营销人员要注意态度和蔼耐心、积极热情、自信谨慎，多主动介绍相关产品以消除其疑虑，增强他们购物的信心；对于他们的购买决策的反复，应给予理解。

当然，在商业活动中，消费者的气质特点，是不可能一进商店就鲜明地反映出来，但在消费者的购买行为中，其言谈举止、反应速度和精神状态等一系列外在的表现，都会程度不同地将其气质逐步显露出来。在营销活动中，纯属某种气质类型的人并不多，更多的人则是以某种气质为主，兼有其他气质的混合类型。营销人员应根据消费者在购买过程中的行为表现，去发现和识别其气质方面的特点，进而引导和利用其积极方面，控制其消极方面，使营销工作更有预见性、针对性和有效性。

二、消费者性格上的差异

（一）性格的概念

性格是指个体对现实的态度和行为方式中的比较稳定的具有核心意义的个性心理特征。性格是一种与社会相关最密切的人格特征，表现了一个人的品德，受人的价值观、人生观、世界观的影响。性格是在后天社会环境中逐渐形成的，是个体的最核心的人格差异，性格有好坏之分，能最直接地反映一个人的道德风貌。

消费者性格是指消费者在对待客观事物的态度和社会行为方式中所表现出的较为稳定的心理特征。消费者性格属于心理因素的范围。具有不同性格的人，购买行为差异是很大的。

性格是十分复杂的心理构成物，包含以下多方面的特征。

1. 性格的态度特征　人对现实的态度体系是性格的最重要组成部分，反映一个人的思想品质和道德修养，具有好坏之分。它主要体现在三个方面。

（1）对社会、集体和他人的态度，如诚实或虚伪、热情或冷淡、无私或自私等。

（2）对事业和工作的态度，如勤奋或懒惰、节约或挥霍、创新或保守等。

（3）对自己的态度，如自信或自卑、谦虚或骄傲、自强或软弱等。

2. 性格的理智特征　是指人们在感知、记忆、想象和思维等认知过程中所表现出来的性格特征，与一个人的能力有密切关系。例如，在感知方面是主动观察型还是被动感知型；在记忆方面是机械记忆型还是意义记忆型；在想象方面是幻想型还是现实型；在思维方面是独立思考型还是盲目模仿型等。

3. 性格的情绪特征　指人们在情绪活动时在强度、稳定性、持续性以及主导心境等方面表现出来的个别差异。有些人情绪反应激烈，很难用意志加以控制，而有的人情绪体验比较微弱，能冷静地对待情绪，容易用意志来控制情绪；有些人情绪起伏较大，时而激动，时而平静，而有的人情绪一般不容易起伏变化；有些人情绪活动持续时间比较长，而有的人情绪活动稍纵即逝；有的人经常保持愉快的心情，而有的人心境总是抑郁、沉闷的。上述几方面的差异，构成了性格的情绪特征。

4. 性格的意志特征　指人在对自身行为的调节控制中所表现出来的性格特征，是人对现实态度的另一种体现。主要表现在四个方面。

（1）行动的自觉性方面的特征，如主动或被动等。

（2）行动的控制方面的特征，如约束或放纵等。

（3）行动的坚持性方面的特征，如持之以恒或半途而废等。

（4）行动的果断性方面的特征，如果断勇敢或优柔寡断等。

上述性格特征，反映在消费者对待商品的态度和购买行为上，就构成了千差万别的消费性格。例如，在消费观念上，是简朴节约还是追求奢华；在消费倾向上，是求新还是守旧；在认知商品上，是全面准确还是片面错误；在消费情绪上，是乐观冲动还是悲观克制；在购买决策上，是独立还是依赖；在购买行动上，是坚定明确、积极主动，还是盲目动摇、消极被动。这些差异都表现出不同的消费性格。

（二）性格的类型

性格的类型是指在一类人身上所共有的性格特征的独特结合。心理学家们根据不同的标准和原则，对性格类型进行了不同的分类。但由于性格本身的复杂，目前尚未有公认的结论。现介绍几种有代表性的观点。

1. 荣格的性格类型说　瑞士心理学家荣格首先将心理类型分为外向和内向两种，又按人类心理的四种功能，即思维情感、感觉和直觉，将人的性格分为以下八种类型。

（1）外向感觉型　这种类型的人多为男性，他们热衷于积累与外部世界有关的经验，对事物不过分地追根究底。他们按生活的本来面貌看待生活，并不赋予生活以自己的思想和预见。他们喜欢追求刺激、欢乐，活泼，有魅力，对客观事物感觉敏锐，精明而求实，但易变成粗陋的纵欲主义者，或具有变态行为和强迫行为。

（2）外向直觉型　这种类型的人喜欢追求外部世界的新感觉，易变而富有创造性。他们对于各种尚孕育于萌芽状态但有发展前途的事物具有敏锐的感觉，并且不断追求客观事物的新奇性；他们喜怒无常，不愿忍受一成不变的事实，具有叛逆精神；他们可以成为新事物的发起人，但常不能坚持到底。

（3）外向思维型　这种类型的人喜欢分析、思考外界事物，无视感觉和感情，科学家就是典型的外向思维型，他们的人生目标就是发现自然规律，形成理论体系。这种人情感压抑，容易变得固执己见，枯燥无味，甚至会表现出冷淡、傲慢等人格特点。

（4）外向情感型　这种类型的人多为女性，她们的思维常常被情感压抑，没有独立性，非常注重与社会和环境建立和睦的情感关系，对环境的适应能力良好。荣格认为，外向情感型的人在择偶时不太注重对方的性格特点，而考虑对方的年龄、职业和家庭情况。

（5）内向感觉型　这种类型的人常远离外部客观世界，沉浸在自己的主观感觉之中，与自己的内心世界相比，他们觉得外部世界是平淡寡味、了无生趣的。喜欢通过艺术形象表现自我，缺乏思想和情感，安静而沉稳，自制力强。

（6）内向直觉型　这种类型的人致力于从内在的精神世界中寻找可能性。他们不关心外界事物，脱离实际，富于幻想，性情古怪，不易被人理解。最典型的代表是艺术家，但也包括梦想家、神秘主义者、充满各种幻觉的古怪的人。

（7）内向思维型　这种类型的人除了思考外界事物外，还思考自己的内在世界，对思想观念本身感兴趣，并收集事实来验证自己的思想。他们渴望离群索居，以便沉溺于玄想。他们具有创造性，但易变得顽固执拗、刚愎自用、敏感冷漠，哲学家大多属于这种类型。

（8）内向情感型　这种类型的人思维压抑，情感深藏，沉默寡言，往往在他人看来显得具有一种神秘的魅力，易受到主观因素的干扰，被主观感受支配，内心情感体验丰富而强烈。他们不喜欢关注外部世界，适应性比较差。

2. 奥尔波特的价值倾向说　美国心理学家奥尔波特根据人的价值观念倾向对性格作了六种分类，即理论型、政治型、经济型、审美型、社会型、宗教型。这种类型划分是一个理想模型，事实上每个人都或多或少地具有这六种价值倾向。

（1）理论型的人　该类型的人以追求真理为目的，能冷静客观地观察事物，关心理论性问题，力图根据事物的体系来评价事物的价值，遇到实际问题时往往束手无策。他们对实用和功利缺乏兴趣。多数理论家和哲学家属于这种类型。

（2）政治型的人　该类型的人重视权力，并努力去获得权力，有强烈地支配和命令他人的欲望，不愿被人所支配。

（3）经济型的人　该类型的人总是以经济的观点看待一切事物，以经济价值为上，根据功利主义来评价人和事物的价值和本质，以获取财产为生活目的。实业家大多属于这种类型。

（4）审美型的人　该类型的人以美为最高人生意义，不大关心实际生活，总是从美的角度来评价事物的价值。以自我完善和自我欣赏为生活目的。艺术家大多属于这种类型。

（5）社会类型的人　该类型的人重视爱，有献身精神，有志于增进社会和他人的福利。努力为社会服务的慈善、卫生和教育工作者大多属于这种类型。

（6）宗教型的人　该类型的人坚信宗教，有信仰，信奉上帝，富有同情心，以慈悲为怀。爱人爱物为目的的神学家大多属于这种类型。

3. 机能类型说　英国心理学家培因（A. Bain）和法国心理学家李波（T. Ribot）提出以智力、情绪和意志三种心理功能何者占优势，来确定性格类型。把人的性格划分为理智型、情绪型和意志型。理智型者以理智来支配自己的行动；情绪型者言行举止易受情绪的影响；意志型者行动目标明确、积极主动。除了上述典型的三种类型，还有一些中间类型，如理智 - 意志型等。

（三）消费者性格与消费行为

消费者千差万别的性格特点，往往表现在他们对商品购买活动中各种事物的态度和习惯化的购买方式上。消费者性格类型在购买中的典型表现主要有以下七个方面。

1. 外向型　在购买过程中，热情活泼，喜欢与营业人员交换意见，主动询问有关商品的质量、品种、使用方法等方面的问题，易受商品广告的感染，言语、动作、表情外露，这类消费者的购买决定比较果断，买与不买比较爽快。

2. 内向型　在购买活动中沉默寡言，动作反应缓慢，不明显，面部表情变化不大，内心活动丰富而不露声色，不善于与营销人员交谈，挑选商品时不希望他人帮助，对商品广告冷淡，常凭自己的经验购买。

3. 理智型 在购买中喜欢通过周密思考，用理智的尺度详细地权衡商品各种利弊因素，在未对商品各方面认识之前，不轻易购买。购买时间相对较长，挑选商品仔细。

4. 情绪型 在购买商品中，情绪反应比较强烈，容易受购物现场的各种因素的影响，对店堂布置、商品广告、商品陈列及营销人员的服务态度和方式比较看重。买与不买的决定常会受到现场情绪支配，稍有不满意会在短时间内改变购买决定。

5. 意志型 在购买活动中，目标明确，行为积极主动，按照自己的意图购买商品。购买决定很少受购物环境影响，即使遇到困难也会坚定购买决策，购买行为果断迅速。

6. 顺从型 在购买活动中，常常注意其他消费者对商品的购买态度和购买方式，会主动听取营销人员的商品分析和他人的购买意见，从众心理比较明显，人买亦买，人不买亦不买，自己缺少主见。

7. 节俭型 这类消费者崇尚节俭，反对不必要的开支和浪费，在购买商品时，看重的是商品的质量、实用性，而不太重视商品的品牌和外观，不喜欢华而不实、中看不中用的商品。便宜又实用的商品深得他们的喜欢。

（四）不同性格消费者的营销策略

有经验的销售人员，往往能从消费者的衣着、言行和表情来确定其性格特点，并适当调整自我的应对方式，以使买卖行为顺利进行。

1. 对待购买速度不同消费者的策略 由于性格的不同，有的消费者选购速度快，而有的消费者慢悠悠似乎难以决断，而且非常敏感，常让人感到会无缘无故地扭头就走，放弃购买。对此，销售人员要恰当把握，对待迅速购买的消费者，销售人员应主动把握好商品的质量关，对那些是明显仓促之中作出决定的消费者，更应慎重对待，及时提醒消费者，以免其后悔退货。对于购买速度慢的消费者，千万不能表现出不耐烦，而应提供条件让其仔细比较、思考，对这类消费者要有十足的耐心，销售人员可在接待他们的同时接待其他消费者，他们不但不会感到被怠慢，反而可以更放松地选择。

2. 对待轻信和多疑消费者的策略 有的消费者，由于对所购买商品的性能和特点不太了解和熟悉，往往会以销售人员的介绍为主，销售人员推荐什么，他们往往就买什么。诚实可信是商家力求在消费者心目中形成良好形象的前提。对待轻信型的消费者，销售人员切忌弄虚作假，欺骗消费者，以免损害自己的形象。销售人员要客观、真实地介绍不同品牌商品的优缺点，尽量让消费者根据自己的需要和判断来选择合适的购买对象。对于性格多疑的消费者，销售人员最好尽量让消费者自己去观察和选择，态度不能冷淡，更不能过分热情使其疑心。在消费者对商品存在疑虑时，拿出客观有力的证据，如说明书、质量保证书等，帮助他们打消疑虑。

3. 对待购买行为消极和积极消费者的策略 行为积极的消费者一般目的明确，在购买活动中，行为举止和言语表达准确、清晰。对待这类消费者，销售人员要做好的就是好好配合，接待起来比较容易，购买行为消极的消费者是那些目标和意图不明确的人，他们的购买行为是否实现，与销售人员的行为态度有极大关系。对这类消费者，应积极主动地接待，态度要热情，要善于利用一些广告宣传手段来激发他们的购买冲动，引发购买行为的实现。

4. 对待内向型和外向型消费者的策略 内向型的消费者一般不愿和销售人员交谈，其中又包含两种情况：一种是自己不爱说话，但喜欢听他人讲，在他人的问话和鼓励下，有时也滔滔不绝地讲自己的感受和需要；另一种是自己不爱讲话，也不喜欢他人话多，更讨厌他人的询问。对前一种消费者，销售人员在热情、主动介绍商品之后，可谨慎地询问他的意见。对后一种人，销售人员要采取"关注但是你不问，我也不回答你"的态度，这样，他们不会感到不热情，反而让其在轻松的心境中选购商品。外向型的消费者，比较容易把握态度，这类消费者比较容易接待。

5. 对待情绪型和理智型消费者的策略　对于情绪型的消费者，根据他们的购物特点，接待中销售人员要有一定的情绪观察力和情绪感染力，把握消费者情绪变化，适时推荐商品。理智型的消费者常运用自己的思维做好购买计划。临时的推荐和广告对这类消费者影响甚微，销售人员最好任其所为，以免徒劳。

三、消费者能力上的差异

（一）能力的概念

能力是个体顺利完成某种活动所必须具备的，并直接影响活动效率的人格心理特征。能力与活动密切联系。一方面，个人的能力总是通过具体的活动表现出来，并在活动中得到形成和发展；另一方面，某项活动的顺利进行需要个体具备一定的能力。而人们要完成某种活动，往往是多种能力的结合，我们把多种能力的有机结合称为才能，如音乐家的活动必须具有听觉记忆力、曲调感、节奏感等的结合能力。如果一个人的各种能力在活动中达到了高度发展和完备结合，并且能创造性地完成某些复杂的活动，则称为天才。

（二）能力的分类

能力是在遗传的基础上，在实践活动中逐渐形成和发展的。能力的种类多种多样，一般可以分为以下四种。

1. 一般能力和特殊能力

（1）一般能力　指在不同活动中表现出来的基本能力，如观察力、记忆力、想象力、注意力、思维、能力等，也就是我们常说的智力。人们从事任何一种活动，都离不开一般能力的形成和发展。

（2）特殊能力　指从事某种专业活动所必需的能力。它是顺利完成某一专业活动的心理条件，如摄影师的色彩鉴别能力、构图能力、后期处理能力；音乐家区别旋律的能力、感受节奏的能力。

一般能力和特殊能力有着密切的关系：一方面，一般能力是特殊能力的基础和重要组成部分，为特殊能力的发展创造可能性；另一方面，特殊能力的发展有利于一般能力的提高和完善。

2. 模仿能力和创造能力

（1）模仿能力　指人们通过观察他人的行为活动而习得的能力，模仿不但表现在观察他人的行为后立即作出相同的反应，还表现在某些延缓的行为反应中。模仿能力是人类重要的学习能力。

（2）创造能力　人们能超脱具体的知觉情景、思维定势、传统观念的束缚，灵活运用知识经验，产生新的思想，或发现和创造新事物的能力，具有独特性、变通性、流畅性的特点。人的模仿能力和创造能力是两种不同的能力，模仿只能按旧有的方式解决问题，而创造力能提供问题解决的新途径。个体的模仿能力与创造能力存在明显的个别差异，有的人擅长模仿，有的人既善于模仿又善于创造。模仿能力和创造能力又相互联系，人们常常是先模仿、再创造。模仿是创造行为的前提和基础。

3. 流体能力和晶体能力

（1）流体能力　又称流体智力，是指在信息加工和问题解决过程中所表现出来的能力，如类比、演绎、推理、概括的能力等。它决定于个人的禀赋，随年龄的衰老而减退。

（2）晶体能力　又称晶体智力，是指获得语言、数学等知识的能力，它决定于后天的学习，随年龄的增长而发展。

4. 认知能力、操作能力和社交能力

（1）认知能力　是人们认识客观世界、获得各种各样知识的能力，即人们一般所讲的智力，如观察力、记忆力、注意力、想象力等。

（2）操作能力　指人们操作自己的肢体以完成各项活动的能力，如劳动能力、操作能力、表演能力等。

（3）社交能力　指顺利完成社会交往活动的能力，如组织管理能力、言语感染能力、沟通能力等。

（三）消费能力

为了有效地完成购买行为，消费者在购买过程中需要具备多种能力，如对商品的识别能力、评价能力、鉴赏能力、对商品信息的理解能力、决策能力等。一般把消费者在购买活动中需要的多方面能力的协同表现称为消费能力。一般可分为以下几类。

1. 一般能力　指个体顺利完成各种活动所必须具备的最基本的心理条件，通常指"智力"。消费者在购买活动中必须具备的基本能力如下。

（1）对商品的感知辨别能力　指消费者识别、了解和认识商品的能力，如消费者购买活动中所需要的注意能力、观察能力、记忆能力等。通过感知辨别能力，消费者对商品形成初步认识，为购买决策提供前提条件。

由于消费者个人素质、环境、教育和实践活动的不同，使他们对商品的感知辨别能力存在较大差异。例如，商品知识丰富、观察能力强的消费者，往往能很快挑选出他所满意的商品，不需要营销人员对商品作过多介绍，购买果断。而商品知识较少、识别能力较低的消费者，往往看不到商品中不太明显的优缺点，需要营销人员作购物参谋。

（2）对商品的分析评价能力　指消费者依据一定的标准，对即将购买的商品深入认识、分析综合、比较评价，判断商品的性能和质量，从而对商品的优劣好坏作出准确判断的能力。消费者分析评价能力的高低取决于其思维能力和思维方式，并受到个人知识、经验、审美观的影响。

消费者分析评价能力的高低直接影响购买行为。分析评价能力高的消费者在购买商品时，能积极主动搜集相关的信息，并对信息的可信度、流行时尚、企业促销手段的性质、商品的真伪优等作出客观分析，及时、全面、准确地作出评价与判断，果断作出购买决策。而分析评价能力低的消费者难以从众多信息中选取有用信息，往往在作出购买决策时优柔寡断，甚至作出错误的判断。

（3）购买决策能力　指消费者经过对商品的识别、挑选、分析评价、判断等，及时果断地作出购买决定。决策能力是消费者购买行为中最主要的能力，它直接决定了消费者的购买行为能否最后实现。

由于消费者个人气质和性格的影响，消费者购买决策能力具有差异性，决策能力强的消费者能根据自己的综合分析判断，果断作出正确的购买行为。而决策能力较低的消费者在购买商品时常常表现出犹豫不决、优柔寡断，易受他人态度和意见的左右。决策能力还与对商品的认识程度、卷入深度、使用经验和购买习惯有关。消费者对商品的特性越熟悉、卷入程度越深、使用经验越丰富、习惯性购买驱动越强，决策过程就越果断迅速，决策能力也相应加强。

2. 特殊能力　是指消费者购买和使用某些专业性商品所必须具备的知识和技能，如购买古玩的鉴赏能力、对药材的检验能力、对高档商品的鉴别能力等。由于特殊能力是针对某一类或某一种特定商品的消费而言的，而商品的种类成千上万，因此消费者的特殊能力也有多种多样的表现形式。无论何种特殊能力，都有助于消费者取得最佳消费效用。

3. 消费者对自身利益的保护能力　保护自身权益是现代消费者必须具备的重要能力。合法权益是消费者从事正常消费活动、获取合理效用的基本保证。消费者应树立消费权益意识，明确其合法权益的内容与要求，如安全权、知情权、公平交易权等。同时，消费者应当善于运用舆论的、民间的、行政的、法律的多种途径和手段来保护自己的合法权益，从而有理有力地维护自己的权益和尊严。

（四）消费能力对营销活动的影响

消费者如何购物，不仅受消费者的需要、兴趣、性格等个性因素的影响，消费者的消费能力也同样在发挥作用。例如，消费者对商品的感知辨别能力、对商品的分析评价能力，能够帮助消费者在购买商品时作出合理正确的购买决策。消费者购买某种商品所需的特殊能力，是顺利购买某些专业性商品、高档商品的必需条件。

消费者能力的不同，使得消费者的购买行为呈现出多样性或差异性，消费者由于消费能力的欠缺，发生购买错误、无法分辨真假的现象在所难免，这就要求营销人员遵守职业道德，合理地引导消费者的购买活动，促进商品的销售，切不可有意利用消费者的能力弱点去推销伪劣商品，欺诈消费者。

能力是人在改造和适应客观世界的实践活动中形成和发展起来的。通过不断地克服困难以及薄弱的环节，从而使自身的能力得到相应的发展与提高。消费能力的提高必须通过不断消费的实践活动。消费的实践活动是消费者能力发展的决定性条件，制约着消费者能力的发展性质与水平。营销人员向消费者传达商品的信息（商品的性能，商品的使用培训、维修和保养，商品的使用操作等）时，应该采用适当的方法引起消费者的兴趣，通过消费的实践活动提高消费者的消费能力。

▌知识链接

年轻人消费能力的特点

1. **消费意愿强烈**　年轻人通常具有较强的消费欲望，愿意尝试新鲜事物，追求时尚潮流。
2. **消费方式多样**　随着互联网和移动支付技术的发展，年轻人的消费方式越来越多样化。
3. **消费观念前卫**　年轻人在消费观念上更为开放和前卫，他们注重个性化和定制化服务。
4. **消费能力分化**　虽然年轻人的消费意愿强烈，但他们的消费能力存在差异。
5. **信用消费普及**　信用消费在年轻人中越来越普及，体现了年轻人对未来收入的乐观预期。
6. **注重精神消费**　年轻人更加注重精神层面的消费。
7. **社会责任感**　越来越多的年轻人愿意为具有社会责任感的产品或服务买单。
8. **易受营销影响**　年轻人更容易受到广告和社交媒体营销的影响。

·⋯⋯ 目标检测

答案解析

一、单选题

1. 最基本的心理过程是指（　　）
   A. 认识过程　　　　B. 情感过程　　　　C. 意志过程　　　　D. 个性心理

2. 消费者对作用于感官的客观事物的整体、全面地反映是（　　）
   A. 感觉　　　　　　B. 知觉　　　　　　C. 想象　　　　　　D. 注意

3. 思维具有的特点是（　　）
   A. 概括性和间接性
   B. 抽象性、概括性和稳定性
   C. 直观性、概括性和片段性
   D. 直观形象性、片段不稳定性、可操作性和概括性

4. 没有预定目的、不需要付出意志力的注意属于（　　）
   A. 无意注意　　　　B. 有意后注意　　　C. 有意注意　　　　D. 有意识注意

二、简答题

1. 消费者的意志品质有哪些?

2. 消费能力对营销活动有哪些影响?

书网融合……

本章小结   微课   习题

项目三　消费者的购买动机与购买行为

PPT

任务一　读懂消费者的一般购买动机

情境导入

情境：某市场研究公司近年来对全国较发达的沿海地区17个大、中城市的保健食品、药品进行了一次调查，调查结果显示南北方消费者的需求存在很大的差异性。南方消费者较为重视个人形象问题，对于治疗色斑等具有美容功能的保健食品及补血类保健食品的需求较大；而北方消费者则对补脑、补钙类保健食品及调节血压、血脂类保健食品需求较大。对于调节肠胃类保健食品，南方消费者的需求以治疗肠胃不适、食欲不振的药品为主，北方消费者的需求则以治疗便秘的药品为主；同时，北方地区消费者一向有补充钙质的习惯，故补钙产品在北方的市场容量也较南方大。

思考：1. 该调查中导致南北方消费者需求差异的影响因素有哪些？

2. 为什么会存在上述的差别？

一、需求心理 ⓔ 微课

（一）需求的含义

需求是指主体在生理或心理因素感到某种缺乏或不平衡时而产生的内心紧张并力求获得满足的一种心理状态。它是有机体自身或外部生活条件的要求在大脑中的反映。这种状态通常以欲望、渴求、意愿的形式表现出来。需求是人类生存和发展的必要条件，正是人类的各种自然性和社会性的需求，推动着人类社会生产力的发展和社会的进步，所以，从本质上讲，人类社会的需求是推动人类历史前进的原动力。

（二）需求在人的心理活动过程中的作用

1. 需求能够影响人的情绪　人们一旦产生某种需求，就希望获得满足，而人们的需求能否被满足，满足的程度以及满足的方式与手段，直接影响人的思维、情绪、意志等过程的变化，并表现出高兴、不高兴、满意、愤怒等情绪。因此，需求是人类行为的原动力。

2. 需求有助于人的意志的发展　人们为了满足需求，有时要付出巨大的努力，克服各种各样的困难。因此，在为满足需求而进行努力的同时，人的意志也得到了某种程度的锻炼。

3. 需求对人的认识和活动也有重要影响 在满足需求的过程中，人们对所遇到的各种事物进行分析、研究、探寻各种可行的途径、方法。因此，需求是人们认识客观事物并从事实践活动的内在动力，人通过需求调节自身的行为并制约认识与活动的影响，进而不断提高自己的认识能力。

知识链接

马斯洛需要层次理论

亚伯拉罕·马斯洛（Abraham Harold Maslow，1908—1970），美国社会心理学家、人格理论家和比较心理学家，人本主义心理学的主要发起者和理论家。马斯洛认为，人类价值体系存在两类需要，一类是沿生物谱系上升方向逐渐变弱的本能或冲动，称为低级需要和生理需要；另一类是随生物进化而逐渐显现的潜能或需要，称为高级需要。

马斯洛在 1943 年发表的《人类动机的理论》一书中提出了需要层次论。该理论的核心包括 3 个基本假设、5 个需求层次。

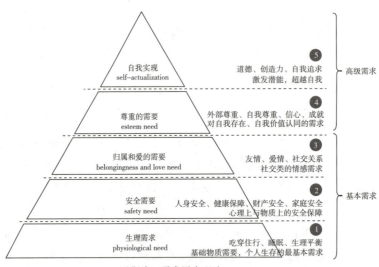

马斯洛：需求层次理论

二、动机的产生

（一）动机的概念与性质

动机是指引起和维持个体活动并使之朝一定目标和方向进行的内在心理因素，它具有发动和制止个体活动的作用。凡是引起个体去从事某种活动、并使活动指向一定目标以满足个体的需要或意愿的都叫作这种活动的动机。

动机产生的基础和源泉是需要，需要是消费者产生购买行为的原动力，离开需要的动机是不存在的。但并非所有的需要都会产生动机，只有需要在强度上达到一定水平，成为引起活动的一种内驱力，并且满足需要的对象也存在时，动机才会产生。某一时刻最强烈的需要构成最强的动机，而最强的动机决定人的行为。

动机是引起行为的原因和动力，但同样的动机可以产生不同的行为，而同样的行为又可由不同的动机所引起。同时，动机还具有内隐性，有时通过某一行为不容易认识，但当条件变化之后，观察行为的变化，便能了然。

人类的动机是多种多样的，从不同的角度可以有不同的分法，按其指向对象的性质可分为天然动机和社会动机，后者包含着十分丰富的内容，又可以分为许多方面，如物质生产活动动机、科学活动动机、文化艺术活动动机、社会政治活动动机等，按动机的社会价值又可以分为集体主义动机和利己主义动机。按照动机在活动中的作用，又可分为主导动机和辅助动机等。

多种动机以一定的相互关系构成个体的动机体系，它是在后天实践中形成的，反映个体的社会化水平。在不同个体身上，有着不同的动机结构和动机体系。在同一动机结构中，不同的动机所占的地位和所起的作用是不同的，总是有些动机较强烈而稳定，另外一些动机比较微弱而不稳定。个体最强烈、最稳定的动机为其主导动机，主导动机对人的行为所产生的激励作用比辅助动机要大得多。

根据心理学家的分析，驱使人们行动的动机不下 600 多种。正是这千姿百态的动机，按照不同的方式组合在一起，交织在一起，相互作用、相互制约，构成各种各样的动机体系，指导、激励、推动着人们沿着一定的方向行动，演奏出丰富多彩的社会生活的交响曲。

（二）动机的特点

1. 原始性　动机是个体受外界条件刺激或影响以及个体的客观需要所形成的心理倾向。由于个体缺乏某种东西而产生对这种东西的需要，这种需要将推动个体去寻找满足需要的对象，即个体的需要使个体产生动机。动机一旦形成，个体将围绕实现动机而进行活动，不论引起动机的原因如何，都是个体由需要而产生的欲望，这种欲望与现实世界的具体对象建立起了心理联系，这就是动机的原始性。

2. 多重性　消费者的购买行为往往不是由单一的动机驱使，而是隐含着多种动机。各种动机在强度上存在差异，在特定情形中，某一种或几种动机占主导地位。

3. 可诱导性　动机产生的条件之一是外部刺激，外部刺激又有自然生成和人为创造之分。人为创造的刺激因素，可以引发、改变人的动机。通过企业的营销努力，消费者的购买动机是可以变化的，所以企业不仅应适应和满足消费者的需要，还应当诱导和调节消费者的需要，使之产生购买动机。

4. 内隐性　动机并不总是显露无遗的，动机是人的内在心理活动，由于个体意识的作用，在很多情况下，个体并不愿意，也没有必要将其实际想法告诉他人，而是藏于内心深处，使自己的真实动机处于内隐状态，难以从外部直接观察到。除此之外，动机的内隐性还可能出于消费者对自己的真实动机缺乏明确的意识，即动机处于潜意识状态，这种情况在多种动机交织组合共同驱动一种行为时经常发生。

5. 冲突性　当多种动机被同时激发时，会出现一种难以避免的现象，如购买动机的冲突，购买动机的冲突是指消费者面临两个或两个以上的购买动机，其诱发力大致相等但方向相反。

（三）动机的作用

1. 始发作用　动机是人们行为的根本动力，人的任何行动都是由动机支配的。动机能够唤起和引发个体的行为，驱使个体产生某种行动。

2. 导向作用　动机不仅能引发行为，而且还能指引人的行动沿着某种特定的方向，向预期的目标行进。人可以同时有多种动机，动机导向作用的实施过程是在多种动机间竞争，最终由某种最强烈的动机－主导动机选择性地决定目标。

3. 维持作用　动机的实现和需要的满足往往要有一定的时间过程。在这个过程中，动机可以贯穿于某一具体行动的始终，不断激励人们，直到目标实现。

4. 强化作用　动机能保持和巩固行为，贯穿于行为的发动、加强、维持，直至终止的全过程。人的行为的结果对动机具有加强或减弱的作用，即行为的结果对动机的"反馈"。满足动机良好的结果能够保持和巩固该行为，称作"正强化"；反之，如果行为的结果使动机受阻或不满足，则会减弱或消退该行为，称作"负强化"。

5. 终止作用 当购买动机指向的消费目标实现后，这种动机就会自动消失，相应的购买行为就会停止。但在通常情况下，一个购买动机获得了满足，又会产生新的消费需要和动机，继而引发新的购买行为。

三、心理分析模式

由人的认知、情感和意志等心理活动过程而引起的行为动机，就叫作心理分析模式，具体可以分为以下几种。

（一）感情动机

它包括情绪动机和情感动机两方面。

1. 情绪动机 是由人的喜、怒、哀、欲、爱、恶、惧等情绪引起的动机。如儿童由于欢乐而买玩具，成年人为了调剂生活而买电视机、买球票等。凡是由于欢乐、满意、喜欢、好奇、嫉妒、好胜等引起的购买行为，都属于这一类。这类购买行为，一般具有冲动性、即景性和不稳定性的特点。

2. 情感动机 是由道德感、理智感、美感等人类高级情感引起的动机。如人们由于爱美而买化妆品，为了友谊而买礼品，为了荣誉而认购债券、捐款以及从事某种正义事业而购买能够显示自己身份和威望的商品等。这类购买行为的特点是具有较强的稳定性和深刻性，往往可以从购买中反映其精神面貌。

（二）理智动机

它是建立在人们对于商品的客观认识的基础上，经过分析、比较以后产生的动机。它具有客观性、周密性和控制性的特点。在理智动机驱使下的购买，比较注意商品的品质，讲求实用、可靠、价格相宜、使用方便、设计科学以及效率等。

（三）惠顾动机

它是基于感情与理智的经验，对特定的商店、厂牌和商品，产生特殊的信任和偏好，使消费者重复地、习惯地前往购买的一种行为动机。这一动机的产生，或是由于某商店地点之便利、服务之周到、秩序之良好、陈设之美观、商品之丰富、价格之公平、服务态度之文明礼貌；或者是某一商品的质量优良、声誉好、有特色；或者是某一厂牌之地位高等，在消费者的经验中屡经考验，从而树立了美好形象所致。这种消费者，往往是企业最忠实的支持者，他们不但自己经常光顾某商店，而且对潜在的消费者有很大的宣传、影响作用，甚至在企业、商店或服务出现某些失误时，也能给予充分的谅解。一个企业能否在消费者中广泛激起惠顾动机，是经营成败的一个关键。

四、社会模式分析

每个人都在一定的社会中生活，并在社会教育的影响下成长，因此，人们的动机和行为无不受到来自社会的影响。这种后天的、由社会因素引起的行为动机就叫社会模式或学习模式。社会模式的行为动机主要受以下两个方面的影响和制约。

（一）社会文化

社会文化给予人们的教育，使不同文化程度的人有不同的生活标准和行为准则，反映在购买动机上也是不同的。一般来说，文化程度愈高理智程度也愈高，对商品品格的要求也愈高，对文化娱乐的要求也愈高，对特殊商品的要求也愈多，反之亦然。

（二）社会风俗

社会风俗属于文化的支流。不同的种族、民族、地域、历史文化传统、宗教信仰、社会制度以及职业等，都可以形成不同的风俗习惯，引起不同的购买心理动机，并且在很大程度上影响人们的购买行动，不同的社会风俗引起不同的购买动机，可以分为以下几种。

1. 种族心理动机　即由于各色人种的肤色、毛发、眼睛等外部特征不同所引起的不同心理动机。如黑色人种一般爱穿浅颜色的衣服，白色人种爱穿花衣服等。

2. 民族心理动机　由于各民族所处的社会、经济、政治条件、历史发展阶段和语言文字不同所引起的不同心理动机。如各民族有不同的节日和庆祝节日的方式，汉族人过生日爱吃长寿面，大不列颠人则喜欢吃大蛋糕等。

3. 地域心理动机　即由于人们所处的气候条件（寒带、热带、温带、亚热带、亚寒带）不同、地理条件（沿海、大陆、高山、平原、森林、沙漠）不同所引起的不同心理动机。如热带地区的人爱吃清淡食品，寒带地区的人爱吃味道浓郁的食物。在我国，相对来说有"南甜北咸，东辣西酸"的不同饮食习惯。

4. 传统心理动机　由于人们所继承的历史文化、风俗习惯、伦理道德、审美观点等方面的渊源不同所引起的不同的心理动机。如中国人办喜事要吃九个菜，表示长长久久，吃十个菜表示十全十美。

5. 时代心理动机　由于人们所处的现实社会的生产力发展水平和政治制度的不同所引起的不同的心理动机。如处在革命高潮中的人们喜欢热烈，与大众一致，处于没落时代的人们趋于颓废，处于先进生产水平国家的人们倾向于迅速更新与高消费，处于生产落后国家的人们倾向于保守与节俭等。

6. 宗教心理动机　由于人们的信仰（有神论、无神论、佛教、天主教、回教和伊斯兰教等）不同所引起的不同心理动机，如佛教徒受戒以后吃素不吃荤，回教徒吃牛羊肉而不吃猪肉等。

7. 职业心理动机　由于人们所从事的劳动（脑力劳动、体力劳动）、工作性质（工人、农民、士兵、文化艺术界、工商界、教育界、政治界、科技界）等不同所引起的不同心理动机。如演员爱留长发，和尚都剃光头等。

任务二　读懂消费者具体的购买动机和购买行为

>> 情境导入

情境：据中国非处方药物协会的统计显示，在我国自我诊疗比例较高的常见病症中，感冒占89.6%，这意味着众多的感冒药目标消费者不再去医院治疗，而是到药店自行买药。目前处于中价位的感冒药占感冒药市场33%的销售量、64%的销售额；低价位的感冒药占感冒药市场销售量的62%、销售额的28%。通过调查发现，药品的包装、消费者的年龄、企业的促销活动、广告宣传等成为影响消费者购买决定的最主要因素。同时店员的推荐、卖场的陈列在促使消费者作出最终购买决策上比广告更有影响力。

思考：1. 消费者购买感冒药受哪些因素的影响？

2. 针对消费者购买行为特点，如何有效地开展感冒药的营销活动？

一、常见的消费者具体购买动机

（一）消费者购买动机的概念

消费者购买动机是指在产品购买和消费过程中满足生理和心理需要的驱动因素，当消费者的需要被激活时，就产生了购买动机。

购买动机是消费者需要与其购买行为的中间环节，具有承前启后的中介作用。购买动机的产生主要有两个条件：一是只有当需要的强度达到一定程度后，才能引起动机，进而引起、推动或阻止人的某种活动；二是需要产生以后，还必须有能够满足需要的对象和条件，才能产生购买动机。

消费者的购买动机具有激活、引导、维持和调整的功能，能够唤起身体的能量，激活紧张状态，使购买行为指向一定的对象或目标，具有明显的选择性，同时坚持行为朝向购买动机的目标前进，根据市场反馈不断调整购买行为。

（二）常见的消费者购买动机类型

从大的方面来看，消费者购买动机分为生理性购买动机和心理性购买动机。生理性购买动机是指消费者为保持和延续生命而引起的各种需要所产生的购买动机，即由消费者的生理需要所产生的一系列购买动机。心理性购买动机是指由消费者的心理活动而引起的购买动机，同时消费者购买动机又有显性购买动机和隐性购买动机一说。显性动机是消费者意识到且承认的动机，隐性动机是消费者没有意识到或不愿意承认的动机。

根据心理学家的分析、统计，目前大约有 600 多种各不相同的购买动机。在购买行为中消费者经常表现出来的购买动机主要有以下几种。

1. 求实购买动机　是指消费者以追求商品或劳务的实际使用价值为主要目的的购买动机。具有这种购买动机的消费者在购买商品或接受劳务时，特别重视商品的实际效用、功能、质量，讲求经济实惠、经久耐用，而不太注重商品的外观、造型、色彩、品牌或包装等。

2. 求新购买动机　是指消费者以追求商品的时尚、新颖为主要目的的购买动机。它的核心是"时髦""奇特"。具有这种购买动机的消费者往往富于幻想和联想，愿意接受新事物。因此，选购商品时容易受广告宣传和流行时尚的影响，特别重视商品的外观、款式、流行式样、色彩、包装等，而不太注重商品的实用程度和价格高低，有时甚至会作出冲动式的购买决策。

3. 求美购买动机　是指消费者以追求商品的欣赏价值和艺术价值为主要目的的购买动机。它的核心是"装饰"和"美化"。具有这种购买动机的消费者在选购商品时，特别注重商品的造型、款式、色彩和包装等外观因素以及消费时所体现出来的风格和个性，追求造型美、艺术美、色彩美，以便从中获得美的心理享受和满足，但经常忽视商品本身实用性和价格。

4. 求廉购买动机　是指消费者以追求物美价廉为主要目的的购买动机。它的核心是"价廉"和"物美"。具有这种购买动机的消费者购买商品时，特别注重"价廉"和"物美"，对价格变化格外敏感，而对商品的质量、花色、款式、包装等并不太在意。为了购买到低价、降价、特价的商品，他们宁肯多花体力和精力，多方了解有关商品的价格信息，并对商品之间的价格差异进行详细的比较、反复的衡量。

5. 自我表现购买动机　是指消费者以显示个人的地位、身份和财富为主要目的的购买动机，它的核心是"显名"和"夸耀"。具有这种购买动机的消费者在购买商品时注重这些商品的社会声誉和象征意义，以达到显示其生活水平、社会地位和个性特征的目的。一般说来，伴随这种动机存在的往往有不适度消费和社会攀比心理。

6. 求信购买动机　是指消费者以追求某一商品或某一商店的信誉，以及表示信任经常购买某种商品或光顾某一商店进行购买为主要目的的购买动机。它的核心是"好感"和"信任"，具有这种购买动机的消费者在购买商品时从经验和印象出发，因对某种商品、某个厂家或某个商店有特殊好感，从而导致重复购买和长期购买。

7. 嗜好购买动机　是指消费者以满足个人特殊偏好为主要目的的购买动机，它的核心是"偏好"和"嗜好"。这种动机的形成往往与消费者的日常生活习惯和情趣、业余爱好、专业特长等密切相关，具有这种购买动机的消费者在选择商品时往往伴随着浓厚的感情色彩，常常以符合自己的需要为准则，稳定地购买个人偏好的商品，以购买自己偏爱的商品获得最大的心理满足。

8. 从众购买动机　是指消费者以在购买某种商品时要求与别人保持同一步调为主要特征的购买动机。它的核心是"仿效"和"同步"，具有这种购买动机的消费者在购买商品时，会不自觉地模仿他人的购买或消费行为，有时甚至完全不考虑个人的客观条件，只要是被模仿者喜好的、拥有的，一概全盘照搬，使购买行为带有很大的盲目性和不稳定性。

9. 求速购买动机　是指消费者在购买商品时，希望迅速、方便地完成主要目的的购买动机，也称为求便购买动机。具有这种购买动机的消费者特别重视时间和效率，而对商品本身的价格、外观、包装等不太挑剔。他们特别关心能否快速方便地买到商品，讨厌繁琐的购物方式、长时间的购物和过低的销售效率，希望能迅速、方便地买到中意、适合需要的商品。同时，他们也希望所购商品携带、使用、维修方便。

10. 求名购买动机　是指消费者以追求品牌商品或仰慕某种传统的名望为主要特征的购买动机。具有这种购买动机的消费者在购买商品时，对商品的商标、品牌特别重视，仰慕商品的名望，往往认为品牌商品选料上乘、工艺先进，质量绝对有保证。他们在购买时受商品的知名度和广告宣传等影响较大，在购买过程中从不草率行事，要求商品必须是优质品牌产品，不计较价格，因为他们奉行的原则是"一分价钱一分货"。

11. 好胜购买动机　是指消费者以争强好胜或为了与他人攀比并胜过他人为目的的购买动机。具有这种购买动机的消费者购买商品时往往不是由于迫切需要，而是出于不甘落后、胜过他人的心理。因此，这类消费者的消费行为往往具有冲动性、偶然性、即景性的特点，带有浓厚的感情色彩。

知识链接

常见的动机理论

1. 内驱力理论　这种理论认为，人对现在行为的决策大部分以过去行为的结果或报酬进行考虑，即人现在的行为动机要以过去的效益为依据。例如，消费者往往喜欢购买以往使用后有较好效果的产品。

2. 认知理论　这种理论认为人行为的主要决定因素是关于信念、期望和未来变故的预测。认知理论认为人的行为都是有目的性的，以有意识的意图为基础。例如，消费者为货币保值而去购买价值较高的商品，如果他认为购买的结果能得到经济上的好处，那么购物保值动机就很强烈，会做出努力去购买。

3. 期望理论　这个理论是弗鲁姆提出的，他用诱发力、期望和努力的概念来描述人类动机作用模式，其核心意义是人的努力是由诱发力和期望相结合所决定的。

（三）购买动机的可诱导性

1. 诱导的概念　是营销人员针对消费者购买主导动机指向，运用各种手段和方法，向消费者提供商品信息资料，对商品进行说明，使消费者购买动机得到强化，对该商品产生喜欢的倾向，进而采取购买行为的过程。

在现实生活中，由单一动机引起消费者购买行为的情况为数不多，消费者的购买行为是在多个动机共同驱使下进行的。这个时候就需要营销人员在众多的动机中去分析影响消费者购买的最主要动机是什么，营销人员的诱导能使消费者的心理力量倾向于购买。企业要想实现更多的销售，就应该努力在诱导消费者购买动机上下功夫。

2. 诱导的方法 营销人员运用购买动机的可诱导性，必须掌握科学的诱导方式和方法。在诱导中应遵循商业道德，反对欺诈、误导、弄虚作假等，坚持实事求是、积极诱导、灵活多样的原则。

（1）证明性诱导 这种方法主要是以商品的实际质量和功能展示来说服消费者，促成其购买。主要包括实证诱导、证据诱导和论证诱导三种类型。

1）实证诱导 即当场提供实物证明的方法。如电视机现场播放，以证明其色彩、音质和收看效果。

2）证据诱导 即向消费者提供间接消费效果证明的方法，采用证据诱导要使用消费者所熟知的、有感召力的实际消费证据，才能使消费者相信所购商品靠得住。

3）论证诱导 即用口语化的理论说明促进信任的方法。这种方法要求营业员有丰富的商品学知识，对所售出商品的理化成分、性能特点、使用方法等有清楚的了解，内容要真实，切忌信口开河，反对欺诈、误导、弄虚作假。

（2）建议性诱导 指在一次诱导成功后，同时可向消费者提出购买建议，达到扩大销售的目的。提出购买建议一般有下列时机：消费者目光转向其他商品的时候；消费者询问某种商品本店是否有售的时候；消费者提出已购商品的使用、维修问题的时候；消费者向营业员话别的时候。建议性诱导的内容一般有以下几个方面：建议购买高档商品；建议购买替代商品；建议购买互补商品；建议购买大包装商品；建议购买新产品。

（3）转化性诱导 上述两类诱导方式，运用时消费者可能会提出问题，甚至针锋相对，使买卖陷入僵局。这时就需要通过转化性诱导，缓和气氛，重新引起消费者的兴趣，使无望的购买行为变为现实。常用的转化性诱导有以下几种：先肯定再陈述、询问法、转移法、拖延法。

1）先肯定再陈述 是指先肯定消费者言之有理的意见，使消费者情绪冷静下来并得到心理上的满足，然后再婉言陈述自己的意见，这样可以取得较好的诱导效果。例如，当消费者抱怨某服装价格高时，要先肯定该服装确实价格高，再陈述价格高的理由，如名牌、质地好、做工精细、款式新颖等，以引发其心理性购买动机。

2）询问法 是指找出消费者不同意见的原因，再以询问的方式，转化对方的意见。例如，消费者提出："产品虽然不错，可是太贵了，不值这个价。"销售人员紧接着可以问消费者："那您说这样的产品应该卖什么价格？"特别注意，询问时态度要和气，切忌用质问的口气，伤了消费者的自尊。有些销售人员在面对消费者提出的不同意见时，会本能地想去"战胜"消费者，他们会抓住消费者的问题反过来攻击消费者，为了一些无关紧要的事情甚至和消费者吵得不可开交，这种做法是非常无礼的表现。因为赢得一场"战争"的同时，失去的可能不只是一位消费者。

3）转移法 是指把消费者不同意见的要点，直接联结到其所购商品的特点上去，使消费者心理通过思维的桥梁，集中到所购商品的特点上。

4）拖延法 是指遇到消费者所提意见难以回答时，不能急于用不充分的理由去诉说、争辩，可以故意拖延一段时间，以便借此进一步明确消费者异议的实质，使自己有短暂的时间考虑有说服力的回答，用这种方法需要销售人员掌握较高的控制技巧，如果运用不当反而容易引起消费者的怀疑和不满，因此特别要注意这种方法的使用环境。

二、消费者的购买决策过程

（一）消费者购买决策的含义

决策就是作出决定的过程，是为了达到某一目标，在两种或两种以上备选方案中选择最优方案的过程。购买决策是指人们为了合理地支配有限的财力和精力以达到最佳消费效益，搜集、筛选消费方案，并实施选定方案，评估消费效益的过程。

消费者购买决策的过程，其实质就是消费者为寻求相对自身的最大购买价值而不断行动与放弃的过程，即为了满足自身的某种需求而寻求最合适产品、服务或解决方案的心理和行动过程。

（二）消费者购买决策的类型

常见的类型包括常规型决策和非常规型决策两大类。

1. 常规型决策 是指消费者经常或例行的购买决策。这种类型的决策具有重复性的特征，是一种习惯性购买行为，消费者购买日常用药多属于此种类型。

2. 非常规型决策 是指偶然发生或首次出现的非重复性的购买决策。这种决策对消费者来说发生的次数较少。

（三）药品消费者购买决策过程

药品消费者的购买决策包含着一系列连续的步骤：消费需求的认知→信息收集→比较评价→购买决定→药效评价。消费需求的认知是起因，收集信息和比较是决策过程的深化，实际购买是决策的结果，药效评价则是对决策的总结和下一次决策的重要依据。

1. 消费需求的认知 药品消费者首先要意识到自身的需要。医药营销者针对消费者的不同需要而采取对应的营销策略，会促进药品消费者的购买决策。

（1）突发性需要 很多疾病的发作存在不可预见性。疾病发作后，就会产生购买药品的需要。医药营销者作为社会责任的承担者，应根据情况随时为药品消费者提供高质量的服务，有助于这类消费者尽快地作出购买决策。

（2）经常性需要 这种需要多由慢性病引起，需要长期购买相应的药品。因此，这类药品消费者对其使用的药品品牌、效能、价格都非常熟悉，一般不需花费时间考虑。针对这种需要，医药营销者能够保证产品的高质量、合理价格、稳定供货，就会赢得消费者的满意。医药营销者应加强与此类消费者的沟通，为他们提供更完美的满足需求的方案，提高消费者满意度。

（3）无意识需要 这是一种药品消费者并未意识到的潜在需要。消费者身体处于亚健康状况或潜在疾病，但其本人并没有发现，因此消费者也就没有用药的需要。针对这类情况，医药营销者可以通过增强药品消费者的健康意识，免费为消费者体检，帮助消费者发现自己对药品的需要。同时，加强对医药产品的广告宣传，通过公关、促销等营销手段提高产品知名度、美誉度，使消费者对药品的需求上升。

2. 收集信息 相当一部分消费者平时会通过医药类报刊、网络收集信息以备急用，所收集的信息一般有用药方向、药品功效、药品品牌、价格等资料。大部分药品消费者因突发性需求而产生购买药品的愿望时，希望通过咨询医生、专业药师获得指导信息。收集的渠道通常有四个方面。

（1）经验来源 以前的使用经验、已有的产品知识、使用产品的过程等。

（2）个人来源 家庭成员、朋友、邻居、同事和其他熟人等。

（3）公共来源 如报纸、杂志、广播、电视、互联网的宣传报道及科普教育等。

（4）商业来源 广告、推销人员、中间商、药品包装、药品陈列、药品说明书、药品展销会等。

非处方药的信息来源渠道主要是"商业来源"和"公共来源",这两个渠道来源的信息起到宣传和告知的作用,这也是企业有可能支配的来源。处方药的信息来源渠道主要是医院医生的诊治,这对医药消费者的购买决策起关键性的影响。消费者认为可信度最高的是"个人来源"和"经验来源"。这两个渠道来源的信息影响着消费者的权衡和抉择。医药营销者应结合消费者的行为特点,灵活选择各种信息来源组合,向消费者传递有效信息,突出自身品牌的特色,促使消费者最终选择本企业的药品。

3. 比较评价 药品消费者需要对已经获得的药品信息进行比较、评价、判断和选择后,才能作出买什么(品牌)、买多少(数量)的决定。比较评价是一个复杂的过程,在 OTC 药品市场上,除了药品消费者本身的因素外(如病情、经济条件、文化认同等),影响消费者比较评价的因素还有,药品方面,影响药品消费者判断和选择的因素有药品质量、品牌形象、适应证、药品疗效、价格、毒副作用、广告宣传等,对药品选择主要还看其是否能快速解除痛苦,是否疗效可靠、副作用小等。服务方面药品零售网点的数量、所处位置、零售医药营销者的形象、服务项目、知名度、药品陈列、广告、服务态度和质量等,都会影响药品消费者对药品的选择。

另外政策制度方面,主要指药品消费者在医院看病时除由医生影响用药的品种和数量外,国家或地区医药保险目录也会影响(限制)药品消费者用药的品种和数量。

4. 购买决定 消费者经过判断和评价后,如果对某种药品形成一定的偏爱,便会作出购买决定。但从"购买意念"转变为"实际购买"的过程,会受以下两种因素的干扰:一是别人的态度,包括家庭成员、相关群体、医生、药品零售人员的态度等,他人与消费者的关系越密切,对该消费者的购买意向、购买决定和购买行为的影响就越大。例如,消费者的某位好朋友告知其"某种品牌的药品使用效果很差",便会使消费者改变原来的购买意念或取消购买决策。二是意外情况因素,也称风险因素或未知因素,是指消费者的预期与实际之间可能存在的差异,如财务风险、功能风险、生理风险、社会风险、服务风险等。消费者购买行为是购买意向与未知因素相互作用的结果。消费者一般是根据预期的经济收入、药品的预期利益、药品价格等因素形成对某种品牌药品的购买动机,但当其他方面的需要更为迫切时,消费者会修改、推迟或取消原购买决定。医药企业应尽可能通过多种措施树立产品和企业的信誉,争取各方的支持,设法减少各种因素的影响,并提供降低风险的资料和进行帮助购买的尝试,以推动消费者购买本企业药品行为的发生。

5. 药效评价 药品消费者作出购买决策、实施购买行为后,总希望有一个好的结果。药效评价就是对决策和行为的总结,也是对消费者决策和行为的肯定与否定。总结对消费者购买经验的积累具有重要意义。关于消费者满意程度的判定,主要有以下三种理论。

(1)预期满意理论 预期满意理论认为,消费者对产品的满意程度取决于预期希望得到实现的程度。如产品符合消费者的期望,购买后就会比较满意;反之,期望距现实距离越远,消费者的不满就越大。因此,企业对医药产品的广告宣传要实事求是,不能夸大其词。否则,消费者因期望不能兑现。会产生强烈的不满,进而影响产品和企业的信誉。

(2)认识差距理论 认识差距理论认为,消费者购买商品后都会引起程度不同的不满意感,原因是任何产品总有其优点和缺点,但消费者购买后往往较多地看到产品的缺点。而别的同类产品越是有吸引力,对所购产品的不满意感就越大。因此,企业除了要向消费者提供能真正满足消费者需求的货真价实的一流产品外,还要采取积极措施,消除消费者认识上的差距和不满意感。

(3)实际差距理论 实际差距理论认为,消费者使用产品的实际效果受很多具体因素的影响。例如药效既受医药产品本身影响又受患者个体的制约,不可能与理论上或统计上的有效率完全一致。因此,营销人员应十分重视消费者对产品的消费评价,及时收集消费者的评价意见,解决消费者在使用产品的过程中所遇到的问题,了解消费者的真实需要,改进产品和服务,争取获得消费者良好的购后评价，树立企业良好的形象，促进商品销售量进一步提升。

知识链接

消费者购买决策

1. 为什么买　即购买原因或购买动机。购买动机是多种多样的，在有限的支付能力下，消费者要确定必须首先满足哪些需要，导致自己最终购买行为的动机是哪种商品。

2. 买什么　即确定购买对象和购买目标。

3. 在哪里买　即确定购买地点，消费者购买地点的选择。

4. 什么时候买　即确定购买时间。购买时间的确定一般同消费者的职业和生活习惯密切相关，也与商品的季节性、时令性密切相关。

5. 由谁购买　即确定购买主体。消费者使用的商品并非都是自己亲自购买，同样，消费者购买的商品并非都是自己使用。

6. 怎样买　即确定购买方式。

三、消费者购买行为分析

（一）消费者购买行为模式

一般把消费者的行为模式称之为 S－O－R 模式，即"刺激－个体－反应"模式，"S"代表刺激（stimulus），"O"代表有机体（organism）的生理、心理特征，"R"代表反应（response）。可以理解为个人通过刺激，产生一系列的心理活动，最后产生反应。这一系列心理活动，称为消费者购买行为的"暗箱"。

（二）消费者购买行为类型

1. 根据医药消费者的参与程度和产品品牌差异程度分类

（1）复杂型购买行为　是指消费者对价格昂贵、品牌差异大、功能复杂的产品，由于缺乏必要的产品知识，需要慎重选择，仔细对比，以求降低风险的购买行为。消费者在购买此类产品过程中，经历了收集信息、产品评价、慎重决策、用后评价等阶段，其购买过程就是一个学习过程，在广泛了解产品功能、特点的基础上，才能作出购买决策。

医药企业营销策略：制作详细产品说明书，帮助消费者及时全面了解产品知识、产品优势及同类其他产品的状况；打造强大的品牌；增强消费者对本企业产品的信心。另外还可以实行灵活的定价策略，聘请训练有素、专业知识丰富的医药营销人员来推销产品，简化消费者购买过程；实行售后跟踪服务策略，增强企业与消费者之间的亲和力。

（2）协调型购买行为　是消费者面对品牌差异小而购买价格高、风险大的产品时，认为品牌差异小而迅速购买，购后又出现不满意、不平衡的心理，为寻求心理平衡在后续的使用过程中继续搜集该种产品信息的购买行为类型。购后持续搜集信息是为了寻求种种理由，减轻、化解这种失衡，以证明自己的购买决定是正确的。

对于这类购买行为，企业要通过真诚的服务与良好的形象来引导消费者产生正向联想，使消费者认为自己的决定是正确的。

（3）多样化购买行为　是消费者面对品牌差异大、功效相近、购买风险小的产品时，不愿意花费较长时间来选择和评估，而是不断变换所购产品品牌的购买行为类型。消费者因新鲜感而寻求多样性，并不一定是对原购买产品不满意。

对于这类购买行为，企业可以采用多品牌策略，设置多个品牌供消费者挑选；或者加大广告投入，树立良好企业形象，占据货架有利位置，使消费者转为习惯性购买。

（4）习惯型购买行为　是当消费者面对价格低廉、经常购买、品牌差异小的产品时的购买行为类型。这种购买行为类型的消费者不深入收集信息和评估品牌，只是习惯于购买自己熟悉的品牌，在购买后对产品的评价也非常简单，慢性病患者长期服用药品的购买行为常常属于习惯型购买。

对于习惯型购买行为，企业可以利用价格的优势、产品的改良、在居民区或人口流量大的地区设置销售网点，以便消费者随时能购买。

2. 根据消费者的购买目标分类

（1）全确定型　指消费者在购买商品以前，已经有明确的购买目标，对商品的名称、型号、规格、颜色、式样、商标以至于价格的幅度都有明确的要求。这类消费者进入药店以后，一般都是有目的地选择，主动地提出所要购买的商品，并对所要购买的商品提出具体要求，当商品能满足其需要时，则会毫不犹豫地买下商品，这对于有巨大影响力品牌的医药企业来说是最理想的状态。

（2）半确定型　指消费者在购买商品以前，已有大致的购买目标，但具体要求还不够明确，最后购买需经过选择比较才能完成。如购买空调是原先计划好的，但购买什么牌子、规格、型号、式样的空调等心中无数。这类消费者进入商店以后，一般要经过较长时间的分析、比较才能完成其购买行为。医药企业要积极创建让消费者耳熟能详且形象优质的品牌，使消费者在选择商品时第一时间选择自己的品牌，从而将消费者转变为对自己企业有偏爱的全确定型消费者。

（3）不确定型　指消费者在购买商品以前，没有明确的或既定的购买目标。这类消费者进入商店后主要是参观游览、休闲，漫无目的地观看商品或随便了解一些商品的销售情况，感到有兴趣时或碰到合适的商品偶尔购买，有时则观后离开。此时消费者对产品心存疑虑，并没有强烈的产品需求，营销人员要积极挖掘其潜在的内在需求，并给予消费者专业而诚恳的建议，使其转变为全确定型消费者。

3. 根据消费者的购买态度分类　根据消费者的经济收入、专业知识、受教育程度、个性、地点、时间等因素的影响。一般可将其购买行为分为习惯型、理智型、经济型、果断型、排斥型、冲动型、喜欢表现型、犹豫型、躲闪型、浏览型等类型。

（1）习惯型　购买者具备一定的药品知识，或者属于久病成医者，忠诚于一种或数种老牌、名牌产品，习惯于购买自己熟知的常用产品，不轻易购买别种同类产品，更不贸然接受新产品。对于这类消费者，不需要过度介绍，要做的就是按照消费者需求，迅速拿出其想要的医药产品。

（2）理智型　购买者非常重视产品的质量、性能、价格和实用性等，往往要经过深思熟虑，不会轻易受其他人的影响。营销人员需要具备充足的医药学专业知识，以备应对各种疑问，有条理地把产品的突出特点分析、介绍给这类消费者。

（3）经济型　购买者由于经济条件的限制，会十分重视产品的价格，且注重其实用性，即性价比较高的产品。宜推荐经济实惠的产品，满足此类消费者的需求。

（4）果断型　购买者充满自信与决心，对事情有一套自己的看法，自我意识强烈，主观而不易受影响。销售中要先肯定消费者的说法，再慢慢加入自己的意见。例如"您的说法有一定道理，我也是这么认为，但是……"。

（5）排斥型　购买者对任何人都有排斥感，不亲近别人，也不容易相信别人；对事情的看法第一反应就是排斥，然而一旦排斥的障碍被克服了，就会产生完全的信任。在面对这类消费者时，营销人员说话要小心，注意不要冒犯消费者，应注重培养这类消费者对自己的信赖及信心，彼此无所顾忌地商谈，达成成交的目的。

（6）冲动型　购买者受产品外观质量、广告宣传和营业推广的影响，较少认真考虑产品性价比、不愿做反复的选择比较，接受了宣传刺激或是药店店员的推荐，就会冲动地做出购买决策。营销人员应根据其症状，认真负责地为其推荐合适产品。同时告知有效期等信息，避免购买太多造成浪费。如果遇到消费者情绪不好时，要避免激怒对方，顺其自然。

（7）喜欢表现型　购买者不管任何时候都喜欢展示自己的意见，喜欢听到旁人的夸奖和称赞，特别喜欢表现而且虚荣。营销人员应满足消费者吹嘘的愿望，等待消费者的表现欲望满足后再开始真正的交谈，交谈中也可抓住机会适当吹捧，让消费者觉得自己很有专业知识，再趁机加以说服。

（8）犹豫型　购买者对自己缺乏信心，没有完整的自我观念，遇事拿不定主意，不敢作决定，即使作出决定也容易反悔，是优柔寡断型人，购买产品时举棋不定。营销人员可应用一种不伤其自尊心的方式，暗中替消费者拿主意、作决定，然后根据其病情需要，有策略地重点介绍某一种产品。

（9）躲闪型　该类购买者因患有隐私型疾病或购买隐私类产品时，往往会表现出躲闪、不安的行为。营销人员应以专业的知识为其解答疑难问题，以专业人员的身份避免其尴尬的窘境，对于超出自身解决范围的问题要劝其去正规医院就诊。

（10）浏览型　这类药品消费者由于被医药营销活动所吸引，或由其他原因进入医药营销场所，因随意浏览而临时产生购买某种药品的愿望。营销人员宜主动介绍店内营销活动优势，且主动开展营销活动。

（三）消费者购买行为的影响因素

分析影响消费者购买行为的因素，对于企业有针对性地开展市场营销活动，抓住消费者的"痛点"，有着重要意义。影响消费者购买行为的主要因素包括消费者个人因素、心理因素、社会因素、企业和产品因素、风险因素等。

1. 个人因素　即年龄、性别、职业、经济状况、生活方式、个性和自我观念等个人外在特征，均会影响消费者的购买行为和决策。

（1）年龄　不同年龄层、不同性别的消费者，无论是在生理上还是在心理上都有明显的差异，导致了他们对药品和服务的消费需求和购买方式都有明显的差别。

1）学龄前儿童　学龄前儿童已经开始对某些产品有了选择的权利，广告对于他们的影响较大，对于产品的选择注重形式内容大于实质内容；此年龄段好奇心最强，且开始有模仿性消费；但对医药产品选择几乎无自主性，其父母对于医药产品的选择会考虑儿童的喜好，如儿童药品的口味和用药形式；药品的疗效与毒副作用是家长重点关注的因素。

2）青年　青年群体分为青年初期、青年中后期。①青年初期：青年初期的特征是表现自我、追求时尚，消费欲望强烈，消费空间巨大，有超前消费行为。他们对减肥、增高、美容等产品兴趣浓厚，而且购买往往缺乏充分的考虑，容易受企业各种营销刺激的影响，有一定的随意性。②青年中后期：该年龄段开始步入婚姻，初为人父母，开始体验生活不易，消费观念开始趋于谨慎，收入多花费在家庭之中；在追求性价比的同时也注重产品质量与品牌。

3）中老年群体　分为中年群体和老年群体。①中年群体：消费素质高，消费理性，追求品质，注重便利性；开始慢慢出现慢性病等健康问题，对于医药产品购买注重疗效与毒副作用，通常不太容易受外界营销刺激的影响，一般在仔细比较分析后才购买。②老年群体：年龄在61岁及以上的消费群体，消费具有保守性，喜爱便宜产品，习惯性购买特征明显；对延年益寿等保健食品比较感兴趣，对于医药产品的促销活动十分敏感。

（2）职业　个人的医药消费模式受职业的影响也是极为明显的。一般来说，同种职业的人往往有类似的药品需求，而不同职业的人有不同的需要和兴趣。例如，常年在井下作业的煤矿工人购买使用治疗风湿性疾病药品的比较多；教师则购买较多治疗咽喉炎的药品等。一般来说，营销人员应当分析哪种职业的消费者对自己的药品或服务感兴趣。

（3）经济状况　决定着个人和家庭的购买能力。消费者经济状况好，其消费水平就高，能买得起价格高的药品，是药品的主要需求者，也易作出购买决策。反之，就会制约其购买行为，一旦药品支出超过了家庭的承受能力，尽管事关自己的健康和生命，他们也没能力购买想要的药品。因此，对于那些受经济状况影响较大的药品，企业要密切注意消费者收入及储蓄等的变化趋势，研究不同时期、不同行业、不同地区、不同阶层的经济状况。当目标市场消费者的经济状况发生较大的变化时，就应采取相应的措施，对产品进行重新设计、定位、调整价格，以便继续吸引目标消费者。近几年来，我国政府补贴很多资金推行城镇居民医疗保险和新型农村合作医疗制度，使全国的药品需求猛增了很多。企业应抓住这一有利时机重新进行市场分析，向医药消费者提供质量高、价格低、种类多的医药产品。

（4）生活方式　指人们在生活中所表现出的兴趣、观念以及参加的活动等。由于社会生活的复杂化，人们的生活方式也千差万别。即使是来自同一社会阶层，甚至是相同的职业，也可能具有不同的生活方式。不同的生活方式，会有不同的需求特征和购买行为。例如，经常参加社会活动的人往往注重保持良好的身材，注重美容，这样就对美容产品及减肥产品的需求较大。不良生活方式导致的疾病，如高血压、心脏病、脑卒中、癌症等疾病的死亡人数，在发达国家占总死亡人数的70%~80%，在不发达国家中也占40%~50%。在我国死亡率居前几位的疾病中，有44%以上的患病人群疾病由不良生活方式和行为方式所致。不良生活方式所致疾病的患病率城区高于郊区，男性高于女性。因此，生活方式对于医药消费者行为的影响是主要通过改变疾病谱而表现出来的。

（5）性格与自我观念　性格是一个人身上表现出的经常的、稳定的、实质性的心理特征。性格的差别也将导致购买行为的不同。例如，外向的消费者，一般喜欢与售货员交谈，表情容易外露，很容易表现出对产品的态度，但也容易受外界的影响；内向的人大多沉默寡言，内心活动复杂，但不轻易表露；理智的人喜欢对产品进行反复比较、分析和思考，最后才作出购买决定。可见，消费者的性格也是影响消费者购买行为的一种重要因素。

与此相关的另一个概念是购买者的自我观念或自我形象，它也是影响消费者行为的一个因素。无论如何，消费者不断改善自我形象，并通过自己的言行，向人们表达这种观念。表达自我观念的重要途径之一就是消费，人往往通过购买产品，来反映自己所希望表现出的观念。

因此，消费者的自我观念帮助他们选择产品，影响他们的决策。由于消费者总是购买与自我观念一致的产品，在企业营销中，就应使产品形象与人们追求的自我观念达到一致，从而使他们倾向于购买。医药市场营销人员必须了解目标市场人群可能存在的性格特征及自我观念，推出的品牌应当符合目标消费者的性格及自我观念。

2. 心理因素　消费者购买行为要受其个人的动机、知觉、学习以及信念和态度等主要心理因素的影响，它支配着消费者的购买行为。动机是引起和维持人的活动并使之朝着一定目标进行的内在心理动力，是引起行为的原因和动力。购买动机则是引起消费者从事某种购买活动，并使这一活动指向特定目的以满足其某一需要的愿望或意愿。人们一旦意识到正常生活的某种或某些欠缺，便会产生某种心理的冲动，并有选择地指向可满足需要的外界对象。动机和行为不是一一对应的关系，同样的动机可以产生不同的行为，同样的行为也可由不同的动机所引起。一般的购买动机是建立在消费者为生存和发展而进行的各种消费活动基础上的普遍的购买动机。从消费者需要角度划分，一般的购买动机可以分为生理性购买动机和心理性购买动机。

（1）生理性购买动机　是由消费者生理需要和安全需要引起的，为了维持、保护、延续和发展其自身生命需要而产生的各种购买动机。

（2）心理性购买动机　主要是由消费者心理性需要或社会需要、尊重需要、自我实现需要所产生的购买动机。

3. 社会因素　包括社会文化因素和社会相关群体对消费者购买行为的影响。

（1）社会文化因素　每个人都生活在一定的文化氛围中，并深受这一文化所含价值观念、行为准则和风俗习惯的影响。文化属于宏观环境因素之一，它包括知识、信仰、艺术、道德、法律、风俗习惯等。每个人都生活在一定的文化氛围中，并深受这一文化所含价值观念、行为准则和风俗习惯的影响。这一影响也延伸到了人们的消费需求和购买行为，影响着人们对药品的评价和选择，而这些又都影响着消费者的消费指向和购买行为。例如，我国消费者受传统中医药文化的影响，普遍认为中药的毒副作用小，疗效全面，可以从根本上治疗疾病，在预防和保健方面也作用显著，在一些慢性病的治疗方面可能比西药更有效，目前我国医药企业大力推广藏药、苗药的传承和发展，也都是注意到了文化的因素。

（2）社会相关群体　指对个人的态度、意见和偏好有重大影响的群体。对个人影响最大的群体，如家庭、亲朋好友、邻居和同事等；影响较次一级的群体，如个人所参加的各种社会团体；个人并不直接参加，但影响也很显著的群体，如社会名流、影视明星、体育明星等。

家庭是社会的细胞，对个人的影响最大。人们的价值观、审美观、爱好和习惯，多数是在家庭的影响下形成的。在购买者决策的所有参与者中，购买者家庭成员对其决策的影响最大。不同的家庭成员对购买商品具有不同的影响力，因此研究不同的家庭特点，了解家庭各成员对购买决策影响力的差异，对市场营销活动是十分必要的。

营销专家曾提出以下理论：第一个是家庭权威中心点理论。由于各种家庭的情况不同，家庭权威中心点就可能不同，社会学家把家庭分成四种类型。①独立支配型，亦称自治型，指每个家庭成员对自己所需的商品可独立作出购买决策，其他人不加干涉。②丈夫权威型，指家庭购买决策权掌握在丈夫手中。③妻子权威型，指家庭购买决策权掌握在妻子手中。④合作依赖型，指大部分购买决策由家庭成员协商作出。

家庭权威中心点会随着社会政治经济状况的变化而变化。由于社会教育水平提高和妇女就业增多，妻子在购买决策中的作用越来越大。许多家庭由"丈夫权威型"转变为"妻子权威型"或"合作依赖型"，营销人员应掌握该理论，以便正确开展市场营销活动。

4. 医药产品因素　医药消费者购买医药产品的最终目标是为了身体健康，因此，医药产品的疗效、剂型、不良反应、包装等，都成为影响消费者购买的主要因素。

5. 风险因素　也称未知因素，是指药品消费者的预期与实际之间可能存在的有害差异，如财务风险、功能风险、生理风险、社会风险等，这些因素是药品消费者在购买前竭力想得到证实或解决的，购买行为的发生往往是购买意向与风险因素相互作用的结果。医药营销人员应了解那些有可能使消费者改变购买决定与行为的因素，并提供降低风险的资料和进行购买帮助的尝试。

···· **目标检测**

答案解析

一、单选题

1. 动机的特点有原始性、多重性、可诱导性、冲突性和（　）
   A. 创新性　　　　B. 外隐性　　　　C. 内隐性　　　　D. 包容性

2. 下列是情绪动机的是（　）
   A. 爱　　　　　　B. 道德　　　　　C. 服务　　　　　D. 价格

3. "您的说法有一定道理，我也是这么认为，但是……"此类销售话语主要针对（　）消费者

    A. 理智型   B. 冲动型   C. 果断型   D. 犹豫型

4. 影响药品消费者比较评价的因素有药品方面、（　）、政策制度方面

    A. 价格方面   B. 服务方面   C. 疗效方面   D. 品种方面

二、简答题

1. 购买行为中，消费者经常表现出来的购买动机主要有几种？

2. 消费者购买行为的影响因素有哪些？

书网融合……

     本章小结   微课   习题

项目四　消费者的群体心理

PPT

任务一　认识社会文化因素对消费者心理的影响

情境导入

情境： 王丽是一名退休教师，老伴是退休公务员，有一独生子，已结婚生子。王丽患高血压，需常年服用降压药；她经常去小区门口的连锁药店买药，办理了会员卡，价格实惠，还有各种优惠活动。王丽的儿子儿媳有慢性胃病及口腔溃疡，常去超市内的医药专柜买药，小两口还喜欢网购，并建立QQ群，常在群里跟其他宝爸宝妈讨论宝宝用品买什么样的，以及交流育儿知识。宝宝偶尔感冒发烧，全家人带孩子去本地最好的医院，挂专家门诊，从医院的药房买药。

思考： 1. 王丽夫妻与儿子、儿媳在医药产品消费需求上有什么不同？在满足消费需求的形式上有什么差异？

　　　　2. 以上消费者的需求，对医药营销人员有什么启示？

消费心理是一种复杂的社会心理现象，不仅受消费者自身的需要、动机等心理因素的影响，也受消费者活动的外界社会环境如社会经济、政治环境、文化背景、消费者家庭环境、消费者群体、消费时尚、习俗、流行等的影响。

一、社会文化因素与消费者心理

社会文化是指社会意识形态与人们的衣食住行等物质生活、社会关系相结合的一种文化，社会文化一般由文化和亚文化组成的。

（一）文化的含义

文化是一个非常广泛的概念，给它下一个严格和精确的定义是一件非常困难的事情。不少哲学家、社会学家、人类学家、历史学家和语言学家一直努力试图从各自学科的角度来界定文化的概念。然而，迄今为止仍没有获得一个公认的、令人满意的定义。一般人们认为，广义的文化指人类在社会历史发展过程中所创造的物质财富和精神财富的总和，包括文字、语言、建筑、饮食、工具、技能、知识、习俗、艺术等；狭义的文化是指人们普遍的社会习惯，如衣食住行、风俗习惯、生活方式、行为规范等。

文化包括四个层次。一是物质文化层，由物化的知识力量构成，是人的物质生产活动及其产品的总和，是可感知的、具有物质实体的文化事物，包括建筑、交通工具、服饰、日常用品等，是一种可见的显性文化；二是制度文化层，由人类在社会实践中建立的各种社会规范构成，包括社会经济制度、婚姻制度、家族制度、政治法律制度等；三是行为文化层，以民风民俗形态出现，见之于日常起居动作之中，具有鲜明的民族、地域特色；四是心态文化层，由人类社会实践和意识活动中经过长期孕育而形成的价值观念、审美情趣、思维方式等构成，是文化的核心部分。

其中制度、行为、心态这三种文化属于不可见的隐性文化，是规范和传统的集合。文化塑造了成员作为个人的身份。从心理学意义上讲，文化是社会的个性，是组织或社会成员间共有的意义。当今互联网成熟的发展使原先相对疏离的个人或组织可以很容易经由社群网站，使许多新的价值观、理想、观念、友谊、血缘等非常错综复杂的联系，发展出特定社群意识的网络文化。这种网络文化联系具有瞬间的爆发力，对特定事件所造成的影响已经是新兴的、不可忽视的力量。

（二）亚文化的含义

亚文化是指某一文化群体所属次级群体的成员所共有的，区别于其他次级群体成员的信念、价值观和生活习惯。亚文化是一个相对的概念，是总体文化的次属文化。一个文化区的文化对于全民族文化来说是亚文化，而对于文化区内的各社区和群体文化来说则是总体文化，而后者又是亚文化。

亚文化一经形成便是一个相对独立的功能单位，对所属的全体成员都有约束力。由于亚文化是直接作用或影响人们生存的社会心理环境，其影响力往往比主文化更大，能赋予人一种可以辨别的身份和属于某一群体或集体的特殊精神风貌和气质。研究亚文化对于深入了解社会结构和社会生活具有重要意义。

（三）社会文化对消费者心理的影响

每个消费者都是在一定的文化环境中成长，并在一定的文化环境中生活。其价值观念、生活方式、消费心理、购买行为等，必然受到文化环境的影响。离开了特定的文化背景，就很难理解消费者的行为。社会文化对个人的影响主要表现在以下两方面。

1. 社会文化为人们提供了认识事物、解决问题的基本观点、标准和方法　社会文化像一面"透镜"一样，消费者透过它来审视产品。社会文化决定了消费者对不同活动和产品的总体偏好，也决定了具体产品和服务的对象。如果产品所提供的利益与文化成员某个时期的需求一致，那么这样的产品就更可能为消费者所接受。

2. 社会文化使人们建立起是非标准和行为规范　在现代社会中，由于社会结构的高度复杂化、文化对个人的约束趋向松散、间接成为一种潜移默化的影响。社会文化对行为的这种约束称为规范，一个人如果遵守了社会文化的各种规范，就会受到社会的赞赏和鼓励，如果违背了文化规范，就会受到否定和惩罚，包括温和的社会非难、歧视、谴责到极端的惩治手段。

消费者行为和文化间的关系是双向的。一方面，某一时期与当时社会文化的优先选择一致的产品和服务更有可能让消费者接受。近年来，养生、美容、养颜、增强免疫力、提高抵抗力的药品、保健品等的热销证明了这一点。另一方面，新产品的问世，又为人们了解当前的主流文化提供了一个窗口，如以纯天然草本植物、中药材等为原材料的化妆品占据了一多半的货架位置，反映了当前人们回归自然、重视环保、反对污染等文化的特点。

知识链接

中国人的消费行为特点

1. 朴素的民风和节欲的消费观反对超前消费，节制个人欲望。这一点，在老年消费群体更为常见。

2. 重视人情和从众求同的消费动机，以社会上大多数人的一般消费观念来规范自己的消费行为。

3. 含蓄的民族性格和审美情趣以内敛、柔和、淡雅、朴素、庄重、和谐作为判断标准。

4. 以家庭为主、重直觉判断的购买准则，个体消费更顾及整个家庭需求，购买决策重视模糊思维和直觉判断。

二、消费习俗对消费者心理的影响

（一）消费习俗的特点

消费习俗是指消费者受共同的审美心理支配，一个地区或一个民族的客户共同参加的人类群体消费行为。它是人们在长期的消费活动中相沿而成的一种消费习惯。在消费习俗活动中，人们具有特殊的消费模式。它主要包括人们的饮食、婚丧、节日、服务、娱乐消遣等物质与精神产品的消费。

消费习俗一经形成，便具有历史继承性及相对稳定性，不易消失。消费习惯所引起的消费需求具有一定的周期性。这里所指的是消费心理和消费行为的统一，如人们对某一消费品引起注意，产生兴趣，于是购买。通过消费，感到满意。逐步形成习惯性的兴趣、购买和消费。反复的消费行为加强了对某种消费品的好感，而经常的好感、购买，必然促使某种消费行为成为习俗。

所以，消费习俗就是基于习惯心理的经常性消费行为。消费风尚不是消费习俗，是以商品为中心，以该商品生命周期完结为结束。而消费习俗是以社会活动为中心，习俗一旦出现，就会在相当长的时期内不断重复出现。如过年是一个全民辞旧迎新的活动，端午节是一个全民性的祭奠屈原的活动等。

消费习俗的这种特定内涵对于消费品市场有着重要影响。不同的消费习俗造就不同的消费者。它要求企业及营销人员去研究不同习俗的各自含义和对应的不同消费需求，消费习俗的特点如下。

1. 长期性　一切消费习俗都是人们在长期的生活实践中逐渐形成和发展起来的。一种习俗的产生、形成与发展，需要经过若干年乃至更长的时间。在社会生活的各个方面，已经形成的消费习俗又会对人们的消费心理与消费行为产生长期的、潜移默化的影响。

2. 社会性　消费习俗是人们在共同的消费生活中相互影响而产生的。它的产生、发展离不开社会环境。它是社会生活的有机组成部分，带有浓厚的社会色彩。也就是说，只有那些具有较强社会性的消费活动，在社会成员的共同参与下，随着社会的发展才能成为消费习俗。

3. 区域性　消费习俗是特定区域范围内的产物，因而带有强烈的地方色彩，例如四川等冷潮湿地区，当地人素有吃辣椒的嗜好；在西藏，以青稞、酥油、牛羊肉为主的食物结构，使人们喜喝砖茶；而我国北方较寒冷地区的居民喜饮烈酒。消费习俗的区域性使我国各地区形成了不同的地域风情和消费特点。

4. 非强制性　消费习惯的产生和流行往往不是强制推行的，而是通过一种消费心理的社会约束力量来影响消费者。这种社会约束具有无形的、强大的影响力，使置身其中的消费者自觉或不自觉地遵守这些习俗，并以此规范自己的消费行为。

5. 敏感性　对于不同民族来说，风俗习惯就是民族特有的标志，任何民族的风俗习惯都有其自身的历史合理性，任何民族都对自己的风俗习惯是否得到尊重非常敏感。尊重不同民族的风俗习惯体现了民族平等，对民族关系有重要的影响。《中华人民共和国消费者权益保护法》明确规定："消费者在购买、使用商品和接受服务时，享有其人格尊严、民族风俗习惯得到尊重的权利。"

（二）消费习俗的分类

消费习俗的形成与沿袭，既有经济、政治、文化的原因，又有消费心理的影响，因此不同国家、地区和民族的人们，在长期的经济活动与社会活动中形成了多种多样的消费习俗。

1. 物质类消费习俗 主要是由自然、地理及气候等因素影响而形成的习俗，而且主要涉及有关物质生活的范畴。物质消费习俗与社会发展水平之间具有反向关系，即经济发展水平越高，物质消费习俗的影响力越弱，这类消费习俗主要包括以下三个方面。

（1）饮食消费习俗 在我国，除了各地人们的口味习惯外，还有北方人以面食为主，南方人以大米为主的饮食习惯；沿海居民喜欢海鲜食品，内地居民喜欢肉类食品。这些饮食习惯基本上是受供应条件限制而形成的。近年来，随着经济发展、科技进步以及运输业的发达，这种地域限制造成的习俗差异越来越小。

（2）服饰消费习俗 我国地域广阔，大多数少数民族按地域不同而聚居，因此也形成了各具特色的服饰消费习惯。东南地区与西北地区的服饰就有很大的不同，如西北地区的人们包头、束腰的习惯其他地区就没有；各少数民族的盛装打扮也是汉族所没有的。

（3）住宿消费习俗 受不同地区生活环境及经济发展水平的影响，人们住房建造与住宿方式也有很大的不同。例如，西北牧业地区的人们习惯于住蒙古包，陕北地区的人们习惯于把住房建成窑洞式，南方地区的居民大多不安窗户，东北地区的居民喜欢使用玻璃等。

2. 社会文化类消费习俗 指受社会、经济及文化影响而形成的非物质消费方面的习俗，这类消费习俗较物质消费习俗具有更强的稳定性。

（1）喜庆性的消费习俗 它往往是人们为了表达各种美好愿望而引起的各种消费需求，如我国的春节、西方的圣诞节等，是消费习俗中最重要的一种形式。

（2）纪念性的消费习俗 它是人们为了纪念某人、某事而形成的某种消费习俗，如清明节人们以扫墓祭祀祖先或烈士，正月十五闹元宵，中秋吃月饼等都属于纪念性消费风俗。

（3）宗教信仰性的消费习俗 它是由于某种宗教信仰而引起的消费风俗习惯，这些消费习俗的形成都与宗教教义和教规有关，因此，有极其浓厚的宗教色彩，并且具有很强的约束力。

（4）社会文化性的消费习俗 这类消费习俗是社会文化发展到一定水平而形成的，具有深刻的文化内涵。能够流传至今的文化习俗一般与现代文化具有较强的相容性。在我国较有影响的文化消费习俗主要是各种地方戏以及各具特色的文化活动，如山东潍坊的放风筝习俗等。

（三）消费习俗对消费者心理的影响

1. 消费习俗促成了消费者购买心理的稳定性和购买行为的习惯性 消费习俗是长期形成的，对人们的社会生活、消费习惯的影响很大，因而从此派生出的消费心理也就具有一定的稳定性，消费者在购买商品时，由于消费习俗的影响，产生了习惯购买心理，会较长时间地去购买符合消费习俗的各种商品。

2. 消费习俗强化了消费者的消费偏好 在特定地域消费习俗的长期影响下，消费者形成了对地方风俗的特殊偏好，这种偏好会直接影响消费者对商品的选择，并不断强化已有的消费习惯。

3. 消费习俗使消费者消费心理与行为的变化趋缓 由于遵从消费习俗而导致的消费活动的习惯性和稳定性，将大大延缓消费者心理及行为的变化速度，并使之难以改变。这对于消费者适应新的消费环境和消费方式会起到阻碍作用。

三、消费流行方式、分类与周期

消费流行作为社会流行的一个重要组成部分，是指在一定时期和范围内，大部分消费者呈现出相似或相同行为的一种消费现象。具体表现为大多数消费者对某种产品或消费时尚同时产生兴趣，从而使该产品或消费时尚在短时间内成为众多消费者狂热追求的对象，消费者通过对所崇尚事物的追求，获得一种心理上的满足。

当消费流行盛行于世时，到处都有正在流行的产品出售，众多不同年龄、不同阶层的消费者津津乐道于流行产品，各种各样的宣传媒介对此大肆渲染、推波助澜。总之，在消费活动中，没有什么比消费流行更能引起消费者的兴趣。此时，这种产品即成为流行产品，这种消费趋势也就成为消费流行。消费流行的关键是某种消费行为方式具有新奇性，许多人竞相模仿和学习，从而使这种消费行为方式在整个社会随处可见，成为一种社会风气。

（一）消费流行的方式

1. 自上而下的流行　由社会上有地位、有身份、有经济实力的上层人士率先倡导或者实行，然后逐渐向下传播，最终形成流行的时尚。这就是我们通常所说的"上行下效"，如明星时装、发型等。

2. 自下而上的流行　由社会下层消费者最先使用，逐渐扩散为社会各个阶层所接受，最终演变成一种时尚，如牛仔服等。

3. 横向传播流行　由某一阶层、某一地区率先推出，引起其他阶层和地区的响应形成流行时尚，如意大利皮装等。

（二）消费流行的分类

消费流行的分类从现象上看，消费流行的变化十分复杂，流行的商品品种、流行的时间、流行的速度都不一样；但从市场的角度考察，消费流行仍有一定的规律性。

1. 按流行商品分类　一类是食用类商品引起的消费流行。这类商品的消费流行是由于商品的某种特殊性质所引起的，如中药因副作用小而受到越来越多的患者认可，绿色食品因其具备的天然、无污染等特性而成为当今社会人们强烈追求的对象。另一类是家园类商品引起的消费流行。这类流行大体可反映在两个方面，其一是新产品的消费流行；其二是产品功能改进而引起的消费流行。这两种流行产生的原因都是产品所带来的生活便利和满足。如中药剂型的改进，使更多的患者服用和储存更方便。还有就是穿着类商品引起的消费流行。这类商品引起的消费流行，除了商品本身价值带来的消费满足外，往往是由于商品的附加利益如时装在色彩、款式和面料上的变化而形成的流行。

2. 按消费流行的速度分类　①速度流行。有些商品的市场生命周期短，消费者为了追赶流行趋势，立即采取购买行为形成迅速流行。②缓慢流行。有的商品的生命周期较长，消费者即使暂缓购买，错过流行周期，从而形成缓慢流行。③一般流行。有的商品的生命周期没有严格界限，流行速度介于上述两者之间，形成一般流行。

3. 按消费流行的地域范围分类　①世界性的消费流行。是指那些流行范围广，受世界上多数国家所关注的商品的流行，如世界范围的"中医热"就是源于中国的特点而受到世界范围的青睐。②全国性的消费流行。这类消费流行从范围上来讲覆盖全国的大多数消费者，影响面较为广泛。从总体上看，该类商品的流行速度慢、时间长，受经济发展水平以及消费习惯的影响较大。③地区性的消费流行。从现象上看，这种消费流行是最普遍、最常见的；从实质上看，这种流行来源于全国性的消费流行，又带有一定的地区性流行色彩。

（三）消费流行的周期

消费流行的形成大都有一个完整的过程，这一过程通常呈周期性发展，同时消费流行的阶段与产品生命周期相互联系但又有所区别，时尚的周期性循环是以产品的生命周期为基础的。每一个产品都要经过"导入—成长—成熟—衰退"这样四个阶段，消费流行则要经过"兴起—热潮—衰退"三个阶段。

1. 第一阶段：兴起期　在产品的导入期，流行商品由于其鲜明特色和优越性能吸引有名望、有社会地位的消费者和具有创新消费心理的消费者，其对商品的使用产生强烈的社会示范效应。

2. 第二阶段：热潮期　流行商品的一个重要特点是能很快形成消费热潮。由于有明星人物的示范作用，产品能在极短的时间内流行起来。许多热衷时尚的消费者纷纷模仿，甚至形成抢购风，市场销售增长率呈直线增长趋势，对市场形成巨大冲击。

3. 第三阶段：衰退期　流行商品与一般商品的最大不同是市场成熟期十分短暂，当新产品在市场大量普及之时，流行的势头已经开始减弱，随即市场进入衰退期。所以，产品成熟的同时即意味着衰退期的到来，成熟期与衰退期是交织在一起的。

▎知识链接▎

消费流行"自讨苦吃"

现在越来越多的中国人喜欢吃苦瓜、喝苦丁茶等。花钱买"苦"吃正悄悄成为流行，现如今人们吃惯了大鱼大肉，吃够了甜酸苦辣，追求饮食质量和营养搭配药膳的百姓纷纷热衷素食、野菜和绿色食品，不知不觉间，不少中国人开始了对苦味的求索。

以往无人问津的瓜菜中苦味之冠——苦瓜，近年来身价日高，一些原先吃不惯苦味的人竟然吃上了"瘾"，过去在乡村才看得见的野菜更是大受城市市场的欢迎。同样，苦丁茶、乌龙茶、橄榄汁等苦味饮料也让大家偏爱有加，为降低脂肪也好，为清热解毒也好，或者仅仅为品味"苦"的滋味，难抵其苦味诱惑的大有人在。

四、消费流行与消费心理的交互作用

在一般情况下，消费者购买医药商品的心理活动过程存在着某种规律性。例如，在购物的收集信息阶段，心理倾向是尽可能地多收集有关商品的信息，在比较中进行决策。在购物后，通过对医药商品的初步使用，产生对购买行为的购后心理评价。这些心理活动有一种正常的发展过程，即循序渐进。

但是，在消费流行的冲击下，消费心理发生了许多微妙的变化，考察这些具体变化，也就成为研究医药消费心理、搞好市场营销的重要内容。

（一）消费流行对消费心理的影响

1. 认知态度的变化　按正常的消费心理，消费者对一种新商品，往往在开始时持怀疑态度，按照一般的学习模式，消费者对这个事物有一个学习认识的过程。有的是通过经验，有的是通过亲友的介绍，还有的是通过大众传播媒介传送的信息来学习。当然，这种消费心理意义上的学习过程，不同于正规的知识学习，只是对自己有兴趣的商品知识予以接受。但由于消费流行的出现，大部分消费者的认知态度会发生变化，首先是怀疑态度取消，肯定倾向增加；其次是学习时间缩短，接受新商品时间提前。在日常生活中，许多消费者唯恐落后于消费潮流，一出现消费流行，就密切注视着它的变化。一旦购买条件成熟，马上积极购买，争取走入消费潮流之中，这样，消费心理就从认知态度上发生了变化。我们可以看到，这是消费流行强化了消费者的购物心理。

2. 驱动力的变化　人们购买商品，有时是由于生活需要，有时是因为人们为维护使人们在购物时产生了生理动机和心理动机。按一般消费心理，这些购买动机是比较稳定的。当然，有些心理动机也具有冲动性，如情绪动机，这种情绪变化是与个人消费心理相一致的。但是，在消费流行中，购买商品的驱动力会发生新的变化。如有时明明没有消费需要，但看到时尚商品，也加入了购买的行列，产生了一种盲目的购买驱动力。这种新的购买驱动力可以划入具体的购买心理动机之中，如求新、求美、从众，但有时购买者在购买流行商品时，并不能达到上述心理要求，因此，只能说是消费流行使人产生了一种新的购买心理驱动力。研究这种驱动力，对于认识消费流行的意义，具有重要的作用。

3. 反方向的变化　在消费流行中，会使原有的一些消费心理发生反方向变化，在正常的生活消费中，消费者往往要对商品比值比价，心理上作出评价和比较后，再去购买物美价廉、经济合算的商品。但是，在消费流行的冲击下，这种传统的消费心理受到冲击。一些流行商品明明因供求关系而抬高了价格，但是，消费者却常常不予计较而踊跃购买；相反对原有的正常商品的消费行为有所减少。如为了购买最时尚的健身器械，对其他健身器械产生了等一等或迟一些时候再购买的消费心理。

4. 习惯与偏好的变化　有些消费者由于对某种商品的长期使用，产生了信任感，购物时非此不买，形成了购买习惯，或者对印象好的厂家、药店经常光顾。在消费流行的冲击下，这种具体的消费心理发生了新的变化，虽然这些人对老产品、老品牌仍有信任感，但整天不断耳濡目染的都是流行商品，不断地受到家人、亲友使用流行商品时的那种炫耀心理的感染，也会逐渐失去对老产品、老品牌的偏好心理。这时，如果老产品、老品牌不能改变商品结构、品种、形象，不能适应消费流行的需求，就会有相当一部分消费者转向流行商品，如果这些企业赶不上流行浪潮，就会失去以前的消费者。

（二）消费心理对消费流行的影响

1. 个性意识的自我表现对消费流行的影响　当代年轻人正处在一个改革创新的时代，他们渴望变化、追求新奇，特别愿意表现自我，消费流行正是这种趋势的结果。随着时间的推移，人们对现有的商品和消费方式逐渐厌倦，新的商品就应运而生，如此循环往复，永无止境。

2. 从众和模仿心理对消费流行的影响　从众心理是指个人受到外界人群行为的影响，而在自己的知觉、判断、认识上表现出符合公众舆论或多数人的行为方式的心理。任何一种消费行为要形成消费流行，必须在一定时空范围内被多数人认同和参与。在实际的消费过程中，人们往往认为凡是流行的、合乎时尚的都是好的、美的，于是纷纷效仿，加入潮流中。

3. 崇拜名人、追求名牌心理对消费流行的影响　"名人用名牌"是许多广告宣传的诉求目的，也的确刺激和引导了一大批追随者，从而模仿名人的衣着装扮，满足仰慕名人的心理需要，消费者购买名牌产品，不仅是仰慕其品质，更可以从中增强信心，获得周围人的欣赏和尊重，从而获得极大的心理满足。

任务二　认识社会群体因素对消费者心理的影响

情境：李艺正在考虑购买一款新手机。在她的社交圈子中，有一些朋友是科技爱好者，他们总是追求最新的手机技术和品牌。另一些朋友则更注重手机的性价比，倾向于选择价格实惠的手机，李艺因此犹豫不决，不知如何选择。

思考：1. 社会群体因素是否会潜意识地影响消费者购买决策？

2. 群体的哪些因素会影响消费者的购买意愿？

一、社会参照群体对消费者心理与行为的影响 📱微课

社会群体是通过一定的社会关系结合起来进行共同活动而产生相互作用的集体。群体人员之间一般有较为经常的接触和互动，能够相互影响。

（一）社会参照群体的概念

参照群体的含义有一个逐渐变化完善的过程，起初是指家庭、朋友等个体之间与之具有相关互动的群体，现在不仅包含了具有互动基础的群体，也涵盖了个体没有直接接触但对个体行为有一定程度影响的个人和群体。

社会参照群体是指与个人的评价、追求或行为有重大相关性的个人或群体，这些个人或群体可以是真实的，也可以是虚构的。诸如明星、政治领袖和其他公共人物的行为举止都有可能影响消费者的行为。

（二）社会参照群体的类型

通过成员的身份归属来划分，社会参照群体可分为成员参照群体与象征型参照群体。

1. 成员参照群体 指参照群体与被影响的消费者都是具有同样身份的人。成员群体又可以进一步分为初级群体和次级群体。

2. 象征参照群体 指和我们不具有同样的身份，却会影响我们消费行为的群体。象征参照群体包括向往参照群体和回避参照群体。

当然，参照群体不止一种分类的方式，也可以根据群体本身的正式性程度把它分为正式参照群体和非正式参照群体，还可以依据参照群体的影响内容把它分为规范性群体和比较性群体。

（三）参照群体对消费心理的影响

1. 信息影响 指参照群体成员的行为、观念、意见被个体作为有用的信息予以参考，由此在其行为上产生影响。当消费者对所购产品缺乏了解，凭眼看手摸又难以对产品品质作出判断时，别人的使用和推荐将被视为非常有用的证据。群体在这一方面对个体的影响，取决于被影响者与群体成员的相似性，以及施加影响的群体成员的专长性。例如，某人发现好几位朋友都在使用某种品牌的养生产品、中药茶饮，于是也决定试用一下，因为这么多朋友使用它，意味着该品牌一定有其优点和特色。这种影响的产生，有以下途径可以达到，相关专业协会或者专家群体提供相关信息，专业生产或者销售该商品的人提供信息，拥有相关知识经验的朋友、邻居、亲戚或者同事提供的相关知识和经验，网络或者专业杂志查询权威人士的观点，或者该行业专家买商品时所选的店铺、品牌等。

2. 社会期许影响 消费者为了满足他人的某种期许而采用参照群体的意见。在群体中，消费者为了获得赞赏和避免惩罚，会按群体的期待行事。有广告商声称，如果使用某种商品，就能得到社会的接受和赞许，利用的就是群体对个体的社会期许影响。同样，宣称不使用某种产品就得不到群体的认可，也是运用该影响。如在购买补钙产品时，消费者为了迎合同事的希望而购买了符合同事偏好的品牌；或者受到熟人、家人偏好的影响，或者为了满足别人对自己的期望、取悦别人，而作出购买决策。

3. 价值表达影响 指消费者自觉遵循或内化参照群体所具有的信念和价值观，从而在行为上与之保持一致。消费者认为某商品代表了参照群体的特定品质，是某一价值表达的象征，因此购买该产

品。消费者之所以在无须外在奖惩的情况下自觉依群体的规范和信念行事，主要是基于两方面力量的驱动。一方面，个体可能利用参照群体来表现自我，来提升自我形象；另一方面，个体可能特别喜欢该参照群体，或对该群体非常忠诚，并希望与之建立和保持长期的关系，从而视群体价值观为自身的价值观。

（四）参照群体影响消费者购买行为的因素

参照群体对消费者购买行为的影响力在很大程度上取决于以下几个因素。

1. 消费者个人的知识经验在制约参照群体影响力中很重要 消费者所具有商品信息和经验是一个首要影响因素，消费者本人如果具有商品或服务的亲身经历，或者如果能够容易地获得相关的商品或服务的全部信息，那么消费者购物几乎不可能受其个人或者群体的影响，与此相反，消费者将会主动寻求参照群体的支持，以减少购买风险。

2. 参照群体本身所具有的可靠性、吸引力和实力等 这些因素是影响消费者的购买行为的一个重要因素，如果消费者急于想获得某种商品的有关信息，而参照群体的信誉和实力也是值得信赖的，那么消费者将会接受该群体的劝告和建议。如果消费者很想被自己向往的、将给自己带来某些好处的群体所接受或认可，那么他就会主动采用该群体所使用的商品或服务，同时在其他行为方面尽力与该群体保持一致。

3. 商品本身的特点，面对不同的商品，消费者受到参照群体的影响程度不同 在可见层面上，一般而言，产品或品牌的使用可见性越高，群体影响力越大，反之则越小。相关研究发现，商品的"炫耀性"是决定群体影响强度的一个重要因素。而在需要层面上，比如对于生活必需品，消费者受参照群体的影响小；而对于奢侈品，消费者会以参照群体为参考。

产品或品牌被别人认知的程度越高，参照群体的影响力越大。商品所具有的显著性特点也会对参照群体所引起的作用产生影响。一般来说，商品如果在视觉上具有显著性特点（因为形状或色彩等使商品容易被他人注意到），或者言语上具有显著性特点（口头上容易进行生动有趣的描述），那么由消费者依赖或向往的参照群体推荐这种商品，将会对消费者的购买决策等产生较大的影响。

从产品的生命周期来看，当产品处于导入期时，消费者的产品购买决策受群体影响很大，但品牌决策受群体影响较小；在产品成长期，参照群体对产品及品牌选择的影响都很大；在产品成熟期，群体影响在品牌选择上大而在产品选择上小；在产品的衰退期，群体影响在产品和品牌选择上都比较小。

从产品与群体的相关性上看，某种活动与群体功能的实现关系越密切，个体在该活动中遵守群体规范的压力就越大。例如，对于经常出入豪华餐厅和星级宾馆等高级场所的群体成员来说，着装是非常重要的；而对于只是在一般酒吧喝喝啤酒的群体成员来说，其重要性就小得多。

4. 消费者本人的个性特征不同 一般情况下，自信心强、善于独立思考、分析判断能力强的消费者受参照群体的影响较小；缺乏主见、依赖性强、选择商品时犹豫不决的消费者容易受参照群体的影响。

个体在购买中的自信程度不同，受参照群体的影响也不同。研究表明，个人在购买彩电、汽车、家用空调、保险、冰箱、媒体服务、杂志书籍、衣服和家具时，最易受参照群体影响。这些产品如保险和媒体服务的消费，既非可见又同群体功能没有太大关系，但是它们对于个人很重要，而大多数人对它们又只拥有有限的知识与信息。这样，群体的影响力就由于个人在购买这些产品时信心不足而强大起来。除了购买中的自信心，有证据表明，不同个体受群体影响的程度也是不同的。研究发现，知识丰富的汽车购买者比那些购买新手、更容易在信息层而受到群体的影响，并喜欢和同样有知识的伙伴交换信息和意见，新手则对汽车没有太大兴趣，也不喜欢收集产品信息，他们更容易受到广告和推销人员的影响。

5. 消费者的自我形象不同　当某个参照群体与消费者的自我形象相符合时，消费者会对该群体产生认同感，从而以参照群体为榜样，模仿群体成员的行为；反之，如果参照群体与消费者的自我形象相悖时，消费者会对该群体持否定态度，甚至回避该群体。

6. 个体对群体的忠诚程度不同　个人对群体越忠诚，就越可能遵守群体规范。当参加一个渴望群体的晚宴时，在衣服选择上，可能更多地考虑群体的期望，而参加无关紧要的群体晚宴时，这种考虑可能就少得多。

（五）医药消费者群体的心理特征

医药消费者群体是指个人或家庭为满足其防病、治病、强身健体等生活需求而购买药品或接受相关服务的人所组成的群体。

医药消费者市场人数众多，范围广泛，消费者的心理由于受到各种因素的影响而千变万化，但从总体上分析还是存在着一定的趋向性和规律性，药品消费者群体的心理特征主要表现在以下几个方面。

1. 感染性消费心理　"感染"是指对群体性的影响，即群体中一部分成员的消费心理消费行为激起另一部分成员产生同样的反应。由于对医药产品知识的缺乏，部分消费者在购买心理上受广告、医生建议、亲朋好友的推荐和其他外部因素的影响，会产生相互感染、相互影响的消费心理现象。医药营销者可以通过成功而有效的市场营销活动引导和感染消费者的消费心理，使其潜在的消费需求变为现实的消费需求，购买欲望变为现实的购买行为。

2. 从众性消费心理　研究表明很多人都有从众心理。部分医药消费者在购买药品前往往会进行调查询问，了解其他使用者用药情况以验证疗效如何，其他使用者对商品的疗效和品质所持态度，会直接影响该消费者的购买决定和购买行为。

3. 参照性消费心理　参照群体是个体在购买或者消费决定中的参照框架，其作用是促使个体形成一般的或者特殊的消费态度、消费心理或消费行为导向。如追求时髦、追赶消费新潮的"追星族"等消费现象，就是参照群体对消费心理影响的典型表现。由于消费者对参照群体有效仿的愿望，因此，参照性消费群体也会影响到消费者对某些事物的看法或对某些产品的态度，并促使消费者的行为趋于某种一致化，从而影响消费者对某些产品和品牌的选择。

4. 多样性消费心理　消费者的消费心理各有特点，并有不同的类型，如追求经济实惠药品的消费心理、追求名牌药品的消费心理、追求药品时尚和新颖的消费心理等。同时，因各药品消费者所患疾病的种类、收入水平、文化程度、年龄、职业、性格、生活习惯等的不同，对各类药品甚至是同种药品的需求和关注程度也存在差异，这就决定了消费者的消费心理呈多样性与复杂性。因而要求医药销售必须符合消费者的心理特点和变化，营销方式要灵活多样，品种供应要齐全。

5. 发展性消费心理　随着社会经济的发展和人们生活水平的不断提高，消费者对医药产品和医药市场服务的需求也在不断地发展和变化。医药市场总的发展趋势也是由低级向高级、由简单向复杂、由被动消费向主动消费过渡，许多潜在的消费需求正不断地变成现实的购买行为。例如，消费者对营养滋补品和防衰老药品的需求增加，这就要求新医药产品的研发与消费者市场需求的发展相适应。

> **知识链接**
> ---
>
> **从众效应**
>
> 从众效应也称乐队花车效应，是指个体在真实的或臆想的群体压力下，在认知上或行动上"人云亦云""随大流"。亚斯套卡实验是从众效应的经典实验，它描述了人们在面对明显错误的答案时，

也会跟随大多数人的答案。实验的过程为：实验者请一组被试者（通常为普通大众）判断一张纸上的线段长度，然后再请一组人（通常为实验者的同谋）在被试者之前给出明显错误的答案，结果发现，被试者往往会跟随错误答案，只有少数人会保持自己的判断。这个实验说明了从众效应的力量是多么强大，即使自己知道正确答案，也会被周围人的错误答案所影响。

二、家庭对消费者心理与行为的影响

家庭是社会生活组织形式和社会构成的基本单位，是消费者参与的第一个社会群体，又是现代社会生活的细胞，与消费活动有着极为密切的关系。据统计，大约80%的消费行为是由家庭控制和实施的。家庭不仅对其成员的消费观念、生活方式、消费习惯有重要影响，而且直接制约着消费支出的投向、购买决策的制定与实施。尤其在我国，人们受传统的家庭观念影响很深，人们的收入一般是以家庭为中心相对统一地支配，家庭是进行绝大多数消费行为的基本单位。

家庭周期的变化所反映出的各自不同的心理特征、消费特点和规律，家庭消费活动的阶段性、稳定性、遗传性，以及家庭结构、家庭角色都是消费者心理的影响因素。父母、子女是家庭的基本成员，对个人的影响是广泛的、直接的、深刻的和长期的。家庭成员之间，消费心理和行为相互影响；未成年消费者需要成年消费者给予消费行为方面的帮助、引导和教育；不同家庭成员之间，还存在着消费角色的合作与分工。可以说，家庭对消费者心理和行为的影响比其他因素要深刻得多，影响的时间也要长得多。

（一）家庭的概念与基本特征

1. 家庭的概念 家庭是以婚姻、血缘或有收养关系的成员为基础组成的一种社会生活组织形式或社会单位。父母、子女是家庭的基本成员。家庭与家户并不完全相同，家户是由所有居住在一个生活单元里的人们组成，如一家三口、三代同堂、一个公寓里的室友、共同租住一套房间的几个陌生人等。

2. 家庭消费的基本特征 家庭消费的类型有很多种，但基本上都有如下特征。

（1）家庭消费的广泛性 作为社会生活的细胞，人的生命中的大部分时间是在家庭中度过的，因此家庭消费就成了人们日常消费的主体。在人们购买的商品中，绝大多数都与家庭生活有关，家庭消费几乎涉及生活消费品的各个方面，医药产品也不例外。

（2）家庭消费的阶段性 现代家庭呈现着明显的发展阶段性。处于不同发展阶段的家庭在消费活动方面存在明显的差异，并且表现出一定的规律性。

（3）家庭消费的差异性 家庭结构、家庭规模、家庭关系、家庭收入水平等方面的不同，使不同家庭消费行为具有很大的差异性。

（4）家庭消费的相对稳定性 排除家庭剧变的特殊影响，大多数家庭的消费行为具有相对稳定性。这主要是由于家庭日常消费支出存在着相对稳定的比例关系，而且大多数家庭都能维持融洽而紧密的关系，具有各自特色的家庭消费观念与习惯，具有很强的遗传性功能。

特定的内外环境对家庭消费的稳定性具有重要的维系作用。并且，这种稳定性会随着社会经济的不断发展而呈现稳步上升的趋势。

（5）家庭消费的遗传性 家庭消费的遗传性是指由于每一个家庭都归属于某一民族、社会阶层或宗教信仰，并受一定的经济条件、职业性质及教育程度的制约，由此形成自身的家庭消费特色、消费习惯和消费观念等。而这些具有家庭特色的习惯及观念，会在日常消费行为中由老一代或父母潜移默化地传给后代子女。当青年一代脱离原有家庭、组建自己的家庭时，必然带有原有家庭的消费特征的烙印。

（二）影响消费行为的家庭因素

影响消费行为的家庭因素主要有家庭结构、家庭收入、家庭消费计划、家庭生命周期及家庭决策类型等。

1. 家庭结构　包括家庭类型，人口结构，家庭成员的教育结构、年龄结构等，极少数家庭内部还有不同宗教信仰的家庭成员等。

（1）家庭类型　国内的家庭结构虽然稳定，但从统计学的角度来看，整个社会的家庭结构又具有动态性特点。统计表明，国内家庭结构仍以三口之家为主，具有现代社会特色的丁克家庭（双份收入，无子女）、单亲家庭、独身家庭等所占的比例在逐渐提高。

（2）家庭人口数量　第五次全国人口普查显示，我国家庭平均每户人口为3.44人。家庭人口数主要从以下四个方面影响家庭消费，一是影响商品的消费数量；二是影响以家庭为购买单位的商品消费数量；三是影响消费行为的决策过程。家庭人口多，一般来说商品信息的来源比较广，相互之间可以参考消费经验；四是影响家庭生活水平和消费质量。

（3）受教育程度　影响家庭成员获取商品信息的方式。受教育程度不同，在理解广告、公关宣传、商品功能说明、商品使用说明、商品包装说明时，都会产生差异。受教育程度越高，消费者的理解能力通常就越强，收集商品信息的能力越强，购买决策受周围环境的影响越少，愿意相对独立地作出购买的决定；而受教育程度越低，通常理解能力就越低，尤其是对专业性较强的商品说明。而当消费者面对难以理解的商品信息时，会转而求助于易于理解的替代形式。

（4）家庭收入　与家庭成员的职业、受教育程度，以及家庭成员中具有劳动能力的人数等有直接关系。家庭成员的消费行为必然受到家庭收入水平的影响。可以说，家庭收入是家庭消费中的决定性因素。总体来说，家庭收入水平越高，表现为整个家庭的购买能力越强，家庭成员的消费愿望越容易得到满足，购买前的积蓄与准备时间越短，消费需要很快就可以转变为消费行为；家庭收入越低，现实购买力越弱，即使他们的购买力达到了购买大量、高价位医药产品的水平，转变为现实购买力的比例也不高。

高收入人群在消费行为方面存在严重的两极分化现象，受教育程度低的高收入者，以满足自尊的需要为主，冲动性的购买行为较多；而受教育程度较高的高收入者，以享受性需要为主，理智性的消费行为较多。低收入的家庭，主要表现为对价格变化比较敏感，愿意购买物美价廉的商品，购买决策比较慎重。

（5）家庭消费计划　是指一个家庭在较长的时间内，统一管理家庭收入，并对日常消费和长期性消费支出作出具体的计划安排。家庭消费计划是消费技能的反映，影响家庭消费质量。家庭消费计划具体反映在三个方面，一是对家庭收入作出相应的支出计划；二是对消费商品作出购买计划；三是对家庭成员的消费需求作出安排。

总的来说，善于制定家庭消费计划的家庭，虽然会限制一些成员的消费行为，但整个家庭的消费质量会比较高；如果整个家庭没有消费计划，在收入一定的情况下消费质量肯定会降低。

（三）家庭生命周期与消费心理

家庭生命周期是指一个家庭从建立、发展到最后解体所经历的整个过程。它是由婚姻状况、家庭成员年龄、家庭规模、子女状况，以及主人的工作状况等因素综合而成的，在国外常划分为单身期、新婚期、满巢一期、满巢二期、满巢三期、空巢期、孤独期等七个阶段。

与此对应，在我国一个家庭一般来说要经历以下六个阶段，即单身期、新婚期、生育期、满员期、减员期和鳏寡期。在不同阶段，家庭的收入水平、生活方式不同，家庭成员的消费心理和消费行为也不尽相同。但对于每一个发展阶段来说，几乎所有的家庭都存在着许多共同的、非常明显的消费行为特点。

（1）单身期 主要是指能够独立生活但尚未组织家庭的阶段，一般在35岁以下。在国外，很多青年人有了独立生活的能力以后，就离开父母独自闯天下。在我国，随着大学生和进城务工者人数的增多，这部分人也在逐渐增多。

这一时期的消费者通常收入不高，但由于没有经济负担，因此对其消费支出具有高度的自主性，消费心理多以自我为中心。收入的大部分被用于支付房租、日常生活支出、购买个人用品与基本的家用器具，以及用于交通、娱乐和约会交友的支出。这一群体比较关心时尚，崇尚娱乐和休闲，消费内容有着明显的娱乐导向。

（2）新婚期 是指男女双方结婚登记成为合法夫妻并建立家庭，到生育第一个子女前这段时期。随着人们工作、生活节奏的加快以及观念的改变，这个时期在整个家庭生命周期中所占的比例有增大的趋势。

一般来说，家庭在组建之初会有大规模突击性消费，如购置商品房，室内装修，购买成套家具、家用电器、室内用品以及婚礼时的高档服装、大量食品。新婚期往往是一个家庭消费品，尤其是耐用消费品的购买高潮期。在家庭建成之后，夫妇二人无其他生活负担，一般仍习惯于追求类似单身生活的物质享受，追求时尚流行，讲究品位。

（3）生育期 指第一个孩子出生，到最后一个孩子长大成人这一阶段。对于只生一个孩子的大多数家庭来说，生育期近20年；有些家庭的子女较多，家庭的生育期便相应延长。

在生育期中，家庭支出的相当大一部分用于后代的培养和教育，消费品包括儿童食品、文化娱乐品、教育、服装等。在我国家庭中，子女独立较晚，所以这一时期父母收入是消费的主要来源，子女基本上还没有进入决策角色。因此，父母是这一时期家庭购买的决策者，子女只是被动的消费者。

我国一些青年夫妇在刚刚结婚时，受收入水平的限制，有些消费需要不能得到满足，进入生育期之后，收入状况有一定程度的改善，在满足孩子消费需要的同时，一部分收入将用于补偿性消费。

（4）满员期 从子女长大成人到结婚分居这一阶段，属于满员期。子女长大成人，就要开始为他们的恋爱结婚作准备。这一阶段的家庭人口数最多，家庭成员基本上全部生活在一起，可以说是一个家庭的鼎盛时期。在多子女的家庭中，生育期尚未结束，满员期即已到来。

在满员期，子女已经长大成人，并且开始有一定的经济收入，已届中年的父母也事业有成、收入颇丰，家庭的总收入处于最高峰，总体消费水平很高，有能力共同购置大件的商品，子女的消费经验也开始成熟。他们能够共同参与商品的评价、选择和购买活动，有些家庭中子女已成为购买商品的主要决策者。

满员期家庭的收入主要用在以下两个方面，一是满足整个家庭成员的消费需要；二是为子女结婚分居而进行的家庭储蓄。前者能够直接影响当前的商品消费市场；后者对房地产行业、大型家电行业等市场构成重大影响。受家庭消费观念的影响，储蓄型家庭的储蓄比重大，省吃俭用现象比较常见。

（5）减员期 子女成家立业，陆续组织新的家庭或消费单位，家庭人口逐渐减少的阶段称为减员期。在减员期内，父母的总收入可能达到最高水平，因为家庭人口数的减少，人均消费水平会达到很高的水平。在这一阶段，父母的收入支出主要用于以下三个方面：一是子女结婚时所需要的各项支出，这一支出所占的比例较大，通常转变为新婚期的消费支出；二是用于家庭的储蓄，以应付意外事故和养老储备等；三是用于第三代的消费补充，这方面受传统家庭观念的影响很深，对第三代的关心越多，消费补充越大。

（6）鳏寡期 夫妻一人去世之后的时期，称为鳏寡期。夫妻一人去世，将会使家庭产生巨大的心理和行为变化，家庭经济状况也会发生变化，原来的经济收入可能锐减。

随着社会观念的变革，老年人与子女共同生活的比例在下降。不与子女一起生活的老年人，消费行为受习惯、个人兴趣以及收入水平等因素的影响较多，其消费经验非常丰富，消费决策慎重。总体来说，由于收入来源的减少以及老年人自身活动能力的减弱，其消费能力也相应下降，会形成一种较为节俭的生活方式，这时的消费基本上以饮食和保健为主，如果身体多病的话，医药方面的支出费用也不小。

任务三　读懂不同消费者群体的消费心理

>> **情境导入** //

　　情境： 一个繁华的商业街，街上人来人往，各种年龄层次的消费者都在寻找自己心仪的商品。年轻的大学生喜欢在潮流品牌店区挑选服装，他们追求个性和时尚，注重品牌和形象。同时，中年人喜欢高档服装店，他们注重品质和品牌，更倾向于购买经典款式的服装，以展现自己的成熟和稳重，在选择商品时更加理性，考虑质量、舒适度和适用性。

　　思考： 1. 消费者的消费需求为什么不同？

　　　　　　2. 企业如何针对不同消费需求制定有效的营销策略？

一、不同年龄消费者的消费心理

　　研究消费者的角色心理特征，首先要考虑的是年龄特征。在按此标准形成的消费者群体中，尤以儿童、青少年、青年、中年、老年的消费者群体具有代表性。

（一）儿童期

　　儿童消费者群体是指0~11岁的消费者群体。这部分消费者在人口总数中所占比例较大。他们一般由父母养育和监护，自我意识尚未完全成熟，缺乏自我控制力，没有独立的经济能力，表现在消费活动中有以下几种情况。

　　1. 儿童消费者群体的消费心理特征　　儿童的心理发展过程可分为婴儿期、幼儿期，消费需求逐渐由本能的生理性发展为有自我意识的社会性的消费。

　　（1）儿童在婴幼儿时期，消费需要主要表现为生理性的，且纯粹由他人帮助完成。随着年龄的增长，儿童的消费需求逐渐由本能发展为有自我意识加入的社会性需要。例如，虽然儿童的东西大都是父母代为购买，但随着年龄的增长他们也有了一定的购买意识，并对父母的购买决策产生一定的影响，并且学会了比较，如"因为其他的小朋友都有，我也要"成为购买的理由，有的还可以单独购买某些简单商品。

　　（2）从模仿型消费逐渐发展为带有个性特点的消费。儿童的模仿性很强，消费行为也是如此。但随着年龄的增长，这种模仿性的消费逐渐被带有个性的消费所替代。儿童有了对所接触到商品的评价意识，也开始强调与众不同，要有比其他的小朋友更好的玩具。

　　（3）消费心理从感性逐渐发展为理性消费。儿童的消费心理多处于感情支配阶段，消费情绪不稳定，以至于见什么要什么，父母不给买就大哭大闹，且多喜新厌旧。但随着年龄的增长、接触社会环境的机会的增多，儿童有了集体生活的锻炼，意志得到了增强，消费情绪逐渐趋于稳定，消费心理也趋于理性。

　　2. 儿童消费者群体的营销策略　　儿童象征着未来，研究与掌握儿童的消费心理特征，对于开拓这方面的市场潜力，提高企业营销效益非常重要。作为营销者，可以从以下几个方面开展医药营销活动。

（1）以儿童父母为工作对象　从父母对子女的关爱、呵护等心理出发，以安全、舒适、强身健体等需要为出发点，进行产品的宣传。

（2）以儿童为工作对象　从小培养品牌意识，在产品的包装、广告设计、味道、色泽等方面遵从儿童的偏好，并开展儿童喜欢的游戏、竞赛、产品包装收集等活动。

（3）在环境设置方面　可以把儿童产品摆在低层货架上，提供儿童用或者乘坐的购物，设计硬币入口处的自动售卖机等。

（二）青少年时期

1. 青少年消费者群体特征　青少年消费者群体是指年龄在 11～17 岁的群体。青少年消费者群体的消费心理特征与儿童期相比，青少年消费者群体的生理和心理都有了较大的变化，生理上呈现第二个发育高峰，心理上有了自尊与被尊重的要求。总之，青少年期是依赖与独立、成熟与幼稚、自觉与被动性交织在一起的时期，在消费心理方面具有以下特征。

（1）与成年人比较，独立性增强，有成人感　这是青少年消费者自我意识发展的显著心理特征。他们在主观上认为自己已经长大成人，就应该有成年人的权力与地位，反映在消费心理方面，则是不愿受父母过多干涉，希望按自己的意愿行事，要求自主独立地购买所喜欢的商品，喜欢在消费品的选择方面与成年人相比拟。

（2）购买行为的倾向性开始确立，购买行为趋于稳定　青少年时期对社会环境的认识不断加深，知识不断丰富，兴趣趋向稳定，鉴别能力提高。随着购买活动次数的增加，购买行为趋于习惯化、稳定化，购买的倾向性也开始确立。

（3）消费观念开始受社会群体的影响　青少年消费者由于参与集体学习、集体活动，接触社会的机会增多，受社会环境的影响逐渐增加，其消费观念和消费爱好由此影响。要受家庭影响逐渐转变为受同学、朋友、老师、明星、书籍及大众传媒等社会因素的影响。

（4）独特的心理需要　该年龄段的消费者比较重要的需要有体验、归属、独立、责任被认可等。使用某些产品是青少年表达这些需要的最重要的途径。并且，古今中外，青少年总是需要应对不安全感、父母专制、同辈压力、家庭责任等问题。他们常面对四种基本冲突，独立和归属、反叛和服从、理想主义和实用主义、自恋和亲昵。这些需求彼此之间存在冲突，青少年通过叛逆和顺从来达成自己需要的满足。

2. 青少年消费者群体的营销策略　针对青少年心理特点，主要的营销策略如下。

（1）注重口碑传播，与其他年龄阶段比，口头传播的力量在青少年群体更加明显。青春期的变化带来许多对于自我的不确定性，归属需要和找到自己独特个性的需要变得非常重要。在这一时期，活动、朋友、服饰等的选择对于是否被社会认同至关重要。青少年从他们的同伴和广告中积极寻找"正确"的表现和行为方式。所以，针对该群体的广告通常是行为导向的，往往通过描绘一群使用其产品的时尚年轻人。

（2）多利用电视、网络等媒体进行宣传。宣传内容要注意传达的信息要真实；少用或者不用说服的态度；注重娱乐性，可采用简短的、交互式的广告；表现出你知道他们的经历，但不要过分渲染你是"过来人"；重视在行动中表达本产品、本企业是值得信任的。

（3）注重品牌建设。品牌忠诚往往是在青春期建立的，青少年对一个品牌的好感可能会使其在未来很长一段时间里持续购买该品牌的产品。

（三）青年期

1. 在我国，青年一般指 18～35 岁的人，是指由少年向中年过渡时期的人群。青年消费者群体人数多，是一支庞大的消费队伍。青年消费者群体的消费心理特征如下。

（1）追求时尚，表现个性 青年人思维活跃，富于幻想，勇于创新，渴求新知，追求新潮，积极向上。这些心理特征反映在消费心理方面，就是追求新颖与时尚，力图站在时代前列，领导消费新潮流，体现时代特征。他们总是对新产品有极大的兴趣，喜欢更换品牌体验不同的感受。青年往往是新商品或新的消费方式的尝试者、追求者和推广者。

（2）突出个性，表现自我 处于青年时期的消费者自我意识迅速增强。他们追求个性独立，希望形成完善的自我形象。这些心理特征反映在消费心理上就是愿意表现自我个性与追求，非常喜欢个性化的商品，有时还往往把所购买的商品同自己的理想、职业、爱好和时代特征，甚至自己所崇拜的明星和名人等联系在一起，并力求在消费活动中充分表现自我。

（3）注重情感，冲动性强 青年消费者处于少年到成年的过渡阶段，思想倾向、志趣爱好等还不完全稳定，行动易受感情支配。上述特征反映在消费活动中，表现为青年消费者易受客观环境的影响，感情变化剧烈，经常发生冲动性购买行为。同时，直观选择商品的习惯使他们往往忽略了综合选择的必要，款式、颜色、形状和价格等因素都能单独成为青年消费者的购买理由，这也是冲动购买的一种表现。

（4）青年消费群体具有很强的购买潜力 青年消费者已具备独立购买商品的能力，具有较强的自主意识，尤其是参加工作以后有了经济收入的青年消费者，由于没有过多的负担，独立性更强，购买力也较高。

2. 青年消费者群体的营销策略 作为营销者，可以从以下几个方面开展医药营销活动。

（1）使用青年群体的语言与他们沟通 随着年龄的增长，为了与同龄人保持一致，消费者的需要和偏好会相应发生变化。我们要针对青年群体的心理特点，在营销过程中减少"代沟"的不良影响，以免在消费行动和目标方面发生冲突。

（2）恰当使用怀旧策略 同一年龄群体的消费者会大致同时面临重大的人生转变，吸引他们的价值观和象征物可以唤起他们的怀旧情感。研究发现，30岁以上的成年人对这一现象特别敏感，对往事的描述也会影响年轻人。

（3）注意突出产品的科技信息 重视知识营销，提供专业化的服务。

（4）体现人文底蕴及文化内涵 青年消费者群体更加关注商品的无形价值，药品的文化内涵与价值往往是打动他们的有力手段。

（四）中年期

1. 中年消费者群体的消费心理特征 年消费者群体一般指35岁至退休年龄阶段的群体。中年消费者群体人数众多，掌握着大量的社会财富，大多处于购买决策者的位置，不管在家里还是在单位上，都是担负重任的"中流砥柱"。同时"上有老下有小"，经济压力和心理压力大负担重。此外，许多中年人的身体健康开始出现问题，有的开始靠药物维持生命。了解把握中年消费者群体的心理特征，对企业进行正确营销决策有重要意义。

（1）理智性强，冲动性小 中年消费者阅历广，购买经验丰富，情绪反应一般比较平稳，多以理智支配自己的行动，感情用事现象不多见。注重商品的实际效用、价格和外观的统一，从购买欲望形成到实施购买往往是经过多次分析、比较后才作出判断，随意性小。

（2）计划性强，盲目性小 中年消费者大都是家庭经济的主要承担者。尽管他们的收入不低，但肩负着养老育幼的重任，因此，生活经济负担重。经济条件的限制，使他们养成了勤俭持家、精打细算的消费习惯，以量入为出作为消费原则，消费支出计划性强，很少计划外开支和即兴购买。

（3）注重传统，创新性小 中年消费者正处于"不惑"和"知天命"的成熟阶段，青年消费者身上的一些特点在他们身上逐渐淡化。他们内心既留有青年时代的美好岁月，又要做青年的表率。因此，希望以稳重、老练、自尊和富有涵养的风度有别于青年。反映在消费方面，就是不再完全按照自己的兴趣爱好选择商品或消费方式，而是更多地考虑他人的看法，以维护自己的形象，与众人保持一致。

（4）注重质量，讲求实效　中年消费者对过于花哨的包装和复杂的功能不感兴趣，款式和造型没有太多的要求，关注的是产品的质量、功效和便利性。购买时注重对已经习惯了的消费品牌很难轻易改变，尤其是对老字号以及青少年时代偏爱的品牌和商标记忆犹新。

（5）注重人际关系　中年消费者为了交流感情，加强与他人的联系，愿意花钱为子女、父母等购买高昂的礼品和保健品。

（6）注重品味，讲究细节　中年群体虽然对款式没有太大的讲究，但是他们很注重品味，对细节很关注。如果商品的宣传页简陋、包装粗劣、字迹标志不清晰等，就会觉得该商品质量一定不好，用了会有损身份和形象。

2. 中年消费者群体的营销策略

（1）强化药品的品质　在宣传、营销中，突出强调药品的质量与使用功能，不人为夸大药效。

（2）注意产品的包装和设计　中年消费者对包装的在意程度集中在便于认知、注重实用上。包装不要很花哨，但是对包装的整体感觉要端庄、大方、有品位，要求第一体现他们的品位。

（3）利用价格的心理策略巧妙定价　中年消费者购物时讲求经济实惠，所以一般药品要有合理的性价比，价格公道。针对不同的社会地位和角色的消费者，可以采取平价销售、优惠、折扣等策略。通常情况下，消费者认为商品价格越高、其价值越高，质量越好、功效越强。价格作为一种重要的质量信号，成为他们衡量商品质量的好坏和价值高低的尺度。所以某些药品、保健品等商品可以采取声望定价法，对于质量上乘的产品制定高价策略，用质量好、品牌价值高来体现中年消费者的身份和地位。

（4）优化购买环境　经过调查研究发现，中年消费者对卖场的购物环境非常在意，如是否拥有停车场、是否窗明几净、是否标价清晰明了、是否有专门的服务人员等，这些都是影响他们选择卖场的重要因素。因此，要注重装修设计，培养专业的营销人员，形成良好的购物环境。此外，中年消费者十分重视销售服务和售后服务，营销人员要提供优质的销售服务，让消费者放心购买。

（五）老年期

1. 老年消费者群体的消费心理特征　
老年消费者群体一般指退休以后（55～60岁）的消费者组成的群体。老年人作为社会的特殊群体，就其自然属性来说，意味着衰老和脆弱，但就其心理、社会属性来讲，却意味着经验与智慧，是社会的宝贵财富。

老年人是一个特殊的消费群体，老年消费市场是一个全世界都在关注的市场。随着世界人口出现老龄化的趋势，老年人在社会总人口中所占的比例不断增加。老年人口多、收入稳定增长、需求层次多，庞大的"空巢家庭"、丧偶老人和独居老人群体对社会服务的需求与日俱增，购买力强、购买欲望强。与青年消费者、中年消费者相比，老年消费者在生理和心理上发生了明显的变化。

（1）消费习惯稳定，消费行为理智　老年消费者在几十年的生活实践中，不仅形成了自身的生活习惯，而且形成了一定的购买习惯。这类习惯一旦形成就较难改变，并且会在很大程度上影响老年消费者的购买行为。反过来看，这会使老年型医药市场变得相对稳定。消费者往往会忠诚于旧品牌，钟情于老字号并倍感亲切，对新的产品品牌不会主动接受，且容易忘记。由于年龄和心理的因素，与年轻人相比，老年人的消费观较为成熟、消费行为理智、冲动型热情消费和目的不明的盲目消费相对要少。老年人有比较多的消费经验，所以在消费的过程中往往善于观察、比较和分析某种商品，显得比较理性。在购买医药商品前，老年人常常多方搜寻所需医药商品的信息，了解市场行情、先对医药商品有一个全面的认识，经过相互比较，深思熟虑之后才作出购买决定，对不熟悉、不了解的医药产品一般不轻易购买。他们往往对广告宣传和他人建议会作出谨慎地考虑，但不会轻易地相信，在挑选过程中往往比较仔细并且有耐心。他们在消费的整个过程中，由理智来支配行动，很少发生冲动的购买行为，对消费新潮的反应显得较为迟钝，不赶时髦，而是讲究实惠。

（2）商品追求实用性　老年消费者一般退休后，收入有所下降，他们心理稳定性高，过日子精打细算，其消费已不像青年人那样富于幻想、重视感情。购买医药商品常常把产品的实用性放在第一位，强调质量可靠、方便实用、经济合理和舒适安全。至于医药产品的品牌、款式、颜色和包装是其次需要考虑的。

（3）消费追求便利，要求得到良好的售后服务　随着年龄的增长，老年人的听力、视力、体力，以及运动的平衡性、灵活性都明显减弱，其体质也不断下降，他们也更希望得到全面的服务以弱化自身生理上的不足。老年消费者对商品的要求着重于其易学易用、方便操作，他们总希望购买场所交通方便些，标价和说明清楚些，陈列位置和高度适当，便于挑选，购买手续简便，服务热情、耐心、周到。他们购物时希望获得更多的特殊帮助和照顾，在商场和其他消费场所，最怕别人说他们动作缓慢，购物挑三拣四。营业员态度的好坏，购物环境的好坏，商品陈列是否醒目，使用说明是否详细，操作是否简便易懂，售后服务是否有保证等都直接影响老年人购买欲望和数量。

（4）消费需求结构发生变化　人到了老年，对死亡的恐惧与日俱增，对生的渴望非常强烈。他们渴望有个好身体，渴望延年益寿，与年轻的消费群体相比，其消费结构也发生了很大的变化，保健食品和医疗保健用品的支出增加。便利性强、有益于身心健康、能够在一定程度上弥补老年人生理上和心理上的某些缺陷和不足的商品，更受老年消费者的欢迎。他们对各类老年服务的需求也大大增加，在穿着和其他奢侈品方面的消费支出大量减少，而对满足老年人兴趣爱好的商品需求量明显增加。这些特点还存在城乡差别、年龄差别、兴趣爱好差别和收入差别。

（5）较强的补偿性消费心理　在子女成家立业，没有了过多的经济负担后，部分老年消费者产生了较强的补偿性消费心理，对养生、保健、美容、衣着打扮、营养食品、健身娱乐和旅游观光等方面，有着与青年人类似的强烈消费兴趣，以补偿那些过去未能实现的消费愿望。

（6）喜欢群体性交往　老年人孤独感重，为了排解这种感受，往往喜欢和社区邻居同事、老朋友等在一起活动，相互交流生活琐事、使用各种商品的经验及心得。老年人年龄较大，反应不太灵活，出门购物喜欢结伴而行，找陪伴购物，一方面让购物变得不再枯燥；另一方面，在购买商品时也可以互相参考、出谋划策，同伴的意见能起很大的作用。因此，老年人的口碑是影响老年消费者购买行为的重要因素。

（7）图小利、重服务的消费心理　尽管老年人购物比较理性，但是，勤俭节约的美德会影响中国老年群体的消费行为，只要是需要的东西，即使目前不急需，如果有折扣、赠送等促销活动，老年人也会形成消费行为。另外，服务是老年人特别重要的消费内容，包括销售过程中的热情导购、适度的介绍、周到的服务和无微不至的关心、送货上门、免费安装调试、详细的使用解说、手把手的使用示范等。

（8）价值观念、生活方式日益更新　随着社会的进步和经济的发展，中国老年人的价值观与生活方式在不断更新。许多老年人不再像老一辈那样只管填饱肚子，而是更多地按照营养要求、自身身体情况安排饮食；不再穿着灰暗肥大、多年不变的衣服，而是追求款式新颖、舒适保健的服装；不再被繁重的家务所拖累，而是期望参加各种社会活动、文化娱乐、体育健身活动，老有所乐、老有所为。一些经济条件较好的老年人对时尚产品和新潮消费同样感兴趣，出手也大方，尤其是在保健品、卫生用品、医疗服务、生活照顾等延年益寿、增进健康的支出上，老年人更舍得花钱。养生保健、营养膳食、健身器材、旅游、整容手术、老年大学、家政服务、保险业等，都潜藏着巨大的利益空间。

（9）对年幼家庭成员支出明显　据调查，有老年人的家庭中，生活费人均支出要明显超过其他家庭。老年人在很多产品类别上的支出都比其他年龄群体更多，如家庭日用品、服装等。经济收入好的老年人，会从经济上支持子女，给孙辈可能购买更多的玩具和婴幼儿用品。

2. 老年消费者群体的营销策略

（1）体现尊重　由于老年人有着比别人更多的经历，见多识广、经验丰富，往往表现出较强的自信和自尊。营销者要重视售前、售后服务，做到积极主动，热情细心地为老年消费者介绍商品。在服务过程中，服务态度要积极、温和，体现对老年人的尊重。

（2）产品质量可靠安全，注重实用性、方便性、保健性。

（3）提高服务水平　老年人对企业的第一印象是很重要的，企业应对老年人提供良好的售前、售中和售后服务，如热情接待、耐心咨询、简化手续、送货上门、免费安装调试、免费上门维修等，最大限度地为老年人提供方便。

（4）广告媒体宣传要体现情感特点　老年人活动范围相对缩小，一般局限于家庭和社区，因此媒体的选择应适应这个特点，以家庭和社区为主要目标，运用广播、电视、报纸等媒体开展宣传。广告媒体宣传一定要针对老年人的实际需求和所思所想，抓住他们怀旧和重感情的特点，体现尊老、敬老、爱老的主题，既不胡夸乱查、体现产品的实际特点，还要包含对老年人的不尽关怀。广告还应该抓住社会关心、关注老年人以及老年人渴望与人接触、渴望人间温暖、渴望得到社会和家的尊重与美的情感心理，将"情"字贯穿于广告宣传的始终，处处为老年人着想，做到动之以情，使广告更能体现对老年人的关怀，更具人情味，以真情博得老年消费者的好感。

（5）销售渠道的设计要合理　老年人随着年龄的增大，身体状况下降，活动的范围有限，企业在销售渠道方面要以方便购买为指导思想。销售渠道尽可能选老年商场、老年专卖店、老年便利店、老年专柜等销售老年产品，使其尽量接近老年人生活的地方，以便为老年人提供更多便利条件。此外，企业还需加大销售渠道的终端建设与管理、商品的摆放合理、店铺的服务设施完善、服务项目的设置，使其符合老年人的生理和心理特点。

（6）开展人员推销　老年人由于角色转换，一般会有孤寂失落感。而有孤寂失落感的人心理防线脆弱，易接受直接的人员推销。因此，在费用允许的情况下，企业应多采用人员推销，如电话推销、上门直销等，通过口头交谈、交流感情，帮助说服老年人购买产品或接纳某种想法，做到诚信待人、以礼待人。同时，根据老年人生理和心理需求，在各个购物场所尽量提供能够满足老年人休息和娱乐的地方。

（7）合理的价格定位　老年人往往对价格具有较高的敏感性。价格的高低，直接影响着老年消费者的消费决策，物美价廉的商品往往是老年人的首选。经济实惠是多数老年人购买商品的基本准则。这不仅是由老年人的消费心理决定的，更是由老年人的经济状况和经济承受能力决定的。企业在制定价格时，要进行合理的价格定位，尽量降低产品的成本，以便为维持较低的价格打下基础。同时，企业也应该注意到随着老年人的生活水平的提高和生活方式的多元化发展，部分老年人，尤其是收入过高的那部分老年人对高档老年产品及服务已表现出较强的欲望需求。企业也可适当地增加一些高档次的优质优价产品，以满足部分高收入老年人的需求。同时，可以通过这种以高养低的方式来提高企业的盈利水平。

二、不同性别消费者的心理

（一）女性消费者群体

据人口统计的结果，女性占总人口的48.7%，其中对市场消费起主导作用的中青年女性（即18

岁到 55 岁的女性）约占人口的 25%。作为女性，她们扮演着母亲、女儿、妻子、主妇等多种角色，不仅主宰自己的消费需求，而且在家庭中对其他的消费者群体起决定性的影响作用。据有关资料表明，在家庭用品购买中，女性完全占支配权的占到了 51.6%，与家庭成员协商作联合决策的占到 44.5%，合计达到 96.1%。因此，在市场营销活动中，女性成为绝大多数儿童用品、老年用品和家庭用品的购买者。

1. 女性消费者的心理特征

（1）态度细腻，选择性强　女性消费者的态度细腻认真，对产品的挑剔程度较男性要强；同时，女性的表达力、感染力、传播力和影响力都很强，企业如果争取到一位女性消费者就可能会争取到一个消费者群体。

（2）注重外观，感性消费　女性天生浪漫多情，所以消费行为更倾向于感性化。爱美心理是女性消费者普遍存在的一种心理状态。这种心理反映在消费活动中，无论是青年女性还是中年妇女，都希望通过消费活动既能保持自己的青春美，又能增加修饰美。因此，在挑选商品时，格外重视商品的外观和形象，并往往以此作为是否购买的依据。她们即使购买日常生活用品，对其外观、形象、情感特征也很重视。

吸引女性消费者的因素不一定是产品的质量和功能，也可以是产品名称、款式、包装，甚至是营业场所的氛围等。女性消费者被商品引起的情感程度与其本身的联想力密切相关。例如，品牌的寓意，款式、色彩产生的联想，商品形状带来的美感及环境形成的温馨感觉等，都可以使女性萌发购买欲望，甚至产生冲动性购买行为。在为丈夫或男友、子女、父母购买商品时，她们的这种心理特征表现得更加强烈。

（3）有较强的自我意识和自尊心　女性消费者对外界事物反应敏感，有较强的自我意识和自尊心，往往以挑剔的眼光来对待产品和商家，希望自己购买的产品是最有价值的，自己的选择是最明智的。即使作为旁观者也愿意发表意见，并希望被别人所采购。在购买活动中，营业员的表情、言语，广告宣传及评论，都会对女性消费者的自我意识和自尊心产生影响，进而影响消费行为的实现。购买活动中，营业员的表情、语调介绍及评价等，都会影响女性消费者的自尊心，进而影响其购买行为，她们一般不能容忍营业员怀疑自己的常识和能力。一些女性消费者希望比别人富有或有地位，因此，除了满足自己的基本生活消费需求或使自己更美、更时髦之外，还可能通过追求高档次、高质量和高价格的名牌或在外观上具有奇异、超俗、典雅和洒脱等与众不同的特点，来显示自己的优越地位和超人之处。

（4）注重实用性和具体利益　由于女性消费者在家庭中所扮演的特殊角色，以及她们日常处理家务劳动的实际经验，使她们对商品关注的角度与男性消费者大不一样。在涉及家庭用品的购买行为时，她们会不厌其烦地反复询问，对商品在生活中的实际效用和具体利益表现出更强烈的要求，所以，大部分的促销活动对女性消费者是很有用。

（5）购物过程中反复比较，善于沟通　很多女性消费者视购物为自己的本分和专长，并以此为乐趣。由于所购买的商品种类繁多，选择性强，竞争激烈，加之女性特有的认真及细腻等特点，使她们在购买商品时往往千挑百选，"货比三家"，直到找不出什么"毛病"了，感觉最合适了，才会下决心购买。

另外，女性消费者通常具有较强的表达能力、感染能力和传播能力，善于通过说服、劝告和传话等方式对周围其他消费者的购买决策发生影响。

2. 针对女性消费者群体的营销策略

（1）体贴入微、多方位的情感导入　针对女性消费者群体的营销要素，更多地在于其所蕴含的气氛、情感、趣味和理解。因此，厂商要在经营中引入情感方式，商品的设计、包装要诉诸情感诱导，利用明亮的色彩、精美的包装、流畅的造型、巧妙的构思，以迎合广大女性消费者的心理，激发女性消费者的感情。因此，在强化品质、培养潜在女性消费者的同时，关注女性的生活质量与精神状态是进行情感导入的最佳视角。如今，不仅要关注女性会买什么，更要关心女性在想什么、做什么。要关心女性在购买产品后，如何提高生活质量，创造美好的人生景观。

在导购现场，营销人员富有感情色彩地描绘可以使消费者将这种场景和自己的亲身经历结合起来。营造的情景可以强化品牌商品的美好形象，满足购买期望。而女性的购买行为主要是由感情力量引起，如果终端销售人员所描绘的情景，正好吻合购买者原有的想法，则这种带有感情化的消费群色彩的推介最容易起到作用。

（2）采用情景营销策略，开展形象营销　女性为了彰显自己独特的生活方式，展示个人的能力与品位等，比较看重依附在商品使用价值之外的"符号象征"。情景营销带来的美好图像，激起消费者对这幅图景的向往，刺激消费者消费的欲望。

（3）良好的沟通交流，有效的广告宣传　首先，针对女性群体的广告宣传，内容上应避免简单的商品信息传递，必须尽量表现以人为主体，而非以产品为主体。广告可以采用以感性诉求为主题，把诸如爱情、友谊、尊严、家庭等因素融入广告诉求的主题中，赋予商品一种情感，把情感融入商品之中，让消费者产生美的享受，真正把信息与情感传递到她们心中，把握女性消费者深层次的心理需求，让广告与女性消费者购物时的情绪相吻合。其次，提高广告的权威性。女性消费者更相信权威与偶像，让名人做代言或广告可提高商品的权威性。再次，选准媒体。在女性消费者经常接触的媒体，如女性频道、时尚杂志、娱乐节目、一些影响力较大的女性网络社区、女性网络论坛等，投放与时尚、美容、健康、家庭等主题相关的广告，较能精准地把商品信息传播给女性消费者。

（4）不断创新营销手段　首先，巧妙利用传播渠道，迎合女性"情绪化"心理，开展多种形式的促销活动，例如打折、赠送礼品，以及在"妇女节""母亲节"等节假日，推出一系列以关爱女性为主题的节日促销，赋予产品以感情，赢得女性信赖。其次，利用女性消费者的心理特点，灵活运用价格心理策略，比如，对一般日常生活用品采取低价策略，即在广泛市场调查的基础上，产品价格取市场最低价，这样才能保证女性消费者在货比三家时，选中本企业的产品。而对新产品、儿童消费品、化妆品、女性品牌服装、保健品、金银珠宝首饰等采用高价策略，利用"一分钱一分货""好货不便宜"的价格心理准则，使其感到所购产品物有所值。

（5）温馨和谐的服务与环境　营销人员在为女性消费者服务的过程中，要注重经营方式和服务艺术。营销人员要注意语言的规范化，要有礼貌，讲究语言表达的艺术性，尊重女性消费者的自尊心，赞美女性消费者的选择，博得消费者的心理满足感。商品的销售环境要符合女性消费者心理，要创造条件，营造一个相对安静、舒适的购物场所。清晰明了的橱窗陈列、诱人的气味，以及优美的音乐、明亮的灯光、舒适高雅的环境，都能成为一种吸引力，使女性消费者产生先入为主的好感，诱发其积极情感，从而产生购买欲望，直至发展为购买行为。

（6）开展网络营销　网络营销是企业整体营销战略的一个组成部分，是建立在互联网基础之上，借助于互联网特性来实现营销目标的一种营销手段。女性由于怀孕行动不便、照顾孩子、做家务、照顾老人等因素，不方便出门购物，网购成为解决这一问题的有效方法，受到广大女性的青睐。网络也成为女性消费者集购物、娱乐等生活的重要组成部分。

（7）口碑营销　是一种比较传统且非常有效的营销手段。口碑营销主要有三个重要过程。选择适当产品、选择口碑信息制造者，策划口碑的营销推广。女性消费者乐于与他人分享，喜爱交流购物经验，易接受朋友的购买意见。口碑营销的可信度高，营销人员可利用口碑营销来满足女性消费者的需求、赢得女性消费者的满意与忠诚、与女性消费者建立起良好的关系，以提高企业和品牌形象。

（8）与女性消费者保持沟通和联系　女性消费者注重人际关系与沟通。企业营销人员要与女性消费者保持沟通和联系，维持和增强企业与消费者之间的感情纽带。企业还应特别注意消费者的反馈信息的分类与研究，尤其是消费者的问题和抱怨。"商机往往存于问题之中"，这就要求企业正确看待和处理来自消费者的问题，用更好的服务提高消费者的满意度和忠诚度。另外，运用储存的消费记录来推测未来女性消费者行为具有相当的精确性，从而使企业能更好地满足女性消费者的需求，建立起长期稳定的客户关系，实现双赢。

（二）男性消费者群体

1. 男性消费者群体的消费心理特征　与女性相比，我国男性就业率和经济收入相对较高。在城镇，男性平均消费水平低于女性，而在农村却明显高于女性。在购买活动中，男性对产品的结构与功能的了解能力优于女性，这往往使他们成为结构较为复杂的产品及高档耐用消费品（如健身器械）的选购者。

男性购买决策的信息较多通过广告获取。对某种产品的购买动机一旦形成，他们就会迅速果断地付诸实施，作出购买决策。而且，男性在购买产品时很少挑剔，也不愿意在同类产品不同品种之间反复地比较权衡。因此，他们选购产品的范围较窄。在新产品的接受方面，男性比女性更为积极主动。

（1）动机形成迅速、果断，自信心强　男性的个性特点与女性的主要区别之一就是具有较强理智性、自信性。他们善于控制自己的情绪，处理问题时能够冷静地权衡各种利弊因素，能够从大局着想。有的男性则把自己看作是能力、力量的化身，具有较强的独立性和自尊心。这些个性特点也直接影响他们在购买过程中的心理活动。

因此，动机形成要比女性果断迅速，并能立即导致购买行为，即使是处在比较复杂的情况下，如当几种购买动机发生矛盾冲突时，也能够果断处理，迅速作出决策。特别是许多男性购买商品也只是询问大概情况，对某些细节不予追究，也不喜欢花较多的时间去比较、挑选，即使买到稍有瑕疵的商品，只要无关大局，多数不愿去计较。同时男性善于独立思考，自己下定决心，一般不会轻易受外界环境或他人的影响。

（2）购买动机被动　就普遍意义讲，男性消费者不如女性消费者经常料理家务，照顾老年人、小孩，因此，购买活动远远不如女性频繁，购买动机也不如女性强烈，比较被动。在许多情况下，购买动机的形成往往是由于外界因素的作用，如家里人的嘱咐、同事朋友的委托、工作的需要等，动机的主动性、灵活性都比较差。我们常常看到这样的情况，许多男性在购买商品时，事先记好所要购买的商品品名、样式、规格等，如果商品符合他们的要求，则采取购买行动，否则，就放弃购买动机。

（3）购买动机感情色彩淡　男性消费者在购买活动中心境的变化不如女性快，不喜欢联想，相应的感情色彩也比较淡。所以，当动机形成后，稳定性较好，其购买行为也比较有规律。即使出现冲动性购买，也往往自信决策准确，很少反悔退货。需要指出的是，男性消费者的审美观同女性相比有明显的差别，这对他们动机的形成也有很大影响。

（4）求新、求异、好胜心理　相对女性而言，男性具有更强的攻击性和支配性。这种心理在消费上表现为求新、求异和开拓精神，男性消费者往往对新产品有较高要求，敢于尝试新生事物。

（5）消费力求方便、快捷　男性消费者注重自己的事业发展，对家庭日常消费关心较少，购物过程缺乏耐心，遇到目标商品，会迅速购买。

2. 针对男性消费者群体的营销策略

（1）提高产品质量，改进产品工艺，提高产品科技含量。

（2）在服务过程中热情服务，表达尊重。男性消费者自尊心、好胜心强，爱要面子，愿意选购高档气派的商品，忌讳别人说自己小气、买的商品"不上档次"。

（3）服务过程中要行动迅速，简化流程。男性消费者怕"麻烦"，繁琐的手续会让其退却。

（4）购物环境优雅，讲究品位、文化与档次，尽量"高大上"。

（5）注重理性诉求。在产品工艺、品质、科技等方面多加宣传，为男性消费者提供确定的信息参考。

三、不同社会阶层对消费者心理的影响

（一）社会阶层的划分

1. 社会阶层的划分依据　社会阶层是指某一社会中根据社会地位或受尊敬程度的不同而划分的社会等级。社会阶层划分中的首要和必备的变量是职业，经济收入和受教育程度是社会阶层划分的常用指标，此外，宗教信仰、政治地位等也会影响到社会阶层的划分。

2. 我国现阶段社会阶层的划分　大阶层划分，即上层、中层和下层；再细分，还可以再分为上上层、上下层、中上层、中下层、下上层和下下层等。

（1）上上层　约占人口总数的1%。这是社会中规模最小的一个阶层。他们处于社会的最高层，在居住、交友和社会关系等方面都具有国际视野，对其他阶层的消费者具有示范和引领作用。

（2）上下层　约占人口总数的2%。他们往往具有强烈地显示自我的愿望，商品的主要消费者，是购买力最强的一部分消费群体。渴望在社会上显示其身份、地位和财富。他们是私人别墅、游艇、游泳池及名牌高档商品的主要消费群体。

（3）中上层　约占人口总数的12%。这一阶层消费者具有较高的收入，非常重视教育的作用，注重家庭的智力投资，偏爱高品质、高品位的商品，注重商品与自己的身份地位相匹配。

（4）中下层　约占人口总数的30%。他们通常尊重传统，生活保守，喜欢购买大众化、普及性的商品，不喜欢时尚的、标新立异的商品，对价格较为敏感，努力保持家庭的整洁和舒适。

（5）下上层　约占人口总数的35%。他们为维持生计，整日忙碌于工作与生活中，与外界联系较少，在消费上多属于习惯性购买者，喜欢购买实用廉价的商品。

（6）下下层　约占人口总数的20%。他们生活贫困，可支配的收入少，在消费上多属于经济型购买者，喜欢购买低价或者特价处理的商品。

（二）社会阶层对消费者行为的影响

由于每位消费者都归属于一定的社会阶层，他们的消费观念、生活方式都会受到所属阶层的制约与影响，因而同一阶层的消费者在消费心理与行为上会有许多相似之处，而不同阶层的消费者则表现出明显的差异。这种心理差异会直接影响到消费者的行为选择，具体表现在以下几个方面。

1. 社会阶层对支出模式的影响　消费者在选择和使用产品时，尤其是在住宅、服装和家具等能显示地位与身份的商品的购买上，不同阶层消费者的差别非常明显。例如，在美国，上层消费者的住宅区环境优雅，室内装修豪华，配有高档的家具和服装。中层消费者一般存款较多，住宅也相当不错，但他们对内部装修则不是特别讲究，高档的服装、家具数量不多。下层消费者的住宅周围环境较差，服装与家具上投资较少。此外，下层消费者的支出行为在某种意义上带有"补偿"性质。一方面，由于缺乏自信和对未来并不乐观，他们十分看重眼前的消费；另一方面，教育水平普遍较低使他们容易产生冲动性购买。

2. 社会阶层对休闲活动的影响　一个人所接受或偏爱的休闲活动通常是同一阶层或临近阶层的其他个体所从事的某类活动。例如，基于希望被同一阶层成员接受的认同心理，一些自认为是"上等阶层"的人，不管是否真心喜欢，都倾向于以打高尔夫球、钓鱼等为主要的休闲活动，以配合其上层身份。虽然在不同阶层之间，用于休闲的开支占家庭总支出的比重相差不大，但休闲活动的类型

却差别很大。

3. 社会阶层对信息接收和处理的影响 低层的消费者在购买过程中可能更多地依托亲友提供的信息，中层消费者则比较多地从媒体上获取信息。不仅如此，特定媒体信息对不同阶层消费者的吸引力和影响力也有很大的不同，电视媒体对越高层的消费者影响越小，印刷媒体则正好相反。

4. 社会阶层对购物方式的影响 研究结果表明，消费者所处的社会阶层与某商会阶层定位相差越远，他光顾该商店的可能性就越小。高社会阶层的消费者喜欢高档、豪华的商店去购物，从而产生优越感，得到心理上的满足；而低社会阶层的消费者在高档、豪华的商店则会产生自卑、不自在的感觉。

当然，尽管同一阶层的消费者，在价值观念、生活方式以及消费习惯等方面都表现出基本的相似性，但因各个消费者在经济收入、兴趣偏好和文化程度上存在具体差因而在消费活动中也会表现出一定程度的差异。就企业而言，区分同一阶层消费的差异，可以使企业的市场细分更加细致有效，从而使营销策略更有针对性。

⋯⋯ 目标检测

答案解析

一、单选题

1. 以下不属于参照群体类型的是（   ）
    A. 成员参照群体 　　　　　　　　　　　B. 象征参照群体
    C. 非规范性群体 　　　　　　　　　　　D. 比较性群体

2. 家庭生命周期是指一个家庭从建立、发展到最后解体所经历的整个过程。在我国一个家庭一般来说要经历六个阶段，以下不属于我国家庭经历阶段的是（   ）
    A. 单身期 　　　　B. 生育期 　　　　C. 空巢期 　　　　D. 鳏寡期

3. 以下与社会阶层对消费行为的影响无关的是（   ）
    A. 社会阶层对支付方式的影响 　　　　　B. 社会阶层对支出模式的影响
    C. 社会阶层对休闲活动的影响 　　　　　D. 社会阶层对购物方式的影响

4. 与女性消费者的心理特征不同的是（   ）
    A. 态度细腻，选择性强 　　　　　　　　B. 有较强的自我意识和自尊心
    C. 购物过程中反复比较善于沟通 　　　　D. 注重内在，理性消费

二、简答题

1. 简述医药消费者群体的心理特征。
2. 试述消费流行的方式有哪些?

书网融合⋯⋯

本章小结

微课

习题

项目五　医药商品特性与营销心理

PPT

学习目标

知识目标： 通过项目的学习，应能掌握医药产品整体概念、产品生命周期等基本营销理念，熟悉医药商品名称、品牌标志和包装的心理要求，了解名牌战略的心理效应。

能力目标： 通过项目的学习，能运用医药产品生命周期特点与消费者心理关系进行导入期、成长期、成熟期和衰退期的营销活动策划。

素质目标： 通过项目的学习，树立以消费者为中心、对企业负责的工作态度，培养善于动脑、勤于思考，灵活应变解决问题的学习习惯。

任务一　读懂医药商品功能与营销心理

情境导入

情境： 阿司匹林是一种历史悠久的解热镇痛药，用于治疗感冒、发热、头痛、牙痛、关节痛、风湿病等。随着市场竞争的日益加剧，市场份额被苯胺类、吲哚美辛、丙酸类等"非阿司匹林类解热镇痛药"抢占。随着临床试验的不断深入，研究人员在试验中发现小剂量地使用"阿司匹林"具有抑制血小板凝集及抗癌作用，使这一百年老药产生了新的使用途径。目前，临床常用"阿司匹林"来预防和治疗缺血性心脏病、心绞痛、心肌梗死、脑血栓，应用于血管形成术及旁路移植术。

思考： 1. 在发现新用途之前，面对激烈的市场竞争，阿司匹林处于生命周期的哪个阶段？

2. 在这一阶段，阿司匹林是如何走出"困境"的？

一、医药产品的整体概念与商品功能

（一）医药产品的整体概念

医药产品是消费者行为的客体，消费者需要的满足、动机的实现大多离不开产品。随着大众需求的不断发展变化和消费观念的不断更新，消费者对产品质量和产品功能的要求越来越高，产品的内涵也随着不断地发展变化。

现代的产品整体概念，是指能够由营销人员提供给市场的，可以被消费者注意、了解、获得、使用和消费，满足消费者某种欲望和需求的一切东西，包括有形产品、无形的服务和人员、组织、场所、设计和方案或它们的组合，以向消费者提供整体效用，满足消费者的整体需求，所以产品的整体概念包括核心产品、形式产品和附加产品三个层次。

1. 核心产品　对于医药产品而言，核心产品是指能满足患者预防、治疗、诊断疾病和有目的调节人的生理功能和效用的产品。核心产品就是药品的主要功能，包括药品的安全性、有效性、稳定性、依从性、经济性等，也是医药销售人员应该向消费者传达的利益。比如，布洛芬片的作用是解热镇痛及抗炎，速效救心丸就是心绞痛发作时急救用药，这都是药品的基本效用。

2. 形式产品 对于医药产品而言，形式产品指的是药品的外部特征，包含了质量、规格、剂型、产品说明书、商标、品牌知名度、包装设计等，这是药品的外在形式，都是以第一视角的方式直接传达给消费者，是他们最直观可见的产品因素。如某品牌养胃颗粒冲剂的功能、外观、专用 OTC 标识，或某品牌阿胶的外观形态、颜色、味道、包装等都属于药品的形式产品。药品的形式产品能够体现其品牌层次，是影响消费者购买决策的重要因素之一。

3. 附加产品 对于医药产品而言，附加产品指的是各种附加服务和利益的总和，能够满足消费者更深层次的需求。比如，一些零售药房可以帮助消费者代煎中药、免费打粉、送药上门、指导消费者合理用药，建立消费者用药档案、提供药学专业服务等，都属于药品的附加产品。

上述三个层次构成了整体医药产品。医药产品的整体概念是企业贯彻市场营销观念的基础，是医药企业竞争的手段。

（二）医药产品的商品功能

医药产品是用于满足消费者防病、治病、保健等需求的，具有特殊功能的有形物质和服务，包括药品、医疗器械、保健品等，是与人类健康有关的特殊商品。因此，医药产品具备了商品的一般功能，即商品所能提供的各种特点、性能和服务。

1. 商品的功能是能够满足人类的基本需求 人类的基本需求包括生活必需品和生活非必需品两类。其中，生活必需品是人类为了维持正常的生活所需要的物品，如食品、衣物、住房等。这些商品的功能是提供人类基本的生活支持和满足基本的生存需求。生活非必需品是为人们的生活带来便利、娱乐消遣的物品，如电子产品、游戏、音乐、电影等。它们并不是人们生存所必需的，但却能够提供人们更多的选择和提升生活品质。根据国家食品药品分类显示，医药行业属于必需品消费行业大类，医药产品属于生活必需品。

2. 商品的功能是解决人类的问题和需求 人们购买医药产品的目的是为了治疗疾病的症状，不论是感冒发烧、胃痛腰疼等常见病，还是高血压、糖尿病等慢性疾病，消费者都希望医药产品能够快速有效地缓解病症、恢复身体健康。除了缓解治疗疾病后，消费者购买医药产品还可以是未雨绸缪，预防某些疾病的发生。比如在冬春交替时，有些消费者会提前购买一些维生素 C 或益生菌类的保健品，以增强免疫力，预防感冒。还有一些人为了预防一些慢性病的发生而购买药品，如对处于生长发育期的孩子来说，父母会在每年的春秋两季提前购买钙片让孩子提前补钙。除了上述目的之外，人们购买医药产品还可能是为了维护身体健康。如糖尿病患者需要定期服用降糖药物，以保证血糖控制达标，避免引起糖尿病并发症，维持身体健康。或者一些人希望通过一些药品，来改善睡眠质量，减轻工作压力等，以保持身体健康状况的良好状态。

3. 商品的功能还包括提供质量和可靠性 消费者购买医药商品时，必须考虑医药商品的质量和可靠性。如消费者更倾向于购买大品牌医药产品和经典老药，是因为它们大多有良好的质量控制，是经过市场多年检验的可靠商品。消费者对商品的质量和可靠性的要求越高，商品的功能也就越重要。

4. 商品的功能还包括提供创新和差异化 面对激烈的市场竞争，商品为了吸引消费者的注意和增加竞争优势，总是在不断地创新和提供独特的功能。在医药市场上，这种商品的创新和差异化更有特色。比如中华老字号同仁堂跨界开了知嘛健康咖啡店，主推养生草本咖啡。而痔疮用药市场中的著名品牌马应龙在已有的肛肠品类、眼科品类、皮肤品类产品基础上开创了大健康品类产品创新，尝试进入功能性化妆品、功能性护理品、功能性食品等领域。医药产品的创新和差异化功能可以帮助医药企业在医药市场及相关行业中获得更多的竞争优势，满足更多消费者的需求。

综上所述，医药产品的商品功能可以大大影响消费者的购买行为和选择，也是企业在医药市场竞争中获得竞争优势的重要因素之一。

医药产品生命周期的延长与维护

江西江中药业股份有限公司的江中牌复方草珊瑚含片自 1986 年上市以来，一直深受消费者的喜爱，始终在咽喉用药市场保持领先地位。在咽喉中成药市场的激烈竞争，江中复方草珊瑚含片，推出无糖型大片"复方草珊瑚含片"，促进市场销量的提高。江中制药另一明星产品——健胃消食片则是治疗消化不良用药市场上比较成熟的产品，在面对销量稳定、增长开始缓慢时，推出适宜儿童包装的"健胃消食片"，进一步扩大市场范围，给这一药品重新注入新的生命。

二、产品生命周期与消费者心理

（一）产品生命周期的概念

所有的产品经过研发、试销，然后进入市场，就开始进入市场生命周期，当这个产品退出市场时，也就意味着生命周期结束。药品是一种特殊的产品，也同样具有产品的生命周期。

药品的生命周期是指从药品的研发开始，通过注册评价进入市场，再经过评价，最终被淘汰所经历的全部时期。它一般可分为引入期、成长期、成熟期和衰退期四个阶段。

每一个医药企业都希望自己的药品生命周期更长，可以在市场上销售更久的时间，以便赚取足够的利润来补偿在推出该药品时所作出的一切努力和经受的一切风险。药品生命周期受社会经济、政治文化、科技发展、消费水平以及消费者的消费方式、消费结构和消费心理变化等因素的影响而变化。阿司匹林已经销售一百多年了，至今还充满活力。而安宫牛黄丸、六味地黄丸、片仔癀、乌鸡白凤丸等几个经典丸剂生命周期更长，已经历经数百年，仍然处于成长期和成熟期。

（二）产品生命周期各阶段消费者心理的营销特点

1. 引入期消费者心理的营销特点 引入期，又称投入期或导入期，一般指新药品刚投入市场的时期。此时，由于药品的生产工艺和技术尚未成熟完善，故还不能大批量的生产。药品的成本自然也比较高，与此同时，消费者对产品的了解有限，购买者较少，产品的销售量很低。为了使更多的消费者尽快了解产品，企业往往会增加销售成本用来多做推广，大力促销。所以，在这一阶段，企业的利润非常有限，甚至可能出现亏损。但由于市场上一般没有或只有很少竞争者，新产品本身又具有创新和改良的特点，所以对消费者具有一定的吸引力。

引入期消费者心理的营销特点主要表现为：在求新、猎奇、趋美的心理需求驱使下，只有很少数的消费者会带头选择尝试消费新产品，而大多数的消费者则是由于对新药品的适应证、功能主治、用法、用量、禁忌、不良反应等知之甚少，或不愿意承担购买风险，或改变原有的消费习惯，或受经济条件的制约最终作出不愿购买的选择。

针对这一时期的消费者营销心理特点，企业往往通过加大广告或网络、平面宣传等方式着重宣传新药品的适应证、功能主治、用法、用量、禁忌、不良反应等，让消费者对新药品产生较为全面的认识，根据自己的消费需求决定是否进行消费行为；企业针对消费者不敢或不愿意尝试新药品这一消费心理，企业全力促销打开市场，扩大市场份额；企业尽可能扩大药品与市场接触面，尤其是零售渠道中的药品，为消费者了解和熟悉新药品提供条件，以便提高药品的销售量。

2. 成长期消费者心理的营销特点 成长期，一般指新药品通过初步销售已经取得了较好的结果，并明确打开了销路的时期。此时，新药品已经基本定型，市场需求不断扩大，销售量也随之有了明显的增加，并逐步表现出持续增加的态势。药品生产企业和药品零售商们开始获得明显的利润，随之看到有利可图的竞争者也不再观望，开始下场加入市场竞争中。

成长期消费者心理的营销特点主要表现为：消费者初步认识了新药品，并对新药品有了一定的认可，逐渐产生了购买的兴趣和欲望。一些有用药需求的消费者则会在众多功能类似的药品中选择新药品。但是，由于新药品进入市场的时间还不长，更多的消费者还未完全消除心理上的障碍，他们往往仍选择静观其变，继续观察，尤其注意已购买后的感受，以作为下一步行动的参考。

针对这一时期的消费者营销心理特点，企业可通过以下几种方法进行营销：进一步提高产品的质量，增加型号，争取占领新发现的消费者需求的市场份额；尽快突出自己的品牌，努力创名牌，获得消费者认可；根据消费者类型和产品型号等因素适当调整价格，如果之前导入期采用高价策略则可以在这个时候适当降低价格，以达到增强产品竞争能力、吸引潜在消费者的目的；根据销售渠道的评价，调整销售网络，并考虑采用新的销售渠道，以方便消费者购买。

3. 成熟期消费者心理的营销特点 成熟期，一般指药品销售成长率达到一定高度后销售步伐将会逐渐减缓，并进入相对稳定销售的时期。此时医生和患者广泛认可了药品的功能、疗效和安全性，制药企业的销售额基本平稳，但是已经表现出增速下降的趋势，规模经济显现。当然由于竞争的加剧，部分竞争者萌生退意，逐步离开市场。

成熟期消费者心理的营销特点主要表现为：消费者对药品的了解已经趋于成熟，购买欲望表现强烈，很多消费者已经使用过类似的药品。与此同时，随着大量竞争者出现，该药品市场竞争愈演愈烈，消费者能够选择的类似药品也会比较多，因此，他们的选择心理逐渐加强，对药品的效果、疗效、价格等方面的要求也更高了。

针对这一时期的消费者营销心理特点，企业考虑采用寻找新的用途市场细分患者和营销组合策略调整的策略，医药企业可以实施营销创新策略，通过增加媒体种类和使用频率说服临床医生开处方和消费者使用该产品，通过细分市场的再定位来扩展药品的使用人群，通过开拓市场的销售区域范围实现销售总量的增加，通过延伸药品的使用功能来增加使用范围；可以实施市场改进策略，争取竞争对手的客户，像江中制药集团的"健胃消食片"就在成熟期采用进入新的市场细分方法，增加小儿剂型，向小儿市场进军，使产品销量又上新台阶；可以实施医药商品的改进策略，像中成药的"六味地黄丸"由大蜜丸改进成浓缩丸或广告宣传中凸现"更强""更大""更好""更方便"等术语等方式，从功能、包装、剂型等方面入手进行改动后重新推出市场，以便能够吸引新用户或增加潜在用户，提高使用水平，改善销量。医药企业还可以使用营销组合改进策略，即综合考虑环境、能力竞争等因素后，通过改进一个营销组合或几个要素来刺激医药市场的销售，如在价格策略上，可以更多地运用心理定价方法，如折扣定价、威望定价等，吸引老用户和争取新用户。

4. 衰退期消费者心理的营销特点 衰退期，一般指药品在市场上由高峰逐渐走向衰落直至销声匿迹的时期。药品同样具有一般商品的属性，多数药品最终会走向衰退，就像四环素、土霉素、链霉素、复方降压片产品等，主要表现为市场份额缩小、销售份额降低、利润逐渐下降，最后退出市场。这时竞争者纷纷退出市场，竞争相对变弱。

衰退期消费者心理的营销特点主要表现为：一部分消费者已将兴趣转向其他商品，但仍有一些产品的"守旧者"采取购买行为，以适应其保守心理和求廉心理。消费者的心态是既期待新产品出现，又希望老产品能降价处理。

针对这一时期的消费者营销心理特点，企业需要考虑降成本、降价格，增加产品新的用途，改进药品设计，推出更新换代产品；可以利用产品质优价廉的优势去吸引保守的购买者；要科学分析该产品是否有新的市场增长点、新的临床适应证、新的细分客户人群，考虑研制更新换代的产品，及时以新产品替代旧产品；要搜集市场数据，科学地建立产品的评价标准，对该产品在临床疗效、市场定位、趋势走向等方面进行科学评估，最终对该药品的衰退期作出正确判断。

任务二　读懂医药商品商标设计与营销心理

情境导入

情境： 中华人民共和国商务部等五部委公布了第三批中华老字号名单，力升制药"三鱼"牌商标成功入选，成为天津市第三批中华老字号名单中唯一一家以图形商标入选的企业。"三鱼"品牌创建于1930年，已有九十多年的历史，商标形象深深印刻在几代消费者的记忆里，"三鱼"商标蕴含着合力、活力、魄力的寓意，希望把"济世于民"的处事之道和思维方式贯穿到药品的生产经营中，生产出更多让老百姓用得好用得起的药品，让力升"三鱼"的金字招牌永远熠熠生辉。

思考： 1. 力升制药的"三鱼"商标如何把寓意和图形融合一体的？

　　　　2. 为什么"三鱼"商标能持久传承？

在现代市场竞争中，商品命名与成本、质量和价格等因素一样，对于产品至关重要。在医药市场中，因为受到医学和药学知识的限制，消费者在购买药品时更倾向于自己耳熟能详的药品。特别是在非处方药品市场中，药品命名知名度越高，市场竞争力就越强，越容易获得消费者的选购。

常见的药品命名包括通用名、化学名、商品名、别名、专利名、国际非专利名、常用名、缩略名、正式品名、法定名等，但在药品说明书和标签中标注的药品名称通常包括通用名和商品名。所谓的通用名称是指同一处方或同一品种的药品使用相同的名字，是根据国际通用药品名称、《新药审批办法》的规定命名的。而商品名称则是药品生产企业为搞好企业品牌宣传，为自己的产品取的名称。它有利于企业保护自己的产品和创立品牌，有利于医生和患者选用不同厂家的产品，也有利于药品使用后发生不良反应的追根溯源。这两种名称必须符合《中国药品通用名称命名原则》和《药品商品名称命名原则》的规定，并与药品批准证明文件的相应内容一致，医药营销心理学所研究的药品名称是指药品商品名称。

一、医药商品名称的心理要求与策略

（一）医药商品名称的心理要求

商品名称的作用不仅有利于消费者识别辨认商品，而且还能引起消费者联想，产生不同的心理感受，形成对商品肯定或否定的态度。

商品名称通过一定的语言文字来表述该产品，它作为特定条件的刺激物，准确地传达或反映了产品的特性、用途、成分。商品命名心理，就是指商品的命名要符合心理学原理，能直接、概括地反映或描述商品的形状、颜色、性质、成分、用途和产地等，使商品名称与消费者的心理相吻合，对消费者产生积极的影响。所以在商品命名时应注意符合下列心理要求。

1. 名实相符　医药商品的名称应该能够直接反映药品的性能、功效、特点等，从而有效缩短消费者对药品的认识和感知的时间。如"感冒灵颗粒""健胃消食片""烧烫伤膏"等就很好地说明了这种药品的用途，有效地吸引了消费者。

2. 易读易记　人的注意力往往是有限的。美国心理学家乔治·米勒曾提出人类大脑一次性无法同时记住七个以上的项目。所以，医药商品的命名应该尽可能做到简短易懂，易读易写。特别是常见病的用药，更要符合容易发音、响亮、顺口、好听的要求，否则会使消费者看到生僻难读、拗口难认的医药商品名称时感到畏惧，产生逆反心理，进而阻碍购买行为的产生。比如"白加黑""小葵花""连花清瘟"等，既易发音又易记忆。

知识链接

斯达舒与"四大叔"

修正药业集团下的胃药"斯达舒"在上市初期，投向市场以后消费者很难记住这个拗口的名字。于是，为了让消费者记住药名，其公司在电视台投放了一则广告。广告中，一位年轻的母亲正在为犯胃病的丈夫焦急地找药，却没有找到最合适的胃药。于是，她对儿子说："你爸胃病犯了，快去找斯达舒。"结果，儿子却找来了自己的四大叔。广告播出后，"四大叔"立刻成为百姓茶余饭后的话题，也让"斯达舒"三个字走进了人们的心里。

3. 新颖独特 医药市场竞争激烈，市面上的药品种类繁多。如果在命名时能够新颖独特，才可能引人注意。如"泻停封胶囊""思密达"等，既避免了雷同，又新颖独特，让消费者产生好奇心，从而过目不忘。

4. 诱发联想 医药商品命名不仅能够对医药商品进行准确的描述，还能够通过文字和发音让消费者产生恰当、美好的想象，进而能够激发消费者的购买欲望。比如"咳速停""千里明"就可以激发消费者产生良好的联想，而"云南白药""吴太感康"等则是包含了与企业相关的寓意，让消费者回忆起关于企业的愉快感受，进而对品牌产生好感。

5. 激发情感 在给医药商品命名时，如果能够选择一些带有感情色彩或者性格特点的词汇，既能够反映医药商品的功能和特性，还能够表达对消费者美好的祝愿，激发积极的情感。所以像"康""美""舒""泰""安""宁"等带有吉祥寓意的字会频繁出现在医药商品的名称中。如"康富来洋参含片"就激发消费者想到"健康、富贵会到来"的美好寓意；"肾华片"的药品名含有"华"字，透露出该药品是药中精华，表达出人们希望吉祥光辉照耀整个身体，身体更加健康硬朗的期望。

6. 避免禁忌 不同国家、民族因为社会文化传统的差异而形成了不同的消费习惯、偏好，也产生了一些特殊的禁忌。在给医药产品命名时，必须符合地方风俗，力求避免禁忌，特别是一些跨国营销的医药品牌。美国一家以"态度诚实、可靠服务"为服务宗旨的救护车公司，将这四个词的英文字首字母"A、I、D、S"作为公司的标志印在救护车上，深受患者及亲友欢迎。可是，在艾滋病流行之后，其缩写恰好也是"AIDS"，严重影响了该公司的经营，最终不得已更换了使用几十年的名称。正因如此，很多跨国经营的企业都非常重视这一文化禁忌对于命名的影响。如拜耳集团的"爱乐维""达喜""康王"等药品都是符合中国消费者心理要求的。

（二）医药商品命名的心理策略

医药商品常用的命名策略有以下几种。

1. 根据医药商品的主要效用命名 这是指用直接能够反映医药商品的主要性能和用途的文字作为医药商品名称，使消费者能够迅速了解医药商品的功效，加快对医药商品的感知过程。这种开门见山的命名策略迎合了消费者对医药商品求实效的心理需求，如"温胃舒颗粒"一看便是治疗胃病的药物，而"化积口服液"一看便是治疗疳积的用药等。

2. 根据医药商品的主要成分命名 这是指用直接或间接反映医药商品所含主要成分的文字作为医药商品名称，使消费者从名称上直接了解医药商品的原料，迅速感知医药商品的价值，产生信任感和名贵感，从而引发购买欲望。如"螺旋藻片"主要成分是螺旋藻，"复方甘草片"主要成分是止咳的甘草，"乌鸡白凤丸"主要成分是乌鸡等，采用就是这样的命名策略。这些药品名称或强调货真价实，或突出原料名贵，都起到了吸引消费者的作用。

999 的由来

华润三九作为国内 OTC 领域龙头企业，其 999 全系列家庭用药品牌，如三九胃泰系列、999 感冒灵系列等产品在国内药品市场上均具有很高的知名度。这一品牌的来历最早起源于其在南方制药厂时期的拳头产品"三九胃泰"。因为三九胃泰精选三叉苦、九里香等天然纯中药，便将其两味主要成分"三叉苦"和"九里香"的缩写作为品牌名称"三九"。后公司又将"三九"及其变体"999"注册为商标。从此，"999"系列品牌深入人心，家喻户晓。

3. 根据医药商品的制作工艺或制造过程命名　这是指用直接能够反映医药商品的独特的加工过程或传统工艺的文字作为医药商品名称，使消费者了解该医药商品制作方法的严谨或研制过程的不寻常，不仅满足了消费者的求知欲，还对医药商品产生了信任感。以这种方式命名的药品有"章光 101 毛发再生精"等。

4. 根据医药商品的产地命名　这是指用医药商品的产地作为医药商品的名称，来反映商品具有悠久的历史。尤其是以产地的医药商品最具特色，享誉盛名，冠以产地名称可以突出该药品的地方风情，使其独具魅力。如"云南白药""东阿阿胶""宁夏枸杞"等采用的就是这种命名策略，利用的是消费者对著名产地的仰慕或信赖心理，给消费者以货真质好、独具地方特色、历史悠久、工艺精湛的印象，从而激发消费者的信任感和亲切感，产生购买欲望。

5. 根据人名命名　这是指用历史或现代名人、民间传说人物、药品的发明者等名字作为药品的名称，如"仲景六味地黄丸"等。根据人名命名就是借助于消费者对名人的崇拜和对创制者的崇敬心理，使其通过语言文字将特定人物与特定药品联系起来，产生购买欲望。同时，这种命名策略还可以体现药品所具有的悠久历史和文化，突出体现药品正宗与独特，更能诱发消费者的名人遐想和购买欲望。

6. 根据医药商品的外形命名　这是指用描述药品独特外形的文字作为药品名称，以药品优美的造型吸引消费者的兴趣和注意，从而加深消费者对药品的印象和记忆。以这种方式命名策略的药品有"人参""白头翁"等。

7. 根据医药商品的色泽命名　这是指用描述医药商品色泽的文字作为药品名称，突出消费者的视觉感受，使之对药品留下深刻印象。以这种方式命名的药品有"白加黑感冒片"等。

8. 根据吉祥物或美好事物命名　这是指用代表吉祥物或美好事物的文字作为药品名称，满足消费者图吉利、盼望美好生活的心理，拉近了消费者与医药商品的距离。尤其是中药的命名，由于其成分原来的名字会使消费者感到畏惧，所以常用能使人产生良好联想的名称来代替原有名称。如"地龙"原指蚯蚓，"天龙"原指壁虎，"夜明砂"原指蝙蝠粪便。

9. 根据美好寓意命名　这是指用代表美好寓意的褒义词或适度夸张的文字作为药品名称，暗示医药商品的性能和质量，使消费者产生积极的情感或美好的联想，从而增加对医药商品的喜爱和渴望。以这种方式命名的药品有"小儿泻速停颗粒""开喉剑喷雾剂"等。

10. 根据外文译音命名　这是指用商品的外文直译为中文的谐音作为药品名称，主要是满足消费者的好奇心理需求。但采用这种命名策略时，必须读起来朗朗上口、寓意良好。如维生素就有"维持生命的营养素"的意思。

二、品牌标志设计的心理要求与策略

品牌标志，是指品牌中可以被认出、易于记忆但不能用言语称谓的部分，包括符号、图案或明显的色彩或字体，又称"品标"（logo）。品牌标志与品牌名称都是构成完整的品牌概念要素。

（一）品牌标志设计的心理要求

1. 认知保护 医药商品的品牌标志具有一定的认知意义，通过色彩，线条、图案的组合，巧妙地将企业文化、医药商品的特点、品牌理念和消费者的喜好等信息融合在一起，以标志的形式展现给消费者。所以，医药商品品牌标志的设计应能够通过视觉刺激激发消费者联想到标志象征的意义和价值，从而唤醒其购买动机，产生购买行为。

另外，医药品牌标志如果在市场监督管理部门注册登记，便成为商标，也就取得了使用专利，受到国家法律保护，任何企业和个人都不得假冒或仿制使用。这不仅可以保护医药生产者和经营者的合法权益，维护企业信誉，还可以使消费者避免购买到假冒伪劣医药商品，保护医药消费者的合法权益。

2. 形象识别 相对于医药商品名称，标志具有易于识别和记忆的优势。良好的形象化品牌标志不仅能够加深消费者对于品牌的印象，帮助消费者识记品牌标志，还能影响消费者对品牌的品牌联想。所以，医药商品品牌标志的设计应使消费者可根据品牌标志辨别不同医药商品的临床适应证、药效、规格、剂型等，以区分其他品牌；同时可以辨别医药商品的不同厂家，以便开展咨询，享受用药指导和售后服务。

3. 统一协调 品牌标志不仅要做到色彩搭配、字体与图案的搭配协调，还要求与企业文化理念、产品质量等保持统一协调。因为品牌标志是医药商品质量和企业信誉的体现，同一品牌标志的医药商品代表着企业文化精神、品牌理念、一定的质量标准和技术要求。消费者对医药商品或品牌的信赖与忠诚，正是建立在这一基础之上的。如消费者一看到同仁堂"两条飞龙"的品牌标志就立刻联想到高质量的医药商品。

4. 传播促销 品牌标志作为具体某种医药商品质量、药效、价格和特色的标志和保证，经过长期的使用和积累后逐渐成为这一商品的信用象征，在获得消费者的认同之后就会成为选购医药商品的依据。医药商品品牌标志的设计应具有独特的个性，使消费者更容易认识和记忆，养成"认牌购货"的惠顾心理，实现有效的传播和促销。

5. 简约美观 这是消费者对品牌标志最基本的要求。从品牌标志自身出发，美观的设计总会带给消费者良好的联想体验，而简约的标志设计更是对品牌深刻内涵的提炼与浓缩，会让消费者一目了然。医药商品品牌标志的简约美观能够给消费者留下深刻的印象，使消费者更容易相信品牌的力量和品质。

（二）品牌标志设计的心理策略

1. 简单醒目 和所有的商品一样，医药商品品牌标志设计首先要符合简单醒目，易于辨识和记忆的要求。这种简洁、线条简练的设计一直是品牌标志设计的主流趋势，既满足消费者对于简约风格的喜爱，还符合当代社会对于快速信息获取的需求。

2. 形意一致 在某种程度上，医药商品品牌标志代表着商品。所以，在设计品牌标志时应尽可能让消费者见到标志便能联想到标志所代表的医药商品，所以品牌标志可以采用形意一致的设计策略。实施形意一致的设计就要使医药商品品牌的文字、图形标志与企业品牌标志、商品形象保持一致，避免反差或自相矛盾，以便让消费者能够保持对商品认知的整体性和一致性。如"同仁堂"品牌标志的设计在模仿汉朝瓦当的圆形造型中，左右对称的双龙包围着同仁堂三个字。这一标志简单朴实，有效传达了品牌标志所代表的产品特性，代表着华夏民族传统的文化结晶，更是形意一致设计的典范。

3. 创意独特 医药商品品牌标志设计应强调独特个性，突出商品特色，显示独有的风格和形象。

这就要求在品牌标志设计中避免使用常见的元素或模板，尝试大胆的创意和个性的图案，运用出人意料的表现方式，使品牌在消费者心中留下深刻的印象，在市场竞争中脱颖而出。

4. 富于魅力　医药商品品牌标志设计必须根据美学原理，恰当地运用色彩、造型、图案、文字，使标志不仅简洁清晰，而且应做到造型优美、文字简洁，展现出较高的艺术美感。

5. 符合文化传统　不同国家、民族都有着特定的文化传统，并在一定程度上反映在对色彩、图案、符号、动物、植物等的喜恶上。医药商品品牌标志设计应符合消费者所在地的文化传统、风俗习惯等要求，从而满足消费者心理上和情感上的需求和喜好。

三、名牌战略的心理效应

（一）名牌的构成要素

相对于一般的品牌，名牌是具有优良品质、较高知名度和美誉度的知名品牌，在市场上拥有着较高的占有率。名牌实质上反映了一个商品品牌在质量、性质、款式、价格、服务、信誉等方面最大限度地迎合和满足消费者的需要，得到广大消费者的普遍认同和赞许。所以，医药企业如果能够拥有名牌，就代表着拥有了稳定的消费者和市场。名牌不仅是一个商品的品牌，更是商品的优秀品质、强大的影响力和深厚文化价值的内在统一的体现。

1. 名牌的品质　是品牌的基本构成要素。没有一流的优秀品质作为基石，就不可能发展真正的名牌。但是，名牌的品质是一个动态的概念，必须经得起市场的经久考验。只有不断创新，保持卓越品质，名牌产品才能在市场上立于不败之地。

2. 名牌的影响力　是指名牌影响消费者购买心理与行为的深度和广度。在消费者心中，名牌产品拥有着良好的声誉和较高的知名度，并比同类产品更具竞争优势，有强大、广泛而持久的市场影响力。除优良品质这一基本要素外，构成名牌影响力的还包括商品名、商标、包装、广告宣传、促销活动、用药服务等一系列营销要素的作用。

3. 名牌文化　品牌建设的两大支撑是品质与文化。文化自然也是名牌不可或缺的必备要素。一个被消费者广泛认同的名牌，既为社会提供优质产品，又在弘扬一种文化。这种文化在直接形态上表现为企业文化，如经营宗旨、企业精神、理念追求、风格风貌。而任何企业文化又必然以所在国家民族的文化为依托，从而使名牌在不同程度上体现和折射出特定社会文化的共有特征。如北京"同仁堂"是全国中药行业著名的老字号，秉承"炮制虽繁必不敢省人工，品味虽贵必不敢减物力"的古训，以"配方独特、选料上乘、工艺精湛、疗效显著"的产品享誉海内外。"同仁堂"这一名牌鲜明地体现了我国传统文化中道德价值高于商业价值的人格意识。

（二）名牌战略的心理效应

名牌能给企业带来高额的经济收益和显赫的声誉、荣耀以及社会地位。名牌的一个重要特征是始终如一地将品牌的理念、功能与消费者的心理需求联结起来，及时地将品牌信息传递给消费者，使消费者产生认识上和情感上的偏好，产生特定的心理效应，从而形成品牌忠诚。

1. 名牌的光环效应　名牌的医药企业或产品是同行业的佼佼者，其旗下的药品仿佛是一道美丽的光环为企业及其产品带来积极的、正面的经济效应。名牌产品所体现的高质量，独特的功能，完美的款式，响亮、易记、新颖的品牌及名称，美观、简洁的标志，精美的包装以及购买名牌产品时所得到的附加服务和利益等都会让商品发出美丽的光环。受到经验定势的影响，消费者对名牌医药商品的品质有很高的认同和信赖，形成名牌高品质的光环效应，进而慕名而来购买使用该医药商品，进而还会爱屋及乌地选购其企业的其他医药商品。

2. 名牌的魅力效应　每一个名牌都有着自身独特的魅力，够赋予消费者极致的品牌体验。凡名牌产品都有准确的个性定位，这种定位或者是心理的、精神的，或者是情感方面的。如全球知名的医疗健康企业——强生公司，主张"关爱全世界，关注每个人"，通过"强壮，因爱而生"宣传的渲染，将"强生"塑造为具有伟大力量的名牌，感染着更多热爱生命、积极生活的人们。名牌的突出个性正是产品的魅力所在。

3. 名牌的情感效应 这是对名牌产生的更深层次的心理定势。消费者由认同名牌到信赖名牌，升华到喜爱名牌，达到对名牌的移情，产生美好的情感效应。这种性感效应的背后包含着消费效应、载体效应、刺激效应和承诺效应四个层次。

（1）消费效应 对于普通的消费者而言，医药商品因为其专业性的限制，而无法详细、准确地作出完全正确的购买决策。因此，消费者往往在购买药品的过程中会首选名牌商品。因为名牌在消费者心目中不仅仅是有着价值和需要的实体产品，还包含着消费者对于这一药品的信任和从中获得的精神满足感。这种信任，是产品在消费者心理上所形成的情感认同。因为认同，所以购买，因为信任，所以消费。一种看似普通的医药消费行为，实际上是名牌在人们心目中的情感效应。

（2）载体效应 一个名牌的出现，往往带有特定的文化氛围，包含着历史、地理、风俗、习惯等文化内涵，是医药企业文化的沉淀，具有与众不同的象征意义。比如，同仁堂代表着"同修仁德，济世养生"的企业精神，是中国传统中医药文化的精华，国之瑰宝。这些象征的意义才是消费者选择名牌的最大理由，根本原因在于名牌这种无形资产带给消费者的情感满足，名牌本身只是满足感的载体。

（3）刺激效应 名牌医药商品因其高质量和高信誉度而吸引着消费者。这样的载体效应会促进消费者产生以名牌为时尚、以名牌为荣耀的购物心理，进而会刺激市场消费需求，形成"追名牌，赶名牌"的消费趋势。这是一种明显的情感效应，直接指向消费者的心理和情感需要。

（4）承诺效应 消费者对于名牌的忠诚度并不是一时半刻能够建立起来的，往往需要不断地沟通。沟通不仅需要让消费者参与到名牌价值的实现过程，还让其成为名牌情感的体验者、感受者和创造者。只有通过沟通，消费者才会对名牌产生情感上的安全。而承诺本身就是企业和消费者之间的情感交流，代表着名牌长久的文化内涵、企业优质可信的产品质量和服务优势。消费者的购买往往决定于医药企业或商品是否基于卓越的承诺，而承诺本身则源于人类情感。这也是一种明显的情感效应。

任务三 读懂医药商品包装与营销心理

情境导入

情境： 兰州佛慈制药股份有限公司是商务部首批认定的"中华老字号"企业，旗下的六味地黄丸、杞菊地黄丸、桂附地黄丸、逍遥丸、香砂养胃丸等产品多次被评为"甘肃名牌产品"。由于药厂位于兰州市，毗邻敦煌，佛慈几款主打药丸产品的包装均在偏向大地色系，且在底色上装饰了敦煌的壁画纹样，并在包装右侧绘制了"佛手"捻着一颗小药丸的图案。这一佛手的设计已经成为佛慈标志性图案，让药品的包装整体多了一份灵性，也暗合了佛慈"佛光普照，普度众生"的品牌理念。

思考： 1. 佛慈系列药品的包装符合哪些医药商品包装设计的心理要求？

2. 佛慈的几款主打药丸都采用统一的包装形式有什么好处？

包装是指在医药商品的生产流通过程中，为保护药品、方便储运、促进销售，按一定的技术标准制作的容器、材料和辅助物等物品，用于盛放药品，起到防护作用。另外，为了实现保护功能、方便功能和宣传功能，包装也指运用适当的材料或容器，利用包装技术对药品的半成品或成品进行分（罐）、封、装、贴签等操作。根据其在流通领域中的作用，医药商品包装为内包装与外包装。内包装是指直接与药品接触的包装（如安瓿、注射剂瓶、片剂或胶囊剂泡罩包装铝箔等）。外包装是指内包装以外的包装，按由里向外分为中包装和大包装。

随着时代的发展，医药商品包装设计不仅是产品策略中的一部分，更是传达医药商品的内涵、与消费者进行心理沟通的重要促销媒介。

一、医药商品包装的心理功能 🅔 微课

商品包装是一门涵盖了化学、物理学、心理学、美学、医药商品学、市场营销学等多门学科的艺术，而医药商品的包装更是发挥了防止药品发生损失、散失和方便储运、销售的作用，还是美化、宣传、推销医药商品的重要手段。对于一般消费者来说，在选购医药商品时，第一眼看到的便是包装，而非药品本身。所以，医药商品包装是否完好、精美、合理就显得非常重要了，影响着消费者的心理活动，甚至决定了是否产生最终的购买行为。因此，应该充分利用包装的外观形象，以满足消费者对医药商品的包装及其内容的心理要求，产生更好的心理效果。一般来说医药商品包装具有以下心理功能。

（一）提示功能

市场上的医药商品十分广泛，不同的规格、品牌、功效的药品总是让消费者眼花缭乱。如果没有专业医药销售人员的介绍或者没有明确的购买目标，消费者往往会感到无所适从，不知取舍。这时，包装就如同医药商品的脸面，率先走进消费者的视线范围。在疗效、价格大致相近时，那些图案精美、文字醒目、设计独特的商品包装，总是能够吸引消费者的注意，容易使药品进入消费者的购买选择范围。

（二）沟通功能

医药商品包装是销售现场协助销售和指导消费的完美媒体。独特的包装不仅在一定程度上反映了药品的特性、企业的营销文化，还能够方便消费者辨认，促进消费者了解药品包装上的主要成分、适应证、用法、用量、注意事项等信息，充分满足了消费者理智消费的心理需求。那些精美合理、设计独特的医药商品包装能够缩短消费者认识药品的过程，最大程度地发挥了沟通的作用。

（三）审美功能

包装本身就是装饰设计的结晶，是一件具有实际意义的艺术品。古有"买椟还珠"就是对包装的艺术价值的最好描述。医药商品包装的造型、图案、色彩以及整体的综合协调性，不仅能够给消费者留下良好的印象，还能给消费者带来一种美的享受，引发其对医药商品产生美好的想象。

（四）保护功能

药品的质量安全直接影响着使用者的健康，因此药品包装设计中质量保证是最基础的需求。合理的包装设计也能对药品产生保护作用，如避光包装可以预防阳光直射对药品的影响，防潮、防水包装则能防止药品受潮变质。消费者在选购药品时，一定会检查医药商品的包装是否完好、密封是否完整，以确保药品的质量和安全性。所以，医药商品的包装是利益的保障。除此之外，消费者还会考虑药品的包装设计是否便于取用、储存和携带，给人以方便感，消除消费者的顾虑。

（五）增值功能

商品价值的高低主要由核心商品所决定，但一般作为尚不明商品功效的普通消费者，在使用药品之前是不能知晓该药品的核心价值。所以，消费者选购药品时对医药商品价值的感受往往是从包装开

始的。不同于一般的草药产品的人参，它的价格根据品质判定，从上百元甚至上万元不等。所以，名贵的人参自然也会选择与其品质相搭配的礼盒包装，进而侧面反映出人参的价值。

二、医药商品包装设计的心理要求

医药商品的包装直接影响着药品的质量，必须符合我国《中华人民共和国药品管理法》《药品包装、标签和说明书管理规定》及《药品生产质量管理规范》（GMP）等相关规定。《中华人民共和国药品管理法》设药品的包装和分装专章，对药品包装问题作了专门规定。其中包括：药品包装之标签或说明书上必须注明药品的品名、规格、生产企业、批准文号、产品批号、主要成分、适应证、用法、用量、禁忌、不良反应和注意事项。《直接接触药品的包装材料和容器管理办法》（13 号令）、《药品包装标签和说明书管理规定》（24 号令）对药品包装也作了详细的规定。

同时，作为一个多元载体，医药商品包装还是宣传药品、推销药品的重要手段，应充分体现企业的形象和文化，提高包装外观的审美品位，符合医药消费者的心理要求。

（一）保全医药商品

医药商品包装在其生产出厂、储存、运输，到药品使用结束的整个过程和药品有效期内，都发挥着保证药品质量和安全的功能。如，药品的包装材料应和内容物相适应，包装应结合所盛装药品的理化性质和剂型特点，分别采取不同措施；应具有一定的强度、韧性和弹性等，以适应压力、冲击、振动等静力和动力因素的影响；应考虑在流通领域中可受到运输装卸条件、储存时间、气候变化等情况的影响，怕冷冻药品要加防寒包装，遇光易变质的药品要采用遮光容器，瓶装的液体药品要采取防震、防压措施等。除此之外，为保证药品安全，有的药品包装上有防伪标志，有的药品包装封口标有"封条已破，请勿接受"等字样。这些都能使消费者对药品的质量安全放心，消除他们的购买顾虑，满足他们对利益保障的心理要求。

（二）提供指导

面对不同的规格、品牌、功效的药品时，独特的包装会让消费者产生眼前一亮的感觉，有效地帮助其进行药品的辨认。如某品牌金银花露的包装，不仅具有国家专利保护，橙黄色的葫芦形瓶身设计还能够让人产生一种食品的感觉，通过图标的暗示传达着其解暑、预防上火、便秘的效用，在众多以蓝白为底色包装的药品中脱颖而出，吸引眼球，促进销售。另外，药品包装按规定印有或者贴有标签并附有说明书，能使医药消费者详细地了解药品的效用、特点和使用方法等，为消费者正确选择、鉴别和使用产品提供了指导。

（三）便利消费

设计合理的医药商品包装，应能方便消费者的购买、携带、储存和使用，有效提高消费者用药的依从性。如口服液体制剂，采用小瓶包装，并配上吸管容易开启，不易污染；单剂量的药品采用单独包装盒，让消费者避免了要经常开盖和装药的烦恼；糖浆类药剂的包装都会提供带刻度计量杯；外用软膏剂类的药品包装中也会提供指套、手套等；有些药品说明书字号略大，便于老年人阅读等。这些医药商品包装都是从维护消费者利益出发，考虑他们的实用、方便、安全，体现科学性和便利性的要求，满足了他们求便的购买动机。

（四）美化医药商品

医药商品包装新颖别致、与众不同，才能让消费者赏心悦目，吸引其注意，激发购买的欲望。医药商品包装所具有的增值功能已经有目共睹了，特别是在 OTC 药品市场中更是如此。面对主要成分、适应证等相似的药品，消费者更是将包装与药品质量联系起来作为评价购买方案的重要因素来看。好的质量与美的包装相得益彰，不仅激发了消费者的心理需求，还增加了药品的价值。在进行医药商品包装设计时，必须考虑不同消费者群体的审美特点，老年人用药多以浅色、柔和的颜色、亲切的图案和文字为主，让老年人感到放松，缓解他们的疾病和焦虑情绪；儿童用药则以明快、鲜艳的色彩和卡通的设计为主，让儿童适当减少对药物的厌恶和恐惧。

值得一提的是，考虑到消费者求新求变的心理，当一种医药商品包装使用了一段较长的时间后，可以适当考虑加以变换，推陈出新。例如作为一款专业的感冒药，吴太感康在 2016 年推出了新包装，将精致的外观设计与实用的功能结合起来，设计了可抽拉的打开药盒包装的方式，取药方便的同时，这款小金牌包装还可以随处粘贴，成为一款"行走的感冒药"。

▌知识链接

形象性的包装设计，让儿童吃药不再难

曾经，国人在选择儿童 OTC 药品时并没有明确的倾向，往往直接选择成人药品作为替代。但是，出于耐药性和安全性方面的考虑，与儿童药品相关的包装设计必须体现该年龄群体的需求。于是，儿童用药的外包装上开始出现了花朵、小动物或专门设计的卡通儿童形象，这些带有明确儿童标识的元素在成年人药品包装上是不多见的。正是通过这种形象性传达出儿童用药与成人药品的本质区别，能够提升消费者在选购儿童用药时的导向性。不仅如此，两岁以上的儿童基本可以准确地表达自身的主观意识和思维想法。那么，在药效功能相同的情况下，受商品包装的影响，儿童更愿意选择拥有形象生动、色彩鲜明的包装药品。

（五）诱发联想

医药商品包装应利用相应的材料、造型、色彩、图案、文字等多种要素，组合成为消费者喜爱的风格，引发他们产生各种美好联想。如解热镇痛类药品多采用冷色调，可以使消费者联想到凉爽的感觉，从而减轻他们的痛苦和焦躁不安的情绪，而滋补类发汗类药物则多采用暖色调，则使想起温暖的阳光而更好地表现出药品的功效。这些美好的联想会激发消费者的兴趣，强化消费行为。这里需要注意，由于不同的人，其心理特征和社会经历皆不相同，对同一事物的感受也不尽相同，所以药品包装设计要综合考虑目标市场的特点、爱好与忌讳，充分评估不同影响购买的因素之后做出方案。

（六）避免禁忌

在医药商品包装设计时应重视不同地域、民族、文化的消费者所具有的不同喜好与禁忌。我国是个多民族国家，不同民族有自己的色彩、图案等元素的偏好。随着全球市场的扩大和跨国贸易的增加，药品包装在传递品牌形象、吸引消费者注意力和增加销售的过程中发挥了关键作用，医药商品包装的色彩、图案等元素在设计时还应注意到不同宗教、不同国家的崇拜和忌讳。

（七）体现关怀

一般商品包装设计需要满足社会中人类高情感需要，符合现代消费者更加注重精神的愉悦、个性化实现和感情的满足等高层次需要。医药商品包装的设计亦如此，应充分考虑不同消费者的心理感受，结合病理特征，进行关怀性设计，体现对人的感情的尊重，使其更具有亲和力。体现关怀的包装包括关怀性的结构设计、外包装上的关怀性的语言和标识等。如，一般药品包装或说明书上都在"注意事项"中明确提示消费者"对本品过敏者禁用，过敏体质者慎用""本品性状发生改变时禁止使用""如正在使用其他药品，使用本品前请咨询医师或药师""请将本品放在儿童不能接触的地方"。除此之外，儿童专用药品包装还明确规定了颜色和图案应与食品、玩具等其他产品有明显区别，避免误导性，避免在标签上使用容易吸引并导致儿童误服误用图案。

（八）绿色环保

随着社会的进步和经济的发展，人们越来越关注能源消耗的问题，所以，绿色消费心理逐渐被越来越多的消费者接受，成为主流的消费观念之一。绿色消费观可以增强人们的环保意识，而企业生产绿色包装设计可以促进人与自然的和谐共处，实现企业可持续发展。

医药商品包装的设计师应关注绿色消费心理，选择绿色包装材料设计出符合消费者心理需求的包装设计。绿色包装材料是指在生产制造、使用和丢弃过程中，对人体健康无害、对生态环境友好的包装材料。这样的材料安全、无毒，具有可生物降解性，因而能够减少环境污染的隐患。包装材料在基本功能得到有效保证的同时，包装所占用的空间必须合理，必须符合环保的要求，这就是让包装和环境相生相融。如很多制药企业选择可生物降解材料进行包装，相较于传统的塑料或金属包装，这些通常来自植物源的材料能够自然分解，不会留下有害残留物，显著地减少废物堆积，对环境的影响更小。同时，越来越多的制药企业已经意识到减少包装浪费对可持续发展的重要性。减少浪费包括尽可能地减少包装材料的使用量，以及在包装过程中减少材料损耗。数据表明，通过优化药品包装设计和减少材料使用，制药公司每年可以减少数百万吨的塑料垃圾

综上，在当前时代发展下，需要采用创新的思维进行医药商品包装设计，将包装与生态环境理念结合在一起，既能够满足消费者更新欲望和从众欲望，也能使这些包装对环境无害。

三、医药商品包装设计的心理策略

医药商品包装设计是对医药商品包装的材质、结构、图案、色彩、文字说明及整体效果等作出的设计。医药商品的包装设计除了要从实现包装的功能出发，综合运用技术、艺术和营销等专业知识所进行的创造外，还要考虑药品的特殊性，符合《中华人民共和国药品管理法》《中华人民共和国药品管理法实施条例》（国务院令第 360 号）、《医疗器械监督管理条例》（国务院令第 650 号）、《保健食品监督管理条例》等法律法规的要求。

（一）便利包装

所谓便利包装策略就是以方便消费者购买、携带和使用为原则对医药商品包装的形式、结构、方法、手段等所采取的各种对策。例如，注射剂型采用易折安瓿，口服液配备有刻度的可分剂量量杯，退热贴膜包装设计方便患者使用，尤其是儿童患者的使用；药膏盖上所增加的一个锥形刺，可以在使用时对着封口刺一下更便于开启锡管；片剂和胶囊的铝塑泡罩包装，实现了单剂量包装，不仅方便患者使用和携带，更在气体阻隔性、防潮性、安全性、生产效率、剂量准确性等方面凸显优势。

（二）分量包装

所谓分量包装是指根据不同消费者的习惯与需求，将药品按照消费者用量和购买力进行分装，方便人们购买和使用。如需要长期服用的药物采用瓶装设计，比铝塑单剂量包装更节省费用；而只需要使用一两次便可以达到快速降温效果的退热贴多是采用独立包装。

（三）配套包装

所谓配套包装是指医药企业根据消费者的用药习惯，把使用时相互关联的多种药品放在同一包装物中一起销售。如家用药箱、旅游常用药盒、临床上把几种常用心脏病急救药品组合而成的救心药盒等，都是配套包装。采用这种策略，既方便消费者购买、携带、保管和使用，又可扩大药品的销路，但是需要注意不要使用容易引起消费者反感的硬性搭配。

（四）系列包装

所谓系列包装是指医药企业将用途相似、品质相近或者同一品牌的各种药品，在包装上采用类似

的包装材料、图案、色彩、造型或其他共同特征的策略。如小葵花品牌的小儿肺热咳喘口服液、小儿清肺化痰口服液、小儿感冒颗粒、小儿柴桂退热颗粒等儿童用药包装上均以蓝白两色为主，且突出了"小葵花"的卡通形象，有效加深了企业形象，增加了辨识度，还节省了包装设计费用。这种不同产品同一包装的设计特别有利于企业研发的新产品上市，打开销路。但是，需要注意的是这种包装策略适用于质量水平相近的产品，不适合质量等级差异太大的产品。

（五）等级包装

所谓等级包装是指医药企业所生产经营的药品，按质量等级或消费者经济收入、生活方式等方面的差异，设计不同的药品包装。通常面对名贵的药材、特殊的药品和购买能力较强的消费者，会采用精美的包装，突出其优质优价的形象，甚至可以专门请名家设计独特的造型、进行精细的制作，使其成为艺术品；面对常用的药品则采用构造简单、成本低廉、经济实用的包装，做到表里一致，等级分明，便于不同购买力层次的消费者选购。

（六）复用包装

所谓复用包装是指原包装产品用完后，原包装物可再次使用或移作他用，如空瓶、空盒、空罐可作花瓶、收纳用品等。例如，某品牌补铁的药品就采用了漂亮的铁皮盒子进行包装。这种包装具有一定的实用性和艺术性，既增加了药品的附加用途，又能为消费者的使用提供方便和实惠。同时，某些设计巧妙、具有收藏价值或展示功能的艺术包装可以起到广告宣传的作用。

（七）附赠品包装

所谓附赠品包装是指在包装物内附有赠品，或包装本身就可以换取礼物，以吸引消费者产生惠顾的购买行为，导致重复购买。如在鱼肝油等保健品中附赠同厂家钙片等。

（八）礼品包装

所谓礼品包装是指用于作为礼品的医药商品的包装策略，其目的是增加礼品的价值和吸引力。这种包装装饰华丽、雅致，有的附有徽章吊牌、蝴蝶花结，有的扎上红丝绸带，符合礼品赠送人与赠予人的心态。尽管这类包装价格较高，但增加了礼品的价值，消费者往往乐意接受。如蛋白质粉、维生素类的具有养生保健功能的医药商品常使用这一包装策略。

（九）绿色包装策略

在设计医药商品包装时，选择可重复利用或可再生易回收处理、对环境无污染的包装材料，容易赢得消费者的好感与认同，也有利于与国际包装技术标准接轨，为医药企业的发展带来良好的前景。例如，很多药企已经开始使用纸包装替代塑料包装，既实现了美化包装的目的，又顺应了发展潮流。

（十）个性包装

所谓个性包装是指根据消费者的年龄、性别、性格等个性的差异，设计突出个性特征、满足个性需求的包装策略。例如，男性化包装，使包装体现出强度、力度和阳刚气质；女性化包装，包装线条柔和，色彩温馨，造型精巧。

···· 目标检测

答案解析

一、单选题

1. 感冒灵是以（　）方式而命名的

A. 人名　　　　　　　B. 产地　　　　　　　C. 商品的主要功能　　D. 外形

2. "千里明""甘舒宁"等品牌命名的原则是 （   ）

    A. 名实相符   B. 激发联想   C. 避免禁忌   D. 符合法律规定

3. 口服液体制剂往往采用小瓶包装，并配上吸管，这样能保证容易开启，不易污染。这体现了
   包装的 （   ）功能

    A. 提供指导   B. 美化药品   C. 便利消费   D. 保护药品

4. 消费者在购买医药产品时首先考虑的基本功能是 （   ）

    A. 实用功能   B. 方便功能   C. 安全功能   D. 创新功能

二、简答题

1. 医药商品名称的心理要求有哪些？

2. 医药商品包装的心理功能有哪些？

书网融合……

本章小结   微课   习题

项目六　医药商品价格与营销心理

PPT

⟫ 学习目标 ⫫

知识目标：通过项目的学习，应能掌握医药商品价值认知功能及影响因素、主观价格的心理成因和商品定价的心理策略及方法，熟悉医药商品自我意识的比拟，了解提升医药商品价值认知的策略。

能力目标：通过项目的学习，能正确灵活运用商品定价的心理策略与方法，进行市场营销活动。

素质目标：通过项目的学习，树立诚信意识，遵守职业道德规范，维护好消费者利益，树立医药行业的良好形象。

任务一　认识医药商品价格的心理功能 📱微课

⟫ 情境导入 ⫫

情境：假设有一批质量不错的上衣，现在把这批衣服分成三份，以同样的零售价180元，摆放在商场的三个不同区域待售。其中，一份摆放在高档服饰区；一份摆放在普通消费区；另一份摆放在低档消费区。

思考：1. 你认为摆放在哪区的销售效果最佳？

　　　　2. 消费者会如何看待不同区域的这款上衣？

虽然价格是商品价值的货币表现，但是在实际生活中，消费者购物时有时并不以商品的价值来衡量商品的好坏及其价格的高低。比如有些商品的价格从理论上看定得"不合理"，但深受消费者的欢迎；而有些商品从理论上来看价格完全合理，消费者却不认同，这就是价格的心理功能造成的不同影响。

医药商品价格的心理功能是在社会生活和个性心理特征的影响下，在价格一般功能的基础上形成的并对消费者的购买行为起着引导作用的一种价格心理现象。医药商品价格对消费者心理产生影响和作用，具体来说，当消费者在购买医药商品时，价格会作为一个重要的参考因素，影响他们的购买决策和行为。研究价格心理，主要是研究消费者在价格问题上的心理现象，其目的是在制定各种商品价格时，懂得如何才能符合消费者的心理要求并为消费者所接受，从而达到促进销售，满足需要的目的。

营销人员在研究价格心理，研究制定合理适当的医药商品价格时，首先就要了解和熟悉价格的心理功能，医药商品价格的心理功能主要表现在以下几个方面。

一、医药商品价值认知功能

随着人们健康意识的不断提高，医药商品在市场上的地位日益重要。医药商品作为满足人们健康需求的特殊商品，其价值不仅体现在治疗疾病、缓解症状等物质层面，更体现在消费者对商品的期望、需求、信任和态度等心理层面。

（一）医药商品价值

医药商品价值是指医药商品在生产、流通、交换和消费过程中所具有的价值，它反映了医药商品的社会必要劳动时间，是医药企业制定市场策略、进行产品定价的重要依据。医药商品的价值主要包括以下几个方面。

1. 临床价值　这是医药商品的核心价值，主要体现在其能够治疗疾病、缓解症状或改善患者的生活质量。医药商品的临床价值越高，其市场需求和价格往往也越高。

2. 品质价值　医药商品的品质对其价值有重要影响。高品质的医药商品通常具有更好的疗效、更低的不良反应和更高的安全性，因此更受消费者青睐。品质价值还体现在医药商品的稳定性、可靠性、耐用性等方面。

3. 品牌价值　知名品牌往往能够给消费者带来更高的信任感和忠诚度，从而提升医药商品的市场竞争力。品牌价值通常与医药企业的声誉、历史、研发实力等因素密切相关。

4. 创新价值　随着医药科技的不断发展，创新成为医药商品价值的重要组成部分。具有创新性的医药商品通常具有更好的疗效、更少的不良反应和更高的治疗效率，因此具有更高的市场潜力和价值。

（二）医药商品价值认知功能的内涵

医药商品价值认知功能指的是消费者对医药商品所具有的价值进行认知和评估的能力。在购买医药商品时，消费者会根据自身的需求和经验，对医药商品的各种属性进行综合评估，并形成对该商品的整体价值认知。医药商品的价值认知功能主要体现在以下几个方面。

1. 质量价值认知　质量是医药商品的核心要素之一。消费者对于质量的认知主要基于产品的纯度、稳定性、均一性以及是否符合相关标准和规定。高质量的医药商品通常意味着更高的疗效和更低的不良反应风险。因此，消费者在购买时会仔细查看产品的质量控制信息，如生产企业的质量管理体系认证、原材料的来源和质量等。

2. 疗效价值认知　疗效是消费者选择医药商品时最为关注的因素之一。消费者希望购买的药品能够迅速、有效地缓解症状或治疗疾病。对于疗效的认知，消费者主要依赖于临床试验数据、专业机构的评价以及医生或药师的建议。一些具有显著疗效的药品往往能够在市场上获得更高的认可度和市场份额。

3. 安全性价值认知　安全性是医药商品不可忽视的重要方面。消费者在购买药品时会非常关注其潜在的不良反应、副作用以及禁忌证等信息。对于安全性的认知，消费者通常会查看药品的说明书、成分表以及生产企业的安全记录等。一些具有较低不良反应风险和较高安全性的药品往往更受消费者青睐。

4. 品牌价值认知　品牌是医药商品市场中的重要组成部分。知名品牌通常代表着高品质、高信誉和高口碑。消费者对于品牌的认知主要基于品牌的知名度、历史、声誉以及市场占有率等因素。一些知名品牌通过长期的品牌建设和市场推广，已经在消费者心中形成了深刻的印象和信任感，从而能够吸引更多的消费者选择其产品。

5. 服务价值认知　服务是医药商品市场中不可忽视的一环。优质的服务可以提升消费者的购买体验和满意度。对于服务的认知，消费者主要关注企业的售前咨询、售后服务、用药指导以及投诉处理等方面。一些注重服务的企业通过提供专业的咨询和个性化的解决方案，能够赢得消费者的信任和忠诚。

医药商品的价值认知功能对于消费者选择医药商品具有重要意义。它帮助消费者在众多医药商品中作出决策，选择那些他们认为具有更高价值的商品。同时，这种价值认知功能也促使医药企业不断提升产品质量和服务水平，以满足消费者的期望和需求。

在医药市场中，价值认知功能发挥着重要作用。它影响着医药商品的销量、市场份额以及企业的竞争力。因此，医药企业需要深入了解消费者的价值认知过程，通过市场调研、品牌建设、产品创新和服务优化等手段，提升消费者对自身产品的价值认知，从而增强市场竞争力。

（三）影响医药商品价值认知的因素

医药商品的价值认知是一个多因素、多层次、多维度的复杂过程，涉及消费者、药品本身、市场环境、政策法规、信息传播等多个方面。

1. 消费者因素

（1）健康观念与用药习惯　是影响其对医药商品价值认知的重要因素。随着生活水平的提高和健康意识的增强，越来越多的消费者开始注重疾病的预防和治疗，对医药商品的需求也日益增长。不同的消费者对于健康的重视程度、对于疾病的认知和理解以及对于用药的态度和偏好都存在差异，这些差异会导致消费者在面对同一种药品时产生不同的价值判断。例如，一些消费者可能更注重药品的疗效和安全性，而另一些消费者则可能更注重药品的价格和便利性。

（2）经济状况与支付能力　也是影响其对医药商品价值认知的重要因素。一般来说，经济状况较好的消费者更愿意为高质量、高价格的药品买单，因为他们更注重药品的疗效和安全性；而经济状况较差的消费者则可能更加注重药品的价格因素，因为他们需要在有限的预算内选择性价比更高的药品。此外，不同国家和地区的经济发展水平、医疗保障制度以及个人收入水平等也会对消费者的支付能力和价值认知产生影响。

（3）教育程度与信息获取能力　也会影响其对医药商品的价值认知。教育程度较高的消费者通常具有更强的信息获取和处理能力，能够更全面地了解药品的疗效、安全性、价格等信息，从而作出更明智的购买决策。而教育程度较低的消费者则可能缺乏必要的信息获取和处理能力，容易受到误导或欺骗，对药品的价值认知产生偏差。此外，随着互联网和社交媒体的普及，信息获取渠道日益多样化，消费者可以通过网络搜索、社交媒体分享等方式获取更多关于药品的信息和评价，这些信息来源的多样性和实时性使得消费者能够更加全面、客观地评估药品的价值。

2. 药品本身因素

（1）疗效与安全性　是影响其价值认知的核心因素。一种药品如果能够在临床试验中证明其疗效显著且副作用较小，那么它在医生和患者心中的价值就会相应提升。相反，如果药品的疗效不确切或存在严重的副作用，其价值认知就会大大降低。因此，药品生产企业需要注重提升药品的疗效和安全性，加强研发创新，打造独特的治疗优势。

（2）创新性与独特性　也是衡量药品价值的重要指标。一种具有全新作用机制或独特治疗优势的药品，往往能够吸引更多的关注和投资，从而提升其价值认知。这种创新性不仅体现在药品的研发阶段，还贯穿于药品的整个生命周期。因此，药品生产企业需要不断加强研发创新，探索新的治疗领域和作用机制，以满足不断增长的医疗需求。

（3）品牌与知名度　对药品价值认知的影响也不容忽视。知名品牌和口碑良好的药品往往能够赢得消费者的信任和青睐，从而在市场中占据有利地位。这种品牌效应不仅来源于药品本身的质量保证，还来自药品生产企业的良好形象和持续的市场推广。因此，药品生产企业需要注重品牌建设和市场推广，提升知名度和美誉度。

3. 外部环境因素

（1）市场需求与竞争态势　是决定药品价值认知的重要外部力量。随着人口老龄化和慢性疾病的不断增加，对某些类型药品的需求呈现出持续增长的趋势；同时，医药市场的竞争也日益激烈，新药不断涌现，老药面临淘汰。这种市场环境下，药品的价值认知需要不断适应和调整。一方面，药品生产企业需要密切关注市场需求变化，灵活调整生产计划和市场策略；另一方面，也需要加强与竞争对手的差异化竞争，打造独特的市场优势。

（2）政策法规与监管环境　对医药商品的价值认知具有重要影响。例如，药品审批制度的改革、医保政策的调整以及药品价格的监管等都会直接影响药品的市场准入和竞争格局，进而影响其价值认知。此外，政府对某些疾病的重视程度和投入力度也会间接影响相关药品的价值认知。因此，药品生产企业需要密切关注政策法规的变化和监管环境的变化，及时调整市场策略和生产计划。

（3）社会文化因素　也会对医药商品的价值认知产生影响。不同地区和文化背景下的人们对于健康、疾病和用药的观念和态度可能存在差异；同时，社会舆论和媒体报道也会对消费者的价值认知产生影响。例如，在某些文化中，人们可能更注重天然、无副作用的药品；而在其他文化中，人们可能更注重药品的疗效和速度。因此，药品生产企业需要深入了解不同地区的文化背景和社会舆论环境，制定针对性的市场策略。

4. 信息传播因素

（1）媒体报道与舆论引导　是影响医药商品价值认知的重要因素之一。媒体对于新药研发、临床试验以及药品审批等信息的报道能够增加消费者对药品的了解和认知；同时，媒体对于药品疗效、安全性等方面的评价和态度也会影响消费者的价值判断。因此，药品生产企业需要加强与媒体的沟通和合作，积极传递正面信息，提升公众对药品的认知和信任度。

（2）社交媒体与用户分享　也能够为消费者提供更多的用药体验和反馈。这些信息来源的多样性和实时性使得消费者能够更加全面、客观地评估药品的价值。同时，社交媒体上的意见领袖和专家观点也会对消费者的价值认知产生影响。因此，药品生产企业需要重视社交媒体平台上的信息传播和用户反馈，积极回应消费者关切和反馈。

（四）提升医药商品价值认知的策略

1. 加强质量管理和安全检测　医药企业应注重提升医药商品的质量和安全性能，通过加强质量管理和安全检测等措施，确保商品的质量和安全性符合国家标准和消费者期望。这将有助于增强消费者对商品的信任和满意度，从而提升其价值认知。

2. 强化品牌建设和营销推广　品牌是提升消费者对医药商品价值认知的重要手段。医药企业应注重品牌建设和营销推广，通过打造知名品牌、塑造良好企业形象、加强市场宣传等措施，提高消费者对商品的认知度和好感度。这将有助于增强消费者对商品的信任感和忠诚度，进而提升其价值认知。

3. 制定合理的价格策略　价格是消费者衡量医药商品价值的重要指标之一。医药企业在制定价格策略时，应充分考虑消费者的心理预期和支付能力，制定合理的价格水平。同时，企业还应关注市场价格动态和竞争状况，及时调整价格策略以保持市场竞争力。这将有助于提升消费者对商品价格的接受度和满意度，进而提升其价值认知。

4. 加强消费者教育和信息沟通　针对信息不对称问题，医药企业应加强与消费者之间的信息沟通和教育引导。通过提供详细的产品说明书、建立客户服务热线、开展健康知识讲座等措施，帮助消费者更好地了解医药商品的性能、使用方法和注意事项等信息。这将有助于降低信息不对称程度，提高消费者对商品价值的判断能力和认同感。

在实施这些策略时，药品生产企业需要注重以下几点：首先，要深入了解市场需求和消费者心理，确保营销策略的针对性和有效性；其次，要保持与消费者的良好沟通互动，及时收集反馈并调整策略；最后，要持续创新和改进产品和服务质量，以满足不断变化的市场需求和消费者期望。通过这些努力，药品生产企业能够有效提升医药商品的价值认知，赢得更多消费者的信任和支持。

知识链接

中国古代的瓷器贸易

在中国古代，瓷器作为一种独特的工艺品，其制作工艺精湛、造型优美、图案丰富，深受国内外消费者的喜爱。为了提升瓷器的价值，古代商家和工匠们采用了多种策略。首先，他们注重瓷器的品质与工艺。工匠们精益求精，不断提高烧制技术和装饰手法，使得瓷器在质量上达到了极高的水平。其次，他们通过创新设计，使瓷器在造型和图案上独具特色，从而吸引了更多消费者的关注。此外，商家还借助文化包装，将瓷器与诗词、书画等传统文化元素相结合，使得瓷器不仅具有实用价值，更成为文化艺术的载体。

通过这些策略，古代中国成功提升了瓷器的价值。这些瓷器不仅在国内市场上备受追捧，还远销海外，成为中国对外贸易的重要商品。

二、自我意识比拟功能

心理学认为，自我意识是意识的形式之一，是个人对自己心理、行为和身体特征的了解、认识，它表现着认识自己和对待自己的统一。商品价格的自我意识比拟，是商品价格人格化的心理意识，即借助于商品价格来反映消费者自我的一种心态。

医药商品自我意识的比拟主要涉及消费者在购买医药商品时，将商品与自身的某些特质、需求或价值观进行比较和匹配的心理过程。这种比拟是消费者在选择医药商品时的一种重要心理机制，有助于他们找到最适合自己的产品。以下是一些常见的医药商品自我意识的比拟。

（一）健康状态比拟

1. 概述 在医药商品营销中，是一种将产品或服务与某种理想的健康状态相联系的策略，以便在消费者心中建立积极的联想和认同。这种比拟通常用于强调医药商品能够带来的健康益处，或者将使用该产品与维持或恢复健康状态相关联。例如，假设有一种维生素 C 补充剂，品牌方希望将其与健康、活力和免疫力提升等正面形象联系起来。他们可能会通过广告宣传，将这种维生素 C 补充剂比拟为"每日健康活力的源泉"。广告中可能展示人们在使用了该维生素 C 补充剂后，精神状态更佳，面色红润，充满活力，从而暗示这种产品能够帮助消费者达到或维持一种理想的健康状态。这样的比拟不仅突出了产品的健康益处，还激发了消费者对于改善自身健康状态的渴望。

2. 关键点

（1）选择合适的健康状态 比拟必须基于产品能够实际带来的益处，避免误导消费者。

（2）创造积极联想 通过正面的形象和情境，激发消费者对产品的积极情感和购买欲望。

（3）符合法规要求 所有的宣传和比拟都必须遵守相关的医药广告法规，确保信息的真实性和准确性。

（4）持续品牌建设 健康状态的比拟应该与品牌的长期形象建设相一致，有助于建立品牌的独特性和辨识度。通过这种健康状态的比拟，医药商品能够在竞争激烈的市场中脱颖而出，与消费者建立深层次的情感联系，并促进产品的销售。

（二）生活品质比拟

1. 概述 营销中是一种策略，它将产品或服务与某种更高或更理想的生活品质相联系。这种比拟的目的是在消费者心中建立产品与生活品质提升之间的直接关联，从而激发消费者的购买欲望。例如，某一种高端的保健品，它采用珍稀的天然成分并经过精细加工。为了在市场上突出其独特性和高品质，品牌方决定采用生活品质比拟的策略。广告宣传中，这种保健品被比拟为"追求卓越生活的选择"。广告画面可能展示高端的生活场景，如优雅的居住环境、精致的生活方式、高品质的社交活动等，同时强调这种保健品是这些高品质生活元素中不可或缺的一部分。通过这种比拟，消费者被暗示选择这款保健品就是选择了一种更高品质的生活方式。

2. 关键点

（1）选择合适的生活品质　比拟的生活品质必须与产品的定位和目标受众相匹配，确保能够引起消费者的共鸣。

（2）建立直接关联　广告中需要清晰地展示产品与生活品质之间的关联，使消费者能够直观地理解产品的价值。

（3）维护品牌形象　生活品质比拟需要与品牌的整体形象和定位保持一致，有助于巩固和提升品牌形象。

（4）遵守法规　所有的宣传和比拟都必须符合相关的广告法规，确保信息的真实性和准确性。

通过生活品质比拟，医药商品或保健品能够在市场上塑造独特的品牌形象，吸引追求高品质生活的消费者，并促进产品的销售。这种策略在高端产品或奢侈品营销中尤为常见。

（三）经济能力比拟

1. 概述　在营销中并不常见，因为它涉及将产品或服务直接与消费者的经济能力或财务状况相联系，这可能会引发敏感的社会和心理问题。然而，如果运用得当，经济能力比拟可以帮助品牌塑造其产品或服务的某种独特形象或定位。例如，假设有一种高端的医药产品，如一种创新的、针对特定疾病的特效药物。这种药物的价格显著高于市场上的其他同类产品，但其疗效也显著优于其他产品。为了向潜在消费者传达这种药物的高价值和与之相匹配的经济投入，品牌可能会采用一种谨慎的经济能力比拟策略。在宣传中，品牌可能不会直接提及消费者的收入或财富水平，而是强调这种药物是一种"投资健康"的选择。广告可能会展示患者因为使用了这种药物而能够更快地恢复健康，重新获得工作能力，减少因疾病造成的长期经济损失。这样的宣传暗示着，尽管药物本身的成本较高，但它实际上是一种具有长远经济回报的投资。

2. 关键点

（1）避免直接涉及敏感话题　不要直接提及消费者的收入、财富或社会地位，以免引发不必要的负面反应。

（2）强调长远价值　将产品定位为一项值得投资的选择，强调其能够带来的长远利益或节省的成本。

（3）保持信息真实性　确保所有宣传信息都是真实可信的，避免夸大其词或误导消费者。

（4）考虑目标受众　确保比拟策略与目标受众的价值观和期望相符。

需要注意的是，经济能力比拟是一种微妙且风险较高的策略。在使用时，品牌必须非常谨慎，确保不会触及敏感的社会神经或引发不公平的偏见。在大多数情况下，强调产品的内在价值、品质和益处，而不是直接与消费者的经济能力挂钩，可能是更为安全和有效的营销策略。

（四）社会地位比拟

1. 概述　在营销中指的是将产品或服务与社会地位、身份认同或某种特定的社会角色相联系，以便在消费者心中建立积极的联想和认同。这种比拟通常用于提升产品的品牌形象，强调其高端、尊贵或与众不同的特点。例如，假设有一种面向高端市场的医药产品，如抗衰老精华素或高端滋补品。为了塑造其独特的市场定位，品牌方可能会采用社会地位比拟的策略。在广告宣传中，这种医药产品可能被比拟为"成功人士的选择"或"尊贵生活的象征"。广告可能展示社会名流、成功人士或具有影响力的人物使用该产品，并强调它与高端生活方式、品味和社会地位的关联。通过这种比拟，品牌方希望消费者将使用该产品与追求成功、尊贵和独特身份的生活方式相联系。

2. 关键点

（1）选择合适的社会角色 比拟的社会角色必须与产品的定位和目标受众相匹配，确保能够引起消费者的共鸣和渴望。

（2）创造积极联想 通过与社会地位、成功和尊贵等正面形象相联系，激发消费者对产品的积极情感和购买欲望。

（3）维护品牌形象 社会地位比拟需要与品牌的整体形象和定位保持一致，有助于巩固和提升品牌形象。

（4）谨慎使用 社会地位比拟可能涉及敏感的社会问题，如阶级、身份认同等。因此，在使用时需要谨慎，避免引发不必要的争议或负面反应。

通过社会地位比拟，医药商品或高端保健品能够在市场上塑造独特的品牌形象，吸引追求高端生活方式和尊贵身份的消费者，并提升产品的市场竞争力。然而，品牌方在使用这种策略时需要谨慎考虑目标受众的接受度和社会的文化背景，确保宣传信息的真实性和恰当性。

（五）价值观比拟

1. 概述 在营销中指的是将产品或服务与某种广泛认同的价值观、信念或生活理念相联系。这种比拟策略的目的是在消费者心中建立产品与这些深层次价值之间的共鸣，从而激发消费者的购买动机和品牌忠诚度。例如，有一种医药品牌，它专注于生产环保、可持续且对人体无害的天然药物。为了突出其产品的独特性和与众不同的价值观，该品牌可能会采用价值观比拟的策略。在广告宣传中，这种医药品牌可能会被比拟为"尊重自然、关爱健康的生活方式"。广告可能展示产品如何与自然环境和谐相处，如何采用可持续的原材料和生产过程，并强调选择这种产品就是选择了一种尊重自然、注重健康和环保的生活方式。通过这种比拟，品牌希望吸引那些与这些价值观相契合的消费者。

2. 关键点

（1）选择合适的价值观 比拟的价值观必须与产品的核心属性和目标受众的价值观相契合，确保能够引起消费者的共鸣。

（2）真诚与一致性 品牌需要真诚地践行所宣扬的价值观，并在所有营销活动中保持一致，以建立信任和忠诚度。

（3）清晰传达 广告中需要清晰地传达产品与价值观之间的联系，使消费者能够直观地理解产品的独特价值。

（4）考虑文化差异 不同的文化和社会背景可能对价值观有不同的理解和认同。因此，在使用价值观比拟时需要考虑目标市场的文化差异。

通过价值观比拟，医药品牌能够在竞争激烈的市场中塑造独特的品牌形象，与那些和品牌价值观相契合的消费者建立深层次的情感联系，并促进产品的长期销售。这种策略在当今越来越注重社会责任和可持续性的市场环境中尤为重要。

（六）年龄和性别比拟

1. 概述 在营销中指的是将产品或服务与特定年龄段或性别群体的特征、需求或偏好相联系。这种比拟策略的目的是更精准地定位目标受众，并在消费者心中建立产品与特定年龄或性别群体的关联性，从而增加产品的吸引力和市场竞争力。例如，假设有一种针对女性的营养补充品，旨在满足女性在特定生理阶段（如妊娠期、更年期）的营养需求。为了突出其产品的性别针对性和专业性，品牌可能会采用性别比拟的策略。在广告宣传中，这种营养补充品可能会被比拟为"女性健康的贴心伴侣"。广告可能展示女性在关键生理阶段得到产品支持后能够保持健康、活力的形象，并强调产品是根据女性的生理特点和需求进行研发的。

2. 关键点

（1）准确定位目标受众　深入了解目标年龄段或性别群体的特征、需求和偏好，确保产品或服务能够精准满足他们的期望。

（2）避免刻板印象　在比拟过程中要避免使用过于刻板或陈旧的年龄或性别角色定位，以免引发不必要的争议或负面反应。

（3）保持敏感度和尊重　在处理与年龄和性别相关的话题时，要保持敏感度和尊重，避免触及敏感点或造成冒犯。

（4）强调共鸣和关联　通过展示产品与目标受众之间的共鸣和关联，激发消费者的购买动机和品牌忠诚度。

通过年龄和性别比拟，医药品牌能够更精准地定位其目标受众，并在竞争激烈的市场中塑造独特的产品形象。然而，在使用这种策略时，品牌需要谨慎考虑目标受众的接受度和社会的文化背景，确保宣传信息的真实性和恰当性。

（七）文化和信仰比拟

1. 概述　在营销中指的是将产品或服务与特定的文化元素、传统习俗或信仰体系相联系。这种比拟策略的目的是借助消费者对文化和信仰的认同，增强产品的情感价值和市场吸引力。例如，假设有一种草药制剂，其原料来源于某个具有悠久草药使用传统的地区。为了突出其产品的独特性和文化渊源，品牌可能会采用文化和信仰比拟的策略。在广告宣传中，这种草药制剂可能会被比拟为"古老智慧的传承"。广告可能展示该地区的美丽自然风光、传统草药采摘场景以及当地居民世代相传的草药使用知识。同时，广告会强调选择这种草药制剂就是选择了一种尊重自然、信赖古老智慧的生活方式。

2. 关键点

（1）深入了解目标文化　确保对所使用的文化元素、传统习俗或信仰体系有深入的了解和尊重，避免误解或冒犯。

（2）真实性与诚信　确保产品或服务确实与文化或信仰体系有关联，避免虚假宣传或误导消费者。

（3）情感共鸣　通过展示产品与目标文化的紧密联系，激发消费者情感共鸣和购买动机。

（4）考虑文化多样性　在全球化市场中，要考虑到不同文化背景的消费者，避免使用可能引发争议或误解的比拟。

通过文化和信仰比拟，医药品牌能够借助消费者对特定文化或信仰的认同，提升产品的情感价值和市场竞争力。然而，在使用这种策略时，品牌需要非常谨慎，确保对目标文化的理解和尊重，并避免可能引发的文化冲突或误解。

医药商品自我意识的比拟是消费者在购买过程中将医药商品与自身各种因素进行比较和匹配的心理过程。了解消费者的这种心理需求有助于医药企业更好地定位产品、制定市场策略，并提供更符合消费者期望的医药商品。同时，也有助于提升消费者的购物体验和满意度。

三、医药商品预期功能

（一）医药商品预期功能的内涵

医药商品的预期功能主要是指消费者在购买医药商品时通常会根据自己的症状、疾病情况或健康需求，以及医药商品的广告、推荐或医生处方等信息，对医药商品的治疗效果产生预期。它是消费者购买医药商品的主要动机之一。具体来说，医药商品的预期功能包括以下几个方面。

1. 治疗疾病　医药商品的首要预期功能是治疗疾病。消费者购买医药商品的初衷是为了解决健康问题，例如，感冒药被期望能够缓解感冒症状，降压药被期望能够降低血压等。因此，商品能否有效治疗疾病是其最为关注的功能之一。医药企业在研发和生产过程中，需要针对特定疾病进行深入研究，确保商品能够准确作用于病灶，缓解症状，最终达到治愈疾病的目的。

2. 缓解症状　除了治疗疾病外，医药商品还需要能够缓解疾病带来的各种症状。这些症状可能包括疼痛、发热、咳嗽、呕吐等，严重影响患者的生活质量和心理健康。医药商品需要通过科学配方和精准用药，迅速缓解这些症状，减轻患者的痛苦。

3. 预防疾病　随着健康意识的提高，越来越多的消费者开始关注疾病的预防。医药商品不仅需要能够治疗现有疾病，还需要具备预防疾病的功能。例如，一些疫苗和保健品就是针对特定疾病进行预防的医药商品。通过接种疫苗或定期服用保健品，消费者可以降低患病风险，提高身体健康水平。

4. 促进康复　对于已经患病的患者来说，医药商品的另一个重要预期功能是促进康复。这包括加速伤口愈合、提高身体免疫力、恢复生理功能等。医药企业需要通过研发具有康复功能的医药商品，帮助患者尽快恢复健康，重返正常生活。

5. 提高生活质量　除了治疗疾病和促进康复外，医药商品还需要关注患者的生活质量。一些慢性疾病患者可能需要长期服药来控制病情，这些药物可能会对身体产生副作用或影响患者的日常生活。因此，医药企业需要研发更加安全、有效、便捷的医药商品，减少副作用对患者的影响，提高患者的生活质量。

需要注意的是，医药商品的预期功能是基于消费者的主观期望和认知，可能与实际的治疗效果存在一定的差异。因此，医药企业在宣传和推广医药商品时，应客观、准确地介绍商品的功效和适用范围，避免误导消费者。同时，消费者在购买和使用医药商品时，也应理性看待商品的预期功能，并遵循医嘱或专业人士的建议。

（二）实现医药商品预期功能的途径

1. 加强研发创新　要实现医药商品的预期功能，首先需要加强研发创新。医药企业需要投入大量的人力、物力和财力进行新药研发、技术创新和临床试验等工作，确保商品在安全性、有效性和质量等方面达到国家标准和消费者期望。同时，企业还需要关注市场需求和消费者反馈，不断改进和优化商品性能。

2. 严格质量控制　医药商品的质量直接关系到其预期功能的实现。因此，医药企业需要建立严格的质量控制体系，从原材料采购、生产过程监控到成品检验等各个环节都要进行严格控制。确保商品在生产过程中不受到污染和损坏，保持其稳定性和有效性。

3. 合理用药指导　消费者在使用医药商品时，需要遵循医嘱或说明书上的用药指导。合理的用药方法和剂量是保证药品发挥预期功能的关键。医药企业需要向消费者提供详细的用药指导和服务，帮助消费者正确使用商品并解答疑问。同时，企业还需要加强药品不良反应监测和报告工作，及时发现和处理可能出现的安全问题。

任务二　读懂主观价格及其心理成因

情境导入

情境： A品牌推出了一款高端维生素产品，声称其采用了特殊的提取工艺和纯度更高的原料，因此在市场上定价明显高于其他同类维生素产品。尽管价格不菲，但由于A品牌在保健品领域的良好口碑和消费者对健康的重视，该产品仍然受到了一部分消费者的青睐。这些消费者认为，高价代表着更高的品质和效果，愿意为健康投资更多。

思考： 1. A品牌是如何影响消费者主观价格的？

　　　　2. 在购买A品牌的维生素时，消费者的心理预期是什么？

医药商品的价格是一个受生产成本、市场需求、研发投资、政策法规和竞争态势等多重因素影响的复杂指标。它既受到客观因素的影响，也受到消费者主观感知的影响。因此，在制定药品价格策略时，医药企业需要综合考虑各种因素，并关注消费者的需求和期望。

一、医药商品的主观价格与客观价格

医药商品的主观价格与客观价格是消费者在购买医药商品时会遇到的两种价格概念。它们分别代表了消费者对商品价格的个人感知和商品在市场上的实际标价。客观价格通常指的是医药商品在市场上的实际售价，这一价格是由上述各种客观因素共同决定的。而主观价格则是消费者或患者对于某一医药商品价格的个人感知或评价，它可能受到消费者购买力、支付意愿、对药品疗效的期望以及对品牌的忠诚度等主观因素的影响。

（一）医药商品的主观价格

主观价格（subjective price）是指消费者在购买医药商品时，根据个人经验、需求、经济状况以及对商品价值的认知等因素，对商品价格形成的个人感知和判断。这种感知和判断可能因人而异，因为每个人对同一款医药商品的价值和价格的看法都可能不同。医药商品的主观价格是指消费者对医药商品价格的个人感知和评价，它可能受到多种因素的影响。以下是一些主要的影响因素。

1. 消费者的健康状况与需求　当消费者处于疾病状态，急需某种药物治疗时，他们往往愿意为能快速缓解病状的药物支付更高的价格。相反，对于非急需的药品，消费者可能会更加理性地比较价格和效果。

2. 经济状况与购买力　消费者的经济条件和购买力直接决定了他们愿意为医药商品支付的价格。经济条件较好的消费者可能更注重药品的质量和效果，而经济条件较差的消费者则可能更加关注价格。

3. 品牌认知与信任度　知名品牌的医药商品往往能获得消费者的信任，消费者可能认为这些品牌的产品质量更有保证，因此愿意支付更高的价格。

4. 药品的疗效与安全性　是消费者非常关心的因素。如果某种药品的疗效显著且安全性高，消费者可能更愿意为其支付较高的价格。相反，如果药品的疗效不佳或存在安全隐患，消费者可能会对其价格产生怀疑。

5. 市场供求关系　当市场上某种医药商品供不应求时，消费者可能会提高对该商品的价格预期。

而当市场上供应充足时，消费者则可能期望以更低的价格购买到该商品。

6. 促销活动与优惠政策　医药企业的促销活动（如打折、赠品等）和优惠政策（如会员优惠、积分兑换等）可能会影响消费者对药品价格的判断。这些活动可能会降低消费者对价格的敏感度，使他们更愿意购买。

7. 社会心理与文化因素　消费者的社会心理和文化背景也可能影响他们对医药商品价格的判断。例如，某些文化可能强调健康的重要性，导致消费者愿意为保持健康支付更高的价格。

（二）医药商品的客观价格

客观价格（objective price）是指医药商品在市场上的实际标价，这一标价是基于医药商品的成本、供需关系、市场竞争、政策法规等多种因素，并由医药企业、经销商和零售商等市场主体共同决定的。以下是一些影响医药商品客观价格的主要因素。

1. 成本因素　医药商品的生产、研发、营销等成本是影响其客观价格的重要因素。这些成本包括原材料采购、生产加工、包装运输、研发支出、销售费用等。一般来说，成本越高，医药商品的客观价格也越高。

2. 供需关系　市场上的供需关系也是影响医药商品客观价格的重要因素。当医药商品的需求大于供应时，其价格可能会上涨；而当供应大于需求时，其价格可能会下降。因此，医药企业需要根据市场需求和产能情况合理定价，以保持市场竞争力和盈利能力。

3. 市场竞争　医药市场的竞争程度也会影响医药商品的客观价格。在竞争激烈的市场中，医药企业为了争夺市场份额和消费者，可能会采取降价策略来吸引消费者。而在竞争较少的市场中，医药企业则可能拥有更高的定价权。

4. 政策法规　政策法规对医药商品的价格也有一定的影响。例如，政府对某些药品实行价格管制或限价政策，以保障公众的基本用药需求。此外，医保政策、招标采购政策等也会对医药商品的价格产生影响。

（三）医药商品主观价格与客观价格之间的关系

医药商品的主观价格与客观价格之间存在密切的关系，它们相互影响并共同构成了医药商品在市场上的最终价格。主观价格与客观价格之间的关系可以表现为以下几个方面。

1. 主观价格是客观价格形成的重要参考　消费者在购买医药商品时，会根据自己对商品的主观价格判断来决定是否购买以及愿意支付的价格。因此，医药企业在制定客观价格时，需要考虑到消费者的主观价格预期，以确保价格能够被市场接受。

2. 客观价格是主观价格形成的基础　主观价格虽然受到多种因素的影响，但客观价格是其中的重要因素之一。消费者在对医药商品进行主观价格评价时，通常会参考市场上的客观价格，并结合自己的实际情况进行判断。

3. 主观价格与客观价格相互影响　主观价格和客观价格之间存在相互影响的关系。当消费者对某款医药商品的主观价格高于其客观价格时，他们可能会减少购买，导致市场需求下降，进而影响该商品的客观价格。相反，如果消费者对某款医药商品的主观价格低于其客观价格时，他们可能会增加购买，推动市场需求上升，从而影响该商品的客观价格。

因此，了解医药商品的主观价格与客观价格的关系对于医药企业和消费者都具有重要意义。企业可以通过市场调研和消费者行为分析来了解消费者对医药商品的主观价格预期，从而制定更加合理的客观价格策略。消费者则可以更加理性地看待医药商品的价格，根据自己的实际需求和经济状况作出明智的购买决策。

古代商人制定茶叶价格

在古代中国，茶叶作为重要的商品，其价格受到多种因素的影响。茶商通过与消费者交流、观察市场反应等方式，了解消费者对茶叶品质、口感、包装等方面的期望和价格敏感度。基于这些信息，商人初步判断消费者对茶叶价格的接受程度。同时茶商会根据市场需求和供应情况，制定客观的价格策略。此外，茶商还会运用各种营销策略来提升茶叶的价值感。他们通过举办品鉴会、推广茶文化等方式，提高消费者对茶叶的认知和兴趣，从而增加消费者对茶叶价格的接受度。

通过了解消费者的主观价格预期，并制定合理的客观价格策略，古代茶叶商人成功地把握了市场脉搏，实现了茶叶销售的最大化。

二、医药商品主观价格的心理成因

消费者的主观价格心理是消费者在购买活动中对商品价格认知的各种心理反应及表现，它是由消费者自身的个性心理和其对价格的直觉判断共同构成的，而且还受到社会生活各个方面的影响。消费者主观价格的心理成因主要分为以下几种。

（一）自我心理定位值

人的行为总是受到一定动机的支配，消费行为也不例外。常见的消费动机有价值、规范、习惯、身份、情感等几种。根据杰克·特劳特的定位理论，有人把消费者的消费动机称为"消费者心理定位"。相应的，消费者的心理定位就有价值心理、规范心理、习惯心理、身份心理、情感心理等。

1. 消费者的价值心理　艾尔·强森认为，消费者之所以喜欢某种产品，是因为他相信这种产品会给他带来比同类产品更大的价值，也就是说具有更大的潜在价值。潜在价值取决于产品的潜在质量。所谓潜在质量，它不是指质量监管部门检测出的质量，而是指消费者心中感受到的质量，是消费者主观上对一种品牌的评价。可口可乐之所以领先百事可乐一个多世纪，就是因为它以标榜"正宗""原创""独一无二"而使消费者相信它具有无可替代的价值，这就是它的潜在价值。事实上，一种品牌之所以能够打开销路，常常不是因为它的真实价值，而是由于它的潜在价值。潜在价值具有独特性、独立性、可信性和重要性。潜在价值就是名牌效应，正如名人效应一样，就是一种观念，这种观念已深深根植于消费者的心目中。

2. 消费者的规范心理　规范是指人们共同遵守的全部道德规则的总和。在现实生活中，规范有着巨大的作用，它左右着我们的思想，制约着我们的言行，影响着我们生活的方方面面。规范的面孔是多种多样的，它包括原则、理智、义务、礼貌、友谊、忠诚、谅解等多种因素。在许多情况下，规范可以诱发消费行为的动机。据营销专家的长期调查与研究，消费者之所以喜欢某种品牌，常常是为了避免或消除一种与其规范和价格相矛盾的内心冲突。消费者在作出购买或不购买某一品牌的产品决策时，规范是一个重要的影响因素。

20世纪80年代初，全球掀起一股环保热，"青蛙"作为德国第一个重视环保的大众品牌，它不仅把属于规范范畴的环保观点当作价值广告战略的补充，还非常自豪地将它放在广告宣传的中心位置。短短3年，其产品的销售额便提高了3倍。它的成功，正是因为它与全球性的环保意识相吻合，从而让消费者拥有一个与之所信奉的规范相适应、相协调的良好感觉。

3. 消费者的习惯心理　习惯是长期养成而一时间难以改变的行为。不同的人、不同的民族有各不相同的习惯。例如，我国北方人以面食为主食，南方人以大米为主食；北欧人喜欢喝啤酒，南欧人喜欢喝红葡萄酒；有人爱抽烟，有人爱打扮等。习惯常常是无法抗拒的，它甚至比价值心理对人的决定作用还要大。消费者一般都有特定的消费习惯，这是消费者在日常生活的长期的消费行为中形成的。例如，当消费者最初使用某种品牌商品后感觉很好，形成了对该种商品质量、功效的认识，并逐渐产生对这个品牌的喜好，就建立了对该品牌的信任，增强了使用该品牌的信心，一般情况下不会改用其他品牌的商品，而成为该品牌的忠诚消费者。又比如，有的消费者喜欢去大商场买服装、家电，去超级市场购买日常用品、食品。消费习惯一旦形成，一般不会轻易改变。

品牌定位表达了一种哲理化的情感诉求，会激发消费者的消费欲望，培养消费者的消费习惯，提高消费者的品牌忠诚度。由于习惯的潜移默化的影响，人们渐渐形成了固定的生活方式。这种生活方式在历史中沉淀，便成为一种文化习俗，沉淀到一定的厚度，便是一种文化底蕴。营销专家经过多年的摸索和探讨，早已形成了一套充分利用这种潜在的文化底蕴的经营理论——利用消费者的习惯心理来实现销售目标。

20世纪90年代初，箭牌香口胶在德国面市。在消费者心目中，它是香口胶，防龋齿是它的一个独特附属功能。同时上市的还有混合洁口胶。在消费者心目中，混合洁口胶的主要功能是洁齿、护齿，香口则是其附属功能。经过一段时间的市场竞争较量，混合洁口胶终于败下阵来，箭牌香口胶则以90%的市场占有率遥遥领先。其原因其实很简单，就是消费者的习惯在作怪，大多数消费者已习惯于首先是香口，然后才是防龋齿。

4. 消费者的身份心理　每个人都有一定的身份，人们也在不知不觉中显露着自己的身份。尤其是那些有了一定名誉、权力和地位的人，更是时刻注重自己的身份，显示自己的身份，尽可能地使自己的言谈举止和社交活动与自己的身份相符。最能表现人的身份的是衣食住行用，譬如某人穿的是名牌高档服装，乘的是高级轿车，住的是五星级豪华酒店。当这一信息传递给外界后，那么这个人的身份就自然暴露出来。营销专家根据人性的这种心理，总结了一套相应的营销理论——身份原理，让品牌成为消费者表达自我身份的有效武器。对企业来说，开发比竞争对手更胜一筹的、能够显露消费者身份的产品，也就成为一个重要课题，因为这直接影响到消费者的购买决策，进而影响到产品销售。

5. 消费者的情感心理　情感是人对外界刺激的心理反应，如喜欢、爱慕、悲伤、恐惧、愤怒、厌恶等。消费者喜欢或厌恶某种产品，都是消费者情感的自然流露。有经验的品牌经营者早已看重这些，他们往往不遗余力地通过广告、公关等手段，挖掘品牌成长的潜力，触动消费者的情感，充分利用消费者的情感心理来提升品牌。例如，某商品长期致力于展示女性的真实美，通过广告中的情感故事，强调每个女性都是独特而美丽的。这些广告引发了消费者的共鸣，许多女性因此更加喜欢该产品，并对品牌产生了强烈的情感认同。

（二）习惯性尺度

消费者对价格的习惯性是指消费者根据自己以往的经验，对某些商品的价格反复感知，从而决定是否购买的习惯性反应。

消费者对商品价格的认识，往往是从多次的购买活动中逐步体验的结果。特别是一些日用消费品，消费者由于长期购买，在大脑中留下了深刻的印象，并形成了习惯价格。在习惯价格的基础上，形成了一种对商品价格上限和下限的概念。如果商品价格高于上限，会令人认为太贵；如果价格低于下限，会令人产生怀疑。只有商品价格处于上限和下限之间，消费者才会乐于接受。如果商品价格恰好为消费者所认同，消费者则会产生最大的依赖感。

消费者的价格习惯心理一旦形成，往往要稳定并维持一段时间，很难轻易改变。当有些商品价格必须变动时，企业一定要认识价格的习惯心理对消费者购买行为的影响，在制定和调整商品价格时，对那些走出消费者习惯性价格范围之外的商品要慎重行事，一定要弄清这类商品的价格在消费者心目中的价格上限和下限的幅度。价格超过了上限，就应该千方百计地让消费者了解其商品的优秀品质；价格低于下限，则要想方设法打破消费者对此类商品是低档货或质量上有问题的顾虑，促使其尽快由不习惯转为习惯，增加购买量。

（三）敏感度因素

敏感性价格心理是指消费者对商品价格变动的反应程度。这种敏感性既有一定的客观标准，又有消费者在长期购买实践中逐步形成的一种心理价格变动的敏感性。一般与消费者日常生活密切相关的商品价格，特别是需求弹性系数较小的商品，消费者的敏感性就高，如食品、蔬菜、肉类等，这类商品的价格略有变动，消费者马上会作出反应；而对一般非生活必需品，特别是需求弹性系数较大的商品，如钢琴、组合音响、高档家具等，即使价格略上调，也不会引起消费者的强烈反应，即消费者对这类商品的价格敏感性较低。敏感性心理随价格变动的习惯性适应程度的提高而降低。

（四）价格倾向心理

价格倾向心理是指消费者在购买商品过程中对商品价格选择所表现出来的倾向性。商品的价格有高、中、低档的区别。消费者在购买商品时，品质因素会成为其判断价格的一条重要标准。一般说来，品质好的商品价值高，价格也会高一些；品质差的商品价值低，价格也就低。由于消费者的社会地位、经济收入、文化水平和价值观念等方面存在较大差异，不同类型的消费者在购买商品时会表现出不同的价格倾向。现阶段，我国消费者的消费心理呈现出多元化特征，既有追求商品款式新颖、功能先进、高档名贵的价格倾向心理，又有讲求经济实惠、价格低廉的低价格倾向心理，还有居于两者之间的要求商品功能适用、价格适中的价格倾向心理。在一些耐用品的购买上，如冰箱、彩电、洗衣机等，消费者多数考虑其质量因素，追求高档次、优质量的产品，一般不计较价格高低，甚至以高价为好。

消费者结合商品的供给和需求状况及未来趋势，会对商品价格趋势作出判断，若认为某种商品或服务将出现供大于求，或认为随着技术的进步，某种技术产品面临着淘汰的可能，则会倾向于以低价购买甚至延迟购买。例如，在电子产品领域，新技术的出现往往会导致旧有产品迅速贬值。消费者预见到这一点，可能会选择等待新技术成熟后再购买，以获得更好的性价比。但当消费者认为某种商品可能会涨价时，则倾向于立即购买或提前购买。例如，在某些情况下，商家会进行限时促销活动，消费者预见到商品即将恢复到原价，可能会选择在促销期间抢购，以避免错过低价购买的机会。

任务三　读懂医药商品定价的心理策略及方法

>>> 情境导入 ///

情境：某创意药房推出价值200元的保健品以80元超低价出售的优惠政策，每日大批消费者进店抢购该保健品。一段时间后药房财务账目不但没有亏损反而显示盈余逐月增加。

思考：1. 该创意药房采用了哪种心理定价策略？

2. 这一事件迎合了消费者的何种心理？

心理定价策略是企业运用心理学原理，针对消费者在购买过程中的心理状态，采用的一种定价策略。针对不同消费者的心理需求，常用的心理定价策略一般包括以下几种形式。

一、高低价策略

1. 高价策略 是新产品、高档产品、名牌产品、高质量产品采用的一种生产和经营的策略。

（1）适合生产单位的生产技术、生产水平、生产能力、经营管理、企业水平、企业信誉的需要，同时也促进了生产技术水平的提高和商品经济的发展。

（2）对消费者的"名、特、奇"心理追求的一种满足，更好地满足了消费者在物质和精神方面的需要。

（3）经营者经营档次、经营范围、经营内容的需要。

随着市场经济的发展，高价策略越来越多地被新商品所使用，如技术性强的商品，一般易用高价策略；名牌商品，一般认为理所当然是高价商品；各种流行时髦的商品，往往以高价来推销；质量与价格差别不大的商品，为了说明自己产品的质量高而以高价位推出，如果说低价是古老经营成功的策略，那么高价策略，是市场经济条件下，开拓型企业的成功经营策略。

2. 低价策略 是商品生产和商品经营的古老价格策略。生产厂家降低成本，节约耗费，提高劳动生产率，通过薄利多销达到盈利的目的。低价策略是一种积极的价格策略。

（1）对商品生产者是一个促进，可以提高其生产效率，以促进社会的进步。

（2）对消费者是最有利的销售方法，任何一个消费者都想尽可能节省自己手中的货币购买所需要的各种商品，价格低廉，可以满足消费者求廉的需求。

（3）对经营者来说，虽然单位商品获利少了，但低价吸引了更多的消费者，扩大了销售额，企业利润还是增加了。

低价策略并不是对任何商品都适用的策略，对一些日常生活用品、普通大众化的商品、购买次数频繁的商品适合于低价策略。因为这些商品消费者经常购买和使用，对商品的价格熟悉且敏感，有的商品便宜几分钱也能引起消费者好感，吸引消费者前来购买。

知识链接

药品的价格体系

药品从生产领域经过流通环节最后进入消费者手中，形成了出厂价、批发价、零售价等价格体系。药品出厂价一般由企业生产成本加上合理的利润构成；药品批发价由批发企业购进成本加上其应得的利润所得；药品零售价由药品批发价格加上零售药店或医疗卫生机构应得的利润构成。

在我国，县及县以上医疗机构销售药品，要严格执行以实际购进价为基础追加不超过15%的加价率作价的规定，中药饮片加价率可适当放宽，但原则上应控制在25%以内，对实际采购价高于500元，最高加价额不得超过75元。县（市、区）政府举办的基层医疗卫生机构配备使用的基本药物实行零差率销售。

二、尾数策略

尾数定价法一般有两种：一种是非整数或称为零数或奇数定价方法；另一种称为整数或偶数定价法。

1. 非整数（奇数）定价法 就是把本可以定为整数的商品的价格改定为低于这个整数的零数价格，而且常常以奇数作为尾数，故又称奇数定价法。非整数（奇数）定价法是典型的心理定价策略。心理学家的研究表明：价格尾数的微小差别，能够明显影响消费者的购买行为。恰当运用非整数定价策略，可以使消费者产生定价准确，认为有尾数的价格是经过认真的成本核算，才产生的价格，对商品价格产生信任的感觉。消费者看到非整数定价的商品，还会产生价格便宜或低廉的心理反应，引起他们的购买欲望。有的消费者对某些非整数字产生合意的心理反应，增强了购物的兴趣。一般来说，需求价格弹性较强的医药商品宜采用这种策略。但是由于价格尾数的存在，也会给计价收款增加许多不便。

2. 整数定价　与上面的非整数定价相反，它是指将可以定为零数的商品价格改定为高于这个零数的整数，而且常常以偶数作为尾数，故称为整数或偶数定价法。整数（偶数）定价法，迎合了消费者按质论价、显示与炫耀的心理。如把价值 1880 元的医疗器械商品定价为 2000 元。一般来说，名、优、特医药商品（如名贵中药材、高档医疗器械等）多采用此种定价策略。

三、折价策略

企业为了调动各类中间商和其他消费者购买商品的积极性，对基本价格酌情实行折扣，以鼓励购买者的积极性，或争取消费者长期购买。折扣定价策略通常有以下几种。

（一）现金折扣

现金折扣是指医药企业对按约定日期提前付款的购买者，给予一定折扣。在分期供货的交易中常采用这种折扣方式，目的在于鼓励消费者提前付款，以加速企业资金周转。现金折扣的大小，一般应比银行存款利息率稍高一些，比贷款利率稍低一些，这样对企业和消费者双方都有好处。例如，某医药商品要求在 30 天内付清货款，若在 10 天内付清，则给予 2% 的价格折扣，若在 20 天内付清，则给予 1% 的价格折扣。

（二）数量折扣

数量折扣指按购买数量的多少，分别给予不同的折扣，购买数量愈多，折扣愈大，以此鼓励大量购买，或集中购买。例如，某医药企业规定的数量折扣条件为购买 100 件以下每件售价 130 元，购买 100 件以上每件售价 125 元。数量折扣实质是将大量购买时所节约费用的一部分返还给购买者。数量折扣通常分为累计折扣和非累计折扣。

1. 累计折扣　是指购买者在一定时期内，购买医药商品达到一定数量或金额时，按总量的大小给予不同的折扣。采用这类折扣，可以鼓励购买者经常向本企业购买，成为可依赖的长期客户。

2. 非累计折扣　是指一次购买医药商品达到一定数量或购买多种医药商品达到一定金额，给予折扣优惠。采用这类折扣，不仅能够鼓励客户大量购买，增加销售量，增加盈利，也能节省销售费用。

总之，数量折扣的目的就是鼓励客户向同一销售者集中购买，而不是向多个销售者分散购买。

（三）业务折扣

业务折扣又称交易折扣，是生产企业根据多类中间商在市场营销中所负担的不同的功能而给予不同的折扣。实质上是生产企业对商业企业在销售其产品时所支付的劳务报酬。如由于中间商承担了本应由生产者负担的运输、储存、宣传等功能，生产企业给予中间商一定的价格折让。这样有利于生产企业与中间商建立融洽的关系。例如某商品的出厂价格为 200 元，对批发商、零售商的折扣率分别为 10% 和 5%，这样，给予批发商和零售商的折扣价格分别为 180 元和 190 元。同时，因批发商承担了企业规定的产品促销的任务，额外给予 10% 的折扣。

我国著名的某饮料企业在我国的饮料行业里起着举足轻重的作用。这不仅因为它有优质的产品、完善的服务，还与它的分销商有很大的联系，它有健全的分销渠道，更注重渠道的管理，激励制度非常完备；按照批发商、零售商在分销中的地位和作用给予相应的折扣率，这样大大激励了中间渠道的能动性和创造性，提高了宣传和销售力度。

（四）季节折扣

经营季节性商品的企业，通过对销售淡季来采购的客户，给予折扣优惠，来鼓励中间商及消费者提早购买，减轻企业的仓储压力，加速资金周转，调节淡旺季之间的销售不均衡。这种定价策略主要适用于季节性较强的商品，包括常年生产季节消费的商品或季节生产常年消费的商品。

四、招徕与组合策略

（一）招徕定价策略

招徕定价（loss leader pricing）又称特价商品定价，是一种有意将少数商品降价以招徕、吸引消费者的定价方式。商品的价格定得低于市场价，一般都能引起消费者的注意，这是适合消费者求廉心理的。

招徕定价是指产品或服务项目的价格不是根据公司的成本利润来定，而是根据目前的市场价格而定，是远远低于市场价格的一个价格。可能这个项目本身利润很低甚至是无利润，但这个项目因为价格低得让人惊奇，所以很多人因此来消费购买。新开业零售店这种情况特别常见，目的就是为了吸引客户，当然店里的其他项目肯定是需要产生利润的。

这是一种有意将商品按低于市场平均价格的价格出售来招徕吸引消费者的定价策略。如商品大减价、大拍卖、清仓处理等，由于价格明显低于市场上其他同类商品，因而消费者盈门。这种策略一般是对部分商品降价，从而带动其他商品的销售。比如一些大型超市将特定的商品以低价出售作为宣传来吸引消费者。

采用招徕定价策略时，需要注意以下几点：①降价的商品应是消费者常用的，最好是适合于每一个家庭使用的物品，否则没有吸引力；②实行招徕定价的商店，其经营的品种要多，以便使消费者有较多的选购机会；③降价商品的降价幅度要大，一般接近成本或者低于成本。只有这样，才能引起消费者的注意和兴趣，才能激起消费者的购买动机；④降价商品的数量要适当，太多亏损太大，太少容易引起消费者的反感；⑤降价商品应与因伤残而削价的商品明显区别开来。

例如某商场，每逢节假日都要举办"一元拍卖活动"，所有拍卖的商品均以 1 元起价，每次报价增加 5 元，直至最后定夺。由于拍卖商品基价定得低，因而最后的成交价比市场价低得多，因此会给人们产生一种"卖得越多，赔得越多的感觉"。殊不知，该商场用的是招徕定价策略，它以低廉的拍卖品活跃商场气氛，增大客流量，带动了整个商场的销售额上升。这里需要说明的是，应用此策略所选的降价商品，必须是消费者都需要，而且市场价为人们所熟知才行。

（二）组合定价策略

对相互关联、相互补充的商品，采取不同的定价策略，以迎合消费者的某些心理，属于心理定价策略之一。对于一些既可单独购买，又可成套购买的商品，实行成套优惠价格，称组合定价。消费者对购买次数较少的商品价格较为敏感，对价值高的商品价格也较为敏感，反之则不太在意。利用这一心理，采取对相关商品中购买次数少、价值相对大的商品价格定得低一些，面对购买次数多，价值相对小的商品价格定得高一些，从而获得整体效益，也称为组合定价。

1. 产品线定价策略　当企业产品需求和成本具有内在关联性时，为了充分发挥这种内在关联性的积极效应，可采用产品线定价策略。在定价时，首先确定某种产品价格为最低价格，它在产品线中充当招徕价格，吸引消费者购买产品线中的其他产品；其次，确定产品线中某种产品的价格为最高价格，它在产品线中充当品牌质量象征和收回投资的角色，产品线中的其他产品也分别依据其在产品线中的角色不同，而制定不同的价格。如果是由多家企业生产经营时，则协商确定互补商品价格，选用互补商品定价策略时，企业应根据市场状况，合理组合互补商品价格，使系列产品有利于销售，以发挥企业多种产品整体组合效应。

2. 分级定价策略　是指企业将系统产品按等级分为几组，形成相对应的几个档次的价格的策略，其目的是便于消费者按组选择、比较，满足不同类型消费者的需求，从而促进销售。如鞋店可将女鞋（不论颜色、大小、款式）分为 200 元、100 元和 50 元。消费者则会了解三种不同档次的鞋。

又如，某大型服装商场女装部共有三层，其中：一层为普装部（各种普通面料、款式、价格较低的女装）；二层为品牌部（各种知名品牌服装，价格较高）；三层为精品女装（国外流行女装，进口面料，特殊材料制作的女装，价格昂贵）。消费者会根据自己的需求预期有目的地选购。这种分级定价策略可以满足不同层次消费者的需求。

3. 单一价格定价　企业销售品种较多而成本差距不大的商品时，为了方便消费者挑选和内部管理的需要，企业所销售的全部产品实行单一的价格。如服装店门前有公告：本店所有时装一律 30 元。又如，在市场风靡一时的"10 元店""2 元店"就是以单一价格定价，店内所有的商品无论颜色、大小、款式、档次价格一样"10 元"或"2 元"。

4. 选择产品定价　选择产品定价就是消费者购买相关商品时，提供多种价格方案以供消费者选择，目的鼓励消费者多买商品。如照相机与胶卷的出售，可以有三种组合方式及其相应的价格供消费者选择：第一种只买相机，每台 700 元；第二种只买胶卷，每卷 50 元；第三种照相机与胶卷一起买，每套 710 元。可见，这种组合方式及其定价是鼓励客户成套购进相关配套商品。

···· 目标检测

答案解析

一、单选题

1. 医药商品客观价格的主要影响因素不包括（　　）

　　A. 成本因素　　　　B. 供需关系　　　　C. 个人经验　　　　D. 市场竞争

2. 某商品长期致力于展示女性的真实美，通过广告中的情感故事，强调每个女性都是独特而美丽的，这些广告引发了消费者的共鸣，该案例显示了消费者的（　　）

　　A. 价值心理　　　　B. 情感心理　　　　C. 习惯心理　　　　D. 身份心理

3. 以下不属于经济能力比拟关键点的是（　　）

　　A. 避免直接涉及敏感话题　　　　　　B. 强调长远价值

　　C. 适度夸大药品功效　　　　　　　　D. 考虑目标受众

4. 采用招徕定价策略时，需要注意（　　）

　　A. 降价的商品不应是消费者常用

　　B. 降价商品的降价幅度不能大

　　C. 降价商品的数量要尽可能多

　　D. 实行招徕定价的商店，经营品种要多

二、简答题

1. 医药商品的价值认知功能主要体现在哪几个方面？
2. 医药商品主观价格的心理成因有哪些？

书网融合······

本章小结　　　　　微课　　　　　习题

项目七　药店购物环境心理

PPT

学习目标

知识目标：通过项目的学习，应能掌握药店选址的原则、药店外部设计的总体要求，熟悉药店选址的程序、药店购物环境的周边对消费者心理的影响、药品陈列的基本原则，了解药店招牌和橱窗设计的注意事项、药店气氛及总体布局对消费者心理的影响。

能力目标：通过项目的学习，具备掌握药店的招牌、橱窗、气氛、总体布局及药品陈列的设计制作能力，通过内外部环境激发消费者的购买欲望。

素质目标：通过项目的学习，树立遵守法律、合法合规的从业意识及创新意识。

任务一　认识药店选址与消费者心理

情境导入

情境：深圳人口庞大，药品需求量大，但药店众多，竞争激烈。李某从事药品销售工作多年，管理、销售经验丰富，准备在深圳开一家药店。调查分析后，初步选定了华侨城的门店，该门店地处高档小区并毗邻风景旅游区，社区居民数量庞大且游客众多，购买力强，但附近已有三家药店。通过调查，李某决定在靠近该小区的中心地段开一家综合性单体药店，采取定制化装修设计，提供送药到家及上门诊断服务，并定制专门的宣传标语。通过良好的口碑、热情周到的服务和鲜明的识别度，李某的药店成功在华侨城站稳了脚跟。

思考：1. 李某为什么选择在华侨城开设药店？

　　　　2. 李某药店的成功说明了药店选址时应注意哪些方面？

药品作为一种特殊的商品，消费者购买和使用药品主要是为了预防、控制和治疗疾病，能否及时获得药品对消费者来说至关重要。药店作为将购进的药品直接销售给消费者的药品经营企业，是药品流通的终端环节，也是必不可少的环节，药店的选址非常重要，不仅直接影响药店的客流量、销售业绩及经营成本，更直接关系着消费者用药需求能否及时得到满足。

一、药店购物环境的选址与消费者心理

（一）药店购物环境的选址及意义

药店选址主要是指药品零售企业对可能开设门店的区域进行调查研究选定最佳的店址，并获取该店址的相关建筑物的所有权或使用权作为该企业的营业场所，从事药品销售活动。好的药店选址活动直接关系着门店的客流量和业绩，是药店经济效益的重要保证，因此药店选址要充分考虑到消费者的消费心理，从满足消费者需求的角度进行药店地址的调查研究和选择。

药店选址还是一项投资活动，门店地址一旦选定，将会进行门店外、内部的各种设计、装修等各种投资成本，而这些成本一旦投入则是不可随意改变的，因此药店购物环境的选址对药店的生存与发

展有着非比寻常的意义。

（二）药店选址的原则

1. 购买便捷原则　购买便捷性是药店选址的重要因素之一，也是吸引消费者购买行为发生的重要因素。药品作为特殊的商品，消费者对药品的需求往往带有及时供应的特点，消费者一旦产生需求，往往会就近购买，希望能够在最短的时间内获得所需的药品。这就要求药店选择应当方便消费者及时到达，最好是适宜的步行就能到达，即使是乘坐公共交通或私家车也能在短时间内到达。因此，药店选址要兼顾交通状况、人口数量、人口密度及客流规律等，以保证消费者能够在最短的时间内在最方便的地方买到需要的药品。只有满足消费者购买便捷心理，药店才能更好地满足消费者的需求，才能获得稳定的消费者群体，创造更多的经济效益。

2. 满足需求原则　药店选址除了满足消费者购买便捷心理外还应满足消费者需求。从市场营销学的角度来说，消费者的需求是药店存在的基本条件。由于消费习惯及消费者个体差异等方面的不同，不同群体的消费者对药品的需求是不一样的，因此药店的选址还要综合考虑药店的主要目标客户群体的特点，深挖目标客户群体的需求，有针对性地提供产品和服务。如在居民区开设药店，主要是满足居民日常用药需求；在旅游区开设药店，主要是为了游客紧急用药需求；在商业区开设药店，主要是为了满足周围上班族和消费群体的应急用药需求等。此外，为了更好满足消费者需求，不同位置的药店营业时间也应该考虑到所在区域消费者的需求，制定灵活的营业时间，以便更好地满足消费者需求。

3. 属性匹配原则　主要是指要分析药品的类型、价格及消费者的消费习惯等，药店选址要与商品类型、价格及消费者属性相匹配。药店归根到底是为消费者服务的，好的地理位置不代表一定能够获得消费者的认可，但拥有与药品类型、消费者属性相匹配的地理位置的药店一定能够得到消费者的认可。如常用生活日用品的店铺往往开设在居民区，而黄金、珠宝等高档商品的店铺往往开设在商业区就是基于此。因此药店选址要充分考虑药品的类型、药品的价位、消费者的消费能力和消费习惯等。一般来说，以常用药品为主的综合性药店一般会在居民区、商业中心等客流量比较大的地区进行选址，专业性比较强的专业化药店则更倾向于在医疗机构附近进行选址。

4. 聚集心理原则　药店选址还要充分考虑是否与周围的其他店铺类型相协调，是否起到互补作用或是否形成鲜明产业特色。如很多商业区往往商家林立，店铺众多，不仅有不同类型的店铺，也会有很多同类型的店铺存在，相互合作，彼此竞争，最终众多商家聚集形成一个规模大、密度高的消费者群体。这种聚集性经营带有明显的马太效应，消费者在从众心理的驱使下往往表现出更强烈的购买兴趣和消费欲望。即使这种聚集的店铺带有同类性特点，也可以形成特色商街，吸引人流，满足消费者到特定商街满足特定需求的心理预期。因此，药店选址还要充分考虑消费者的聚集心理，既要能够吸引消费者还有处理好和竞争者之间的关系，尤其是地理位置的距离关系，只有这样才能在激烈的市场竞争中脱颖而出。

知识链接

马太效应

马太效应由社会学家罗伯特·K·默顿（Robert K. Merton）于 1968 年提出。它描述了一种常见的社会心理现象，即优势往往会产生更多的优势。默顿在回顾诺贝尔奖得主的访谈时发现，在对科学贡献的分配上，荣誉和认可总是倾向于给予那些功成名就的科学家。

马太效应随后被用于概括教育、经济等领域的相关社会现象，即已经处于优势地位的个体会因此而获得更多的优势，而处于劣势地位的个体则会因此变得更加劣势。在市场竞争中，大公司庞大的规模和资源通常使它们能够以比竞争对手更低的单位成本生产或购买商品，并以更低的价格出售产品，必要时甚至可以亏本出售，从而将竞争对手挤出市场，并接管他们的市场份额。

5. 安全心理原则　是指药店选址还要满足消费者安全的心理需求。首先，满足消费者安全心理需求就要求药店选址要符合国家及地方的关于零售药店开设的相关法律法规要求。如《中华人民共和国药品管理法》规定，注册药店等药品零售企业，须经药品监督管理部门批准并发给药品经营许可证，凭药品经营许可证到市场监管部门办理注册登记。无药品经营许可证的，不得经营药品零售业务。其次，药店所处的环境也应该是安全、卫生的，能够保证药品的质量安全等。这就要求药店选址过程中要注重对周边环境的考察，如周围是否有污染源、是否便于消防等。消费者只有在足够安全的环境中才能够提高消费体验，提高忠诚度。

（三）药店选址的程序

药店选址对药店的成功运营至关重要。好的地理位置可以更好地满足消费者需求，吸引更多的消费者，在激烈的市场竞争中脱颖而出，还能有利于促进自身长期的良性发展。一般来说，药店选址的程序包括以下几个方面。

1. 选取目标区域　在确定选址前，首先要选取区域，这是药店选址的前提条件也是药店经营成败的关键所在。在选取目标区域中，一般先要对目标城市或地区的经济发展状况及发展趋势进行调查分析，了解该城市或该区域的基本情况；然后根据该城市或地区经济格局、发展趋势及消费者群体分布情况，寻找开设门店的潜在区域，潜在区域既要符合该城市或地区经济发展战略，又要符合本企业发展战略，为日后良好的经营打下基础。

2. 调查分析目标区域的市场环境　选取目标区域后，要对该目标区域的市场环境进行调查分析。一是要对目标市场进行调查分析，包括消费者数量、消费水平、人口分布等基本情况，通过了解目标市场的基本情况才能更有针对性地选择合适的具体门店位置；二是要对竞争环境进行分析，包括竞争的数量、地理位置、规模、服务水平、产品价格等，通过环境分析为后续制定竞争策略提供依据；三是要调查所选区域的商圈发展状况，如商圈繁荣程度、商业结构、客流量的大小、潜在客户的多少等；四是要调查该目标区域的交通便捷性及相关设施的配套情况，药店选址的便捷程度将直接影响该药店的经营状况，通过消费者购买里程数、公共交通设施及与之相配套的各种商业服务功能情况为后续明确具体店址提供参考。同时还要对该区域的租金成本进行调查，权衡各具体位置的租金成本与潜在的收益，为降低经营成本做好准备工作。

3. 选取最佳店址形成开店报告　根据以上对目标区域的各个方面的调查分析，根据本企业的资源、经营现状和发展战略确定最佳的药店店址。一般来说，最佳药店店址的选择需要考虑以下影响因素：本企业所拥有的资源、市场规模及市场潜力、竞争者状态、投资成本、未来盈利能力或潜力、投资回报率等。在充分比较分析以上影响因素的基础上确定最佳的药店店址，并陈述理由形成开店报告，提交相关部门或领导审批。

4. 制定具体的实施方案开设门店　确定最佳药店店址后，在上级单位批准后，就要制定具体的实施方案，开设门店。首先，要按照该区域的药品销售的相关法律法规获得药品经营许可证、医疗器械经营许可证、营业执照、税务登记证、卫生许可证、健康证、GSP认证等相关营业许可，确保药店能够合法合规经营；其次，获取房屋所有权或使用权，完成房租购买或租赁等工作，按照法律规定签订相关协议；然后，制定营销策略，根据目标市场消费者特点制定有针对性的营销策略，包括价格策略、促销策略、品牌宣传等，提高药店的知名度；最后，完成门店装修，进行人员和设施设备的配置，并完成货源采购，开店营业。要根据企业经营理念和目标市场特点进行门店装修，按照法律法规的规定进行人员配置和设施设备的配置，及时采购货源，完成配送，早日营业。

5. 后期评估和调整　在药店新门店开业后，还要及时对该门店的运营情况进行评估。根据实际运营过程中出现的问题进行及时的调整，提高服务能力和水平，更好地满足消费者需求，提升门店竞争力，包括调整经营策略、优化产品结构、加强客户服务等。

药店选址需要考虑多个方面的因素，包括相关法律法规规定、消费者情况、竞争者情况、企业资源、投资成本等，但药店选址主要要适应消费者的心理，只有满足消费者需求的选址才能确保药店的长期稳定运营和盈利能力。

二、药店购物环境的周边与消费者心理

消费者的消费行为通常是在一定的环境中进行的，除了药店自身的内部环境外，药店购物环境的周边对消费者的心理也会产生重要的影响。如药店周边的商业分布情况、交通状况及其他基础设施配套情况、竞争环境等不仅影响着消费者对购物环境的辨认，更影响着消费者的购物体验和购买兴趣。

1. 购物环境周边的商圈气氛　商圈也称交易区域、商势圈，是指以药店门店为中心，沿着一定的方向和距离扩展，吸引消费者的辐射范围，简单地说，就是来药店购物的消费者所居住的区域范围。无论药店的大小，它们的销售范围总是有一定的地理范围的，这个地理范围就是以该药店为中心，向四周辐射至可能来店消费的消费者所居的地点。周边的商圈氛围对消费者有很大的影响。一般来说，规模大、人流量密集的商圈更容易吸引消费者参与其中，进行各种消费行为。因为大多数消费者受到从众心理的影响，总会认为人越多的地方商品质量或服务水平越好，购买兴趣越高。不同业种的商业分布还可以相互协调，起到互补作用，提高商圈的吸引力。即使是同类型商家聚集在一起也会形成鲜明产业分布起到招徕消费者的作用。因此，人口密集、商家聚集的地域是药店选址的理想区域。

▌知识链接▐

商圈构成

商圈由核心商业圈、次级商业圈和边缘商业圈构成。核心商业圈是离商店最近，消费者密度最高的地方，占商店消费者的50%~80%。次级商圈是指位于核心商圈外围的商圈，辐射半径范围一般在3千~5千米，次级商圈内15%~25%的消费将在本商业区内实现，即商业物业将能吸引次级商圈全部日常生活消费总量的15%~25%。本商圈内消费者较为分散。边缘商业圈是指处于商圈的最外缘，辐射商圈内会有5%~10%的消费在本商业区内实现。商圈内拥有的消费者最少，而且最为分散。任何一家店铺都有自己特定的商圈，商圈的范围及形状通常根据店铺内外环境因素的变化而变化，为了便于分析，通常会将商圈视为同心圆形，按层次的不同进行分类，具体如下。

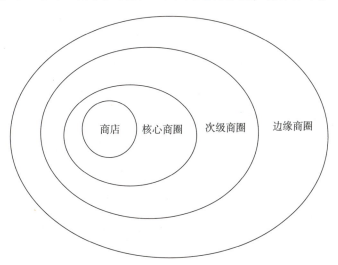

2. 购物环境周边的基础设施配套情况 药店选址首先就要遵从消费者购买便捷性心理原则。对于消费者来说，交通比较便捷、进出道路比较顺畅、路程相对不远或商品运输比较安全省时的地方购物体验感更高，更愿意前往消费。除了交通状况外，建设有与目标群体相配套的其他基础设施、综合服务体系也能容易吸引消费者的到来。如随着人们生活水平的提高，家用小汽车的普及，很多消费者会把停车位是否安全方便作为选择店铺的重要指标；而很多宝妈宝爸也会把是否有配套的儿童乐园或儿童临时托管中心作为选择的重要指标等。因此药店周边便捷的交通、完善的基础设施的配套情况在很大程度上都会增强消费者的购物愉悦感和吸引力。

3. 购物环境周边的竞争环境 在一定的区域内，往往存在多家同类竞争者。这些竞争者既能形成鲜明的产业分布和聚集效应，吸引更多的消费者来此消费；同时彼此之间又存在相互竞争的关系，对各个商家的产品质量、服务水平等各个方面提出了更高的要求。一般来说，这种竞争通常具体表现在产品种类、数量、质量、销售额、服务水平、服务对象、经营理念等各个方面，对于消费者来说，可选择性更多，服务更优质、产品质量更高、店内环境更舒适的店铺更具有吸引力，消费者的购买兴趣和热情更高，反之，消费者则会转向其他同类竞争者。因此，药店选址还要充分考虑选取区域的竞争环境。

任务二　进行药店外部形象设计与消费者心理

情境导入

情境：王某在乡镇上经营了一家小型药店，由于诚信经营、质量过硬、服务态度好，业绩一直不错，但随着大环境的变化，药店经营环境无新意、设备老旧、消费者流失等情况出现，药店业绩出现下滑。王某分析后，选择了与某知名医药连锁公司达成加盟合作。该公司设计团队重新设计门店装修，门店在升级后焕然一新，新装的霓虹灯欢快明亮，招牌设计大胆醒目，尤其是知名连锁公司的主题色明确，公司标识醒目；橱窗造型新颖别致、吸引人眼球，产品展示效果凸显。升级一年后，王某药店的经营状况出现了明显的好转，不仅老消费者回归，还吸引来新的消费者。

思考：1. 为什么王某药店升级后经营业绩出现好转？

　　　　2. 药店的外部设计对消费者购买心理产生哪些影响？

良好的销售环境有助于提高消费者的购物体验，根据消费者的心理特点，设计良好的销售环境也是医药营销心理学研究的重要内容。根据产生作用的不同，药店销售环境的设计可以分为外部设计和内部设计。

一、药店外部设计的总体要求

药店的外部设计通常包括建筑外观设计、门店设计、招牌设计、橱窗的造型等，这些组合设计构成了药店门店的整体形象和特色，也形成了与其他药店区别的主要标识之一。良好的外部设计是消费者最先注意到的地方，也是吸引消费者光顾的关键所在。对于企业来说，外观设计应当突出主体，体现出企业的鲜明特色，与周围环境协调一致，能引起消费者的注意，表明这是一家药店的同时也要给消费者留下深刻的好印象；对于消费者来说，好的外部设计不仅让人在众多店铺中眼前一亮，带有鲜明的识别度还应该符合大众的审美，让消费者感到亲切自然，不会带有距离感和抵触感，能激起消费者浏览及购买的兴趣或欲望。药店外部设计的总体要求大概可以分为以下几个方面。

（一）满足购物需求

药店外部设计的主要目的是为了吸引消费者的注意力，激发消费者浏览及购物的兴趣，因此不论是药店的建筑外观设计、店门设计、招牌设计还是橱窗设计等都应当能够在众多的店铺中牢牢抓住消费者的视线，让消费者一眼就能识别出药店的主题内容和行业特色，激发消费者进去浏览、购物的兴趣，满足消费者的需求。因此绝大多数药房通常会在店门、招牌、橱窗等显眼位置表明药店的医药属性或广为人知的药品信息，提示消费者关注，让消费者产生该店是"正规药房""大药房"等积极的心理认知，一旦有购买药品的需求能在第一时间进入药店进行购药，满足消费者需求。

（二）布局整体协调

通常药店在某一区域内不是孤零零的存在，而是和周围其他商业业种互为邻居、相互搭配组合，因此药店外部设计还要注重与其周围的其他商品类型相适应，整体设计要明朗协调。一方面，药店外部设计的整体风格或造型等要与周围大商圈的商业布局相适应，与其他店铺保持一致性，符合商圈的设计"大流"，不突兀、不影响商圈整体设计的协调性和美观；另一方面，药店的外部设计在符合商圈整体风格一致的情况下，又要主题鲜明，带有行业标识度。如商业中心区的大多数的药店通常会采取"大店门""大招牌""大橱窗"等设计原则，契合商业区高档、大气、上档次等整体形象，让消费者对该店产生较高的定位认知；而临近医院或居民区的药店在店门、招牌等设计则整体偏重于专业性、正规性或惠民性等设计原则，与周围的医院、居民区相得益彰。

（三）彰显企业文化

企业文化是企业内在精神的体现，包含企业在一定的社会条件下，在生产经营活动和管理活动中所创造并形成的具有该企业特色的精神财富和物质形态。它包括企业愿景、文化观念、文化理念、价值观念、道德规范和行为准则等各个方面，其中物质文化既是企业文化的具化也是精神文化的载体。药店的外观设计总体上要符合企业文化要求，既要带有企业鲜明特色，带有企业的标识度，更要通过各种造型、颜色、图案、符号等物质设计展示企业文化，提高消费者对企业的辨识度、认知度和忠诚度。

（四）符合美学要求

好的设计本身就具有很高的艺术价值。药店外部设计的总体要求还要符合美学的要求。建筑是一种艺术，也是物质和精神的统一。如很多老字号药店建筑外观的设计通常采取传统中式建筑风格，体现民族传统建筑之美，又给消费者留下历史悠久、传承丰厚的心理感受；而有的综合性药房则更加倾向于现代化建筑风格，将简洁大方、信息化、现代化气派彰显的淋漓尽致，给消费者留下先进、智能的心理感受。由此可见，药店的外部设计不仅仅要满足消费者购物的需要，更要具有形态美，吸引消费者注意力，促进消费者审美情趣的提升，让消费者在各种外部设计的美感中产生美的享受、美的愉悦，由此吸引更多的消费者，营造良好的购物环境和舒适度。

二、药店招牌的设计与消费者心理

招牌是指挂在药店门前作为标志的牌子，主要用来标明药店的名称和符号，可称为店标。常见的有竖招、横招或是在药店门前牌坊上横题字号，或在屋檐下悬置巨匾，或将字横向镶于建筑物上。简而言之，招牌就是药店的牌号和名称的艺术制品，是消费者寻找和识别药店的标记。消费者在众多的店铺中首先浏览到的就是各个店铺的各式各样的招牌，这些各具风格的招牌也渲染了商圈的商业氛围，调动了消费者的消费兴趣。

（一）药店招牌的心理作用

药店招牌是药店整体设计的重要组成部分，招牌往往蕴含丰富的含义，是营造药店品牌形象的重要途径和关键元素，对消费者识别、记忆、引导、传达药店相关信息具有重要的作用。

1. 识别和记忆作用 药店的招牌主要是用来指示药店的名称和标志，能够反映店铺的经营特色和，引起消费者的兴趣并加深记忆的作用。药店的招牌能够让消费者在众多的招牌中快速识别出药店的类型、属性等基本信息，能够让消费者在视野内顺利看到并识别。许多药店通过特定的标志、色彩、文字等让消费者认识、了解其店铺，并给消费者留下深刻的印象。一个设计独特、醒目别致的招牌往往有助于消费者识别和记忆该药店。

2. 引导和指示作用 对于寻找购买目标或逛街的消费者来说，在繁华的商业中心，最先吸引他们注意力的往往是那些大大小小、形形色色的招牌。招牌作为企业的标识，可以有效地吸引消费者的眼球，引导消费者在繁华的商业区快速找到药店的位置，提供方向指示。尤其是在复杂的商业环境、密集的居民区内或路况不熟悉的区域内，醒目、明确的招牌不仅能够引导消费者更容易找到药店，还能够增加消费者对药店的注意和兴趣，产生好奇心，提高进入店铺的可能性。

3. 传达信息作用 药店的招牌往往是由企业标志、象征物、字体和装饰图案等组成，既承载了企业的经营理念、服务价值、精神价值等，又能体现出行业特色和相关产品信息等。消费者可以通过招牌及时了解药店的品牌产品、服务内容、产品价格等，进而可以了解药店的特色和优势，激发消费者购买兴趣，作出购买决策。尤其是很多药店都会通过招牌传递各种商品促销信息，更容易刺激消费者购买欲望。

4. 营造氛围作用 绚丽多彩、风格各异的招牌不仅能够传递药店的相关基本信息，还能够通过设计风格、色调、图案、造型等各种设计元素的巧妙利用，营造出不同的氛围，满足消费者不同的情感需求。如儿童节打造活泼生动的童趣氛围，春节打造喜乐团圆的温馨氛围等，不仅有助于促销商品销售，还有助于提高消费者沟通体验和药店的形象。

5. 宣传推广作用 药店招牌本身也是一种有效的广告形式，它通过具有高度概括性和强烈吸引力的文字、图案或色彩等进行产品信息和药店的宣传和推广。一方面，招牌可以通过精美的设计向消费者传递企业的价值观和优势，树立企业的良好形象，扩大传播范围，提高品牌知名度和影响力；另一方面，很多药店也通过定期更换招牌宣传语、优惠信息等方式，及时向消费者进行产品推广，吸引更多消费者进店消费。

（二）药店招牌设计的注意事项

招牌可读可看，具有良好的传达性，药店招牌是药店品牌形象、商品信息和消费者体验的重要载体，它的设计应该充分考虑消费者的需求和喜好，并符合医药行业特色、药店的品牌定位及服务特色。招牌设计的内容和形式很多，一般都要注意以下几点。

1. 目的明确 招牌设计的目的最主要在于吸引消费者的注意力，激发购买兴趣。不论招牌的材质是什么、造型是什么、内容是什么……首先就要明确药店的经营范围、品牌定位及目标消费者群体特点，有针对性进行设计，以便提高药店的知名度、调动消费者购买兴趣，提高销量。通常为了实现预期效果，药店的招牌设计应该突出且主题鲜明，具有吸引力，在一定程度上能够代表该药店的形象，能吸引消费者进入。

2. 风格统一 药店招牌的设计风格不仅应当与企业的经营理念和形象相统一，还应当与药店内部的装修风格相统一，保持整体协调性。药店的招牌要与药店的经营理念及品牌定位相吻合，还应当与其目标消费者的消费能力相匹配。对于连锁药店来说，药店招牌的设计风格还应当符合连锁药店统一标识的相关规定。此外，药店的招牌设计还应当与其所在的外部商业环境相协调，避免过于突兀或不搭配的情况出现。

3. 重点突出　药店招牌涉及的内容很多，如文字、色彩、图案、造型等。但招牌的设计整体上要重点突出，在内容表达上要做到简洁明了，避免繁琐的设计，尽量将信息精简到最基本的信息，如药店的名称、药品名称、品牌标识、优惠信息等，使消费者能够快速了解到药店的经营范围、经营特点及优惠信息。尤其是需要重点推广的信息更应当放在醒目的位置，以便消费者能够快速注意到。由此可见，简单扼要的招牌不仅能够便于消费者记忆，还能达到有效的交流目的。此外在重点突出的同时还要注重整体的美感和视觉效果。

4. 色彩搭配　是药店招牌设计中的重要元素之一。它既能直接影响药店的形象和品牌认知度，还会对消费者的消费心理产生影响。一般来说，消费者在对招牌识别的过程中，往往是先识别色彩，再识别文字、标记等其他内容。如果招牌的色彩搭配别致新颖，就会对消费者产生很强的吸引力，激发消费者进店浏览和购买的兴趣。好的色彩还能增强消费者的认知度和认同感，有助于企业形象的塑造。通常温馨明亮、醒目突出或绚丽多彩的色彩搭配更能制造热闹和欢快的气氛，更能吸引消费者。

知识链接

不同色彩的心理影响

不同颜色会使人产生不同的情绪，从而引发心境的变化。一般情况下，红色表示快乐、热情，它使人情绪热烈、饱满，激发爱的情感。黄色表示快乐、明亮，使人兴高采烈，充满喜悦之情。绿色表示和平，使人的心里有安定、恬静、温和之感。蓝色给人以安静、凉爽、舒适之感，使人心胸开朗。灰色使人感到郁闷、空虚。黑色使人感到庄严、沮丧和悲哀。白色使人有素雅、纯洁、轻快之感。总之，不同颜色会给人的情绪带来不同的影响，使人的心理活动发生变化。颜色不但可以影响人的情绪，而且还对人的健康产生影响。

5. 布局合理　招牌的布局排版也是招牌设计中非常重要的事项。招牌布局排版是否合理直接决定着整个设计的效果和吸引力。在招牌布局排版时要根据各个设计元素的大小、职位和排序方式进行合理规划，使招牌整体设计整洁美观并富有层次感。如招牌中字体的种类、大小、数量及排放位置的选址等都应当根据药店的经营特点、品牌定位及招牌形式设计的位置等各个方面进行确定，并要考虑字体的辨识度和易读性。

总体而言，招牌的设计代表着药店的形象，招牌设计应注重造型美观醒目、做工精良、字体清晰易懂、色彩搭配合理、信息明确清楚等。

（三）药店招牌设计的策略

招牌主要是标记店铺的名称和标识，在某种程度上属于店铺的品牌标识，品牌的设计应当结合消费者的心理需求进行设计。常用的招牌设计策略有以下几个方面。

1. 以药店的经营特色或主营商品属性相联系进行设计　药店招牌的设计可以围绕药店的经营特色或主营商品属性进行设计，以此凸显药店的经营范围、经营方向及经营宗旨，主营商品类别、属性及适用群体等，将其与同类药店区别开来，提高消费者辨识度和认知度，如很多中药店的标识中带有"堂"字或"药葫芦"图样。

2. 以企业的优秀文化或美好期许相联系进行设计　招牌设计的主要目的就是为了提高消费者的认知度和购买力，向消费者传递企业的文化理念或美好期许。在进行招牌设计时可以将企业的优秀文化或美好的祝愿形象展示出来，告知消费者，加强消费者的认同和好感，进而提高销售业绩。

3. 以历史名人或名胜古迹相联系进行设计　为了提高品牌辨识度，给消费者留下深刻的印象。药品招牌的设计还可以用历史名人或本地的名胜古迹等相联系进行设计。依托于历史名人或名胜古迹强化消费者的记忆，标明本店铺的高档次等，唤醒消费者注意，激发消费者购买兴趣。

4. 以目标群体相联系进行设计 药店的招牌设计还可以结合目标消费者群体的特点或需求进行设计。如很多药店针对消费者"求廉""求实惠"的心理，将各种打折促销等相关信息放在招牌的最显著，吸引消费者第一时间的关注，招揽消费者进店消费。

5. 以业内领导者或竞争者相联系进行设计 有些规模或实力较小的药店为了提高知名度，吸引消费者，在进行招牌设计时会模仿业内领导者或行业佼佼者的设计风格、设计理念等，以此吸引消费者的注意力。此外，还可以根据竞争者的招牌设计有针对性采取或跟随或规避的设计。但这种以业内领导者相联系进行的模仿设计需要注意遵守相应法律法规的规定。

药店招牌的设计不是随意的，而是在明确目标，确定招牌的用途之后，对受众、竞争对手及其他市场环境进行调查分析后有针对性进行的设计。不论采取哪种设计策略都应当符合药店的品牌定位和经营风格，保持药店的整体协调性。

三、药店橱窗的设计与消费者心理

橱窗是药店外部设计的重要组成部分，外形类似窗户，是药店用来展示商品，向消费者传递商品信息的窗口。橱窗展示已经成为当前药店重要的营销手段之一，好的橱窗设计能够直观向消费者展示商品的特色及优点，能最大限度调动消费者的视觉神经，起到指导和示范的作用，从而激发消费者的购买兴趣。

（一）药店橱窗设计的心理作用

药店橱窗是药店展示商品的重要窗口，在吸引消费者注意，促进药品销售中起着重要的作用。了解药店橱窗的设计对消费者产生的心理作用，也是医药营销心理学研究的重要内容之一。

1. 吸引注意 药店通过橱窗展示药品，吸引消费者的注意力，让消费者对商品产生兴趣。并通过精心设计的造型和摆放，能够将商品的优点和特性进行最大限度展示，让消费者一目了然地看到展示的药品信息，帮助消费者更好地了解和认识药品的种类、功效、价格等，提高消费者进店率和购买兴趣，有助于消费者作出购买决策。

2. 品牌宣传 橱窗是消费者对药店的"第一眼"，橱窗可以更好地展示药店的品牌形象和服务特色，通过橱窗中的宣传海报、广告标语、企业标识等，可以将药店的品牌内涵、价值理念、经营特色和优势全方位展示出来，给消费者传递出药店"正规、专业、诚信、技术高超"等品牌形象，增强消费者的认知，提高品牌知名度，提高消费者对药店的认同感和忠诚度。

3. 促进销售 有效的橱窗设计能够科学搭配、合理布局和精巧的陈列，将药品进行分类、组合和展示，充分展示药品的优越性和特色，尤其是橱窗设计中灯光、道具、布景等元素的巧妙应用，打造出"诱人"的购物氛围，吸引消费者的注意力，激发消费者购买欲望，促进药品销售，其无声的导购语言，含蓄的购买方式，也是店铺中其他营销手段无法替代的。但橱窗的设计要符合药店目标消费者群体的特点和喜好。

4. 艺术展现 橱窗设计不仅是一种广告宣传方式也是一种艺术的表现形式。精巧的橱窗设计基本符合美学的原则。通过巧妙的设计和创意的展示，展现出与众不同的美感与艺术价值，能够在短短的几秒钟内吸引消费者的目光，给人以更强的说服力和真实感。尤其是当橱窗设计与药店独特的文化理念、当地的风土人情、风俗习惯等相结合时，更能满足消费者对美和艺术的追求，得到消费者的认可和肯定。

（二）药店橱窗设计的注意事项

消费者在进入药店之前，都要有意或无意地浏览橱窗，因此橱窗的设计对于消费者的购买兴趣的调动是非常重要的。要做好橱窗设计就认真研究消费者的心理，做好以下几个方面。

1. 突出重点引发注意 药店橱窗的设计归根到底是为了激发消费者的购买欲望，实现商品销售，因此药店橱窗的设计首先要突出主推的商品。虽然橱窗的设计过程中会涉及灯光、装饰物、造型等各种设计元素，但商品才是橱窗的重点，不能喧宾夺主。同样进入橱窗展示的商品要精心挑选，把最能体现药店特色、式样新颖、性能卓越、时尚流行或独一无二的商品的特点尤其是优越性充分展示出来，引发消费者的助力，激发消费者的购买欲望。

2. 精巧设计以美动人 橱窗的设计除了要突出推介的主体商品外，还应注重对橱窗灯光、造型、装饰物的巧妙应用，能够诱发消费者美的追求和享受，即让消费者在充分了解和认知商品的基础上有舒适感及美感，让消费者保持一个比较愉悦的情绪状态，提高消费者购物体验。好的橱窗设计既可以充分介绍商品，调动消费欲望，促进商品销售，又能够成为药店的"亮点"，成为吸引过往行人的艺术佳作。而消费者在美的体验中也会加深对商品及药店的印象，提高其忠诚度。

3. 寓意渲染启发联想 橱窗设计可以通过艺术的表现手法对展示的商品进行渲染，并以特定的形态、场景、情态等启发消费者的种种联想，产生某种情感或心灵上的共鸣，让展示商品的种种特性更加鲜明和突出。这种联想会刺激消费者假设自身在使用该商品后的效果及状态，进而激发购买欲望，促进商品销售。

（三）药店橱窗设计的心理策略

药店橱窗的设计要适应消费者的心理需求，获得消费者的认可和喜爱，激发消费者的购买欲望。常见的药店橱窗设计的策略主要有以下几个方面。

1. 适应消费者的选购需求 了解橱窗设计的目标受众是设计成功的关键所在。通过市场调研和消费者群体分析，了解消费者的购买偏好、需求差异等，有针对性地精选有代表性、能吸引消费者注意、能提升品牌形象的商品，适应消费者的购物需求。一般来说，药店橱窗陈列的商品通常都是特色产品、流行产品、最新产品或应季、应节的商品，能够充分调动消费者的购买兴趣。

2. 迎合消费者美的享受 创新的橱窗设计有助于吸引消费者的目光，满足了消费者对美的追求和享受。橱窗设计要想出彩也必须创新，可以通过多种艺术表现手法、不同的展示布局、有趣的展示道具等将商品的特点、形象及气质更鲜明地表现出来。具有强烈美感和艺术感染力的橱窗设计不仅可以更好地展示商品，激发消费者购买欲望，还能美化药店，装点市容，提高药店的知名度和层次。

3. 满足消费者情感需要 现代消费者对产品的需求已不再仅仅停留在核心产品的满足，对产品的其他层次的需求表现得更加明显。在进行橱窗设计的过程中可以把产品的使用过程及使用结果全动态呈现出来，通过互动式的展示方式，打破传统橱窗展示的局限，打造"完整的""沉浸式""体验式"的橱窗展示方式，通过氛围渲染让消费者在体验过程中充分启发丰富的联想，联想到种种美好愉悦的情景，满足消费者情感需要。

任务三 完成药店内部设计与消费者心理 📱微课

情境导入

情境： 某药店地处高校云集的大学城，大学生是主要消费群，为吸引大学生，药店大胆地以主色调——橙色作为门店主色系，与纯白色的天花板、墙体形成撞色，成为该品牌的专属颜色形象。改变传统处方封闭柜台靠墙式设计，做成中岛环绕设计，利用时尚货架打造玻璃门柜，形成封闭安全的处方区。非处方药设计出橙色底色的螺旋式展示柜，利用暖光灯柱，打造出温馨的氛围和高档的质感，在店铺角落还设计了休闲区，提供免费茶水，可充电、看书、休息等。该店一开业就成了周边各大高校学生的打卡地，实现了颇丰的销售业绩。

思考：1. 该药店为什么能成为周边学校学生的网红打卡地？

2. 该药店揭示了内部设计对消费者心理产生的哪些影响？

药店已成为人们生活中必不可少的消费场所。不仅药店外部设计会影响消费者的消费行为，药店内部设计同样也会对消费者的消费行为产生影响。药店内部环境主要是指药店的总体布局、内部设施设备、灯光、装饰物、药品和货架的陈列等各方面的综合体现。好的药店内部设计应当尽可能为消费者消费行为提供便利的条件，使消费者保持满意、愉悦的购物体验，甚至在一定程度上刺激消费者的购买欲望，提高消费者的忠诚度。

一、药店气氛、总体布局与消费者心理

药店的气氛、总体布局等内部购物环境会对消费者的购买行为会产生极大的影响。好的购物气氛、合理的总体布局可以使消费者宾至如归，感到身心愉悦、悠闲自如，增强购物意愿和行为，提高购物体验；反之则会让消费者产生烦躁、厌倦甚至抵触的情绪，急于离开，影响购物意愿和行动。因此药店内部设计要注重对购物气氛的打造和总体布局的设计。

（一）药店气氛、总体布局的作用

优秀的气氛和科学的布局不仅能够烘托药店的氛围，吸引消费者进入门店，便于消费者浏览和选购商品，还会拉近买卖双方的距离，让消费者身临其境、身心愉悦，在欢快祥和的气氛中和舒适方便的布局中全身心选购商品，促进商品销售。

1. 营造舒适环境 药店通过舒适温馨的购物氛围，明亮便捷的空间布局营造一个舒适的购物环境，清新的空气、明亮的照明、柔和的色彩搭配、舒适的桌椅等，不仅在一定程度上能够吸引消费者进店，激发消费者的购买兴趣和购物体验，在一定程度上还能缓解患者及其家属紧张焦虑的情绪，放松身心。消费者能够购买到所需的商品，满足需求。同时药店举办的各种不同的促销活动、节日庆典等氛围的打造也有助于吸引消费者的关注，提高产品销量。

2. 增强品牌形象 药店的气氛、总体布局也是药店品牌形象塑造和宣传的重要方式。尤其是对于连锁药店来说，统一的品牌标识、标志性的色彩搭配及装修风格等可以强化消费者对品牌的认知，提升品牌价值和药店知名度。同时药店的气氛设计和总体布局应当体现出医药行业的特色，彰显药店的专业性和可信度，进而提高消费者对药店的信任度。

3. 引领社会好风气 药店的气氛打造和总体布局还应当严格遵守相关法律法规的各项规定，如明确的商品标识、有序的货架摆放、顺畅的通道、合理的通风系统、干净整洁的卫生状况及防火等相关设施设备等，不仅要做好药品的储存与养护，履行药品安全质量保管义务，还应当厉行节约、绿色环保，尊重社会民风民俗，引领社会风气，彰显社会价值。

（二）药店气氛、总体布局的原则

药店的气氛、总体布局的设计总体上来说是舒适便捷的。不管是单体药店还是连锁药店，如果没有好的气氛及总体布局，不仅会降低消费者的购物体验，更会影响药店的生存与发展。因此药店气氛、总体布局的设计要得到每一位经营者的重视，而好的气氛、总体布局需要做好以下几个方面。

1. 合法性原则 药店的气氛、总体布局的设计都要符合医药行业相关法律法规的各项规定，注重药店营业过程中销售安全与购买安全，保证消费者在购买过程中人身安全及财产安全得到保证。如

根据 GSP 的相关规定，在进行总体布局时注重营业场所和仓储面积的合理分配；按照相关规定配置相关防火等设施设备等。只有为消费者营造一个安全的购物环境，保护消费者的合法权益才能持续对消费者购买行为产生积极影响。

2. 便捷性原则　药店的气氛、总体布局的设计要以药店建筑物结构为基础，对各个区域的布局进行适宜、清晰的规划，尽可能充分考虑消费者的需求，方便消费者选购商品。如在设计时应当考虑如何使消费者能够尽快购买到所需要的商品，可以将需求多、认可度高、价格低的商品布局在药店入口周边，让目的性强的消费者尽快结束购物，提高时间效率；将精细名贵或隐私性强的商品布局在药店深处，方便消费者细细选购。

3. 特色性原则　特色化经营和服务是药店经营成功的法宝之一。药店气氛、总体布局设计中还要注重突出药店经营特色和对消费者的优质服务。当前各综合性药店提供的药品同质化现象越来越明显，要想在激烈的市场竞争中取胜，就必须注重对经营特色或服务上的打造，形成独具特色的气氛打造、装饰布局和经营特色。如将本店专营商品或最新产品布局在药店最显眼的位置，在色彩搭配或广告宣传设计上新颖别致，突出本店特色，吸引消费者的停留时间和选购时间。

4. 艺术性原则　消费者的个性心理倾向性及购买能力的不同决定了不同消费群体的消费者的心理需求是不同的，对药店气氛、总体布局的设计也提出了多层次的要求，但不论是哪个群体的消费者对艺术的追求、对美的享受都是共同的。过于单调简陋的购物环境会影响部分高收入消费者群体的购物体验，但过度奢华的装修风格也会给部分低收入消费者群体带来消费压力。因此，药店气氛、总体布局的设计要以舒适温馨为主，既要时尚高雅又要兼具大众化审美协调一致。

5. 灵活性原则　药店气氛、总体布局的设计还要注重灵活性原则，要因时而异、因人而异、因地而异。药店气氛、总体布局的设计最主要的目的就是为了吸引消费者，激发消费者购买兴趣，不同地域、不同社会文化背景及不同时节影响下的消费者群体的需求都有可能发生变化。药店的布局要紧跟消费者心理需求的变化，及时进行调整，保持消费者的新鲜感和新奇性。同时设计还应当考虑药店未来的发展需求，预留相应的空间，以应对未来消费新变化的出现。

（三）药店气氛、总体布局的策略

药店气氛、总体布局涉及的内容很多。

1. 药店内部照明设计　药店内部照明直接影响消费者的视觉效果，药店要善于用不同的照明设计来吸引消费者注意力，凸显商品特色及优势，激发消费者的购买欲望。药店内部的照明通常可以分为基本照明、重点照明和装饰照明，不同类型的照明对消费者的消费心理起到不同的作用。

（1）基本照明　通常是以安装在天花板上日光灯为主，主要是为药店的营业场所提供照明条件。这种照明通常是模拟自然光为主，光色比较柔和，且安装的方向一般也是与货架走向保持一致。

（2）重点照明　也称商品照明，主要是为了突出商品的特色或优点，吸引消费者重点关注商品而设计的照明，常见的诸如聚光灯、探照灯等都属于此类，这类照明一般亮度明亮或能凸显商品特性。

（3）装饰照明　主要是为烘托药店气氛或渲染某一情景而设计的，这种照明能够增强药店的装修效果或强调某一重点销售区域。常见的诸如霓虹灯、挂灯、彩灯等都属于装饰照明。

此外，药店的气氛、总体布局的设计中还要注重对自然采光的应用。因为自然采光才是自然界最自然、柔和、明亮的采光，是最理想的光源。

2. 药店音响设计　药店的音响主要包括药店内播放的背景音乐、促销信息的声音或交易的提示语、语音播报等。首先，日常生活中，药店内部音响设计的背景音乐的声音不用太大，适度的背景音乐可以调节消费者的情绪、活跃购物气氛，缓解消费者紧张的情绪。其次，在进行节日庆典或促销活动时，可以应景地选择相应的热闹、喜庆等风格的音乐，增强表现力，烘托气氛，吸引消费者的关注和光临。最后，对于诸如交易的提示语、寻人启事、语音播报等则要求声音洪亮，口齿清晰，可识别度高，但在播放中要注意播放频率，既要及时通知到消费者又不要引起消费者的反感和厌恶。

3. 药店内部色彩搭配设计　药店的色彩搭配会直接影响消费者的情绪。药店在进行色彩搭配设计时要从消费者的心理出发，应当根据药店周围环境、经营特色、商品特点、消费者群体特点等进行色彩的选择和搭配。首先，在进行色彩搭配时要"因地制宜"，根据药店周边环境、建筑物规模、结构等采取恰当的色彩，扩展消费者视野，缩短距离感和疏离感。其次，色彩的搭配还要"因时制宜"，根据季节及气候的变化，有针对性选择颜色，应时应景，并通过色彩的改变，调节人们的心理感受，比如春天用绿色，凸显生机勃勃的感觉；夏天用蓝色，感觉舒爽清凉等。然后，色彩搭配还要"因人而异"，针对的消费者群体不同，设计的色彩搭配也应当有所区别，如儿童群体、女性群体等在色彩搭配上有明显差异。最后，还要"因物而异"，主营商品不同，需要展示的商品的特色也不尽相同，在色彩搭配上还要与具体商品相结合，因物而异，充分展示商品优点，吸引消费者的注意，刺激消费者购买欲望。此外，药店色彩的搭配还要契合公司的经营理念、文化习俗、价值观念等。

4. 药店内部过道设计　药店内部过道主要是指消费者在药店经营场所内行经的路线。科学的过道设计不仅可以保证消费者在自然行进过程中深入经营场所的各个地方，尽可能多地浏览到商品；还能刺激消费者消费的欲望。一般来说，药店内部过道的设计要注重以下几个方面：一是要设计足够宽度。这个足够宽度主要是指要保证消费者在使用购物车或者购物篮时也能顺利通过；二是要尽量多直线，少迂回。这就要求药店在设计过道时要尽可能"不走回头路"，直线通行，保证消费者在最短的时间内完成药品的浏览和选购。此外，过道设计过程中还要注重因地制宜地利用建筑物本身的结构，保障过道的顺畅。

知识链接

药店内部过道设计值

一般来讲，大中型药店的过道设计都有主过道和副过道之分。主过道主要是消费者行经的主要路线，副过道则是消费者在店内行经的支线，为了保证过道尤其是主过道的通行顺畅，不同规模的药店的过道的设计值是不一样的，但也有一定的规律，具体如表7-1所示。

表7-1　药店内部过道设计值

单层卖场面积（m²）	主过道宽度（m）	副过道宽度（m）
300	1.8	1.3
1000	2.1	1.4
1500	2.7	1.5
2000	3.0	1.6

二、药品陈列与消费者心理

药品陈列是指药品在货架、柜台上的摆放、排列及搭配的整体表现形式。药品陈列是药品在卖场展示出来的"门面"和消费者购买的"向导"，它是以药品为主题，利用各种药品固有的形状、色彩、性能等通过一定的造型，突出药品特色，吸引消费者注意力，直接影响消费者购买行为和药品销量，因此药品陈列必须适应消费者的心理，有助于激发消费者的购买欲望和购买行为，实现增加销量的目的。

（一）药品陈列的基本原则

1. 合法合规　这是药品陈列的最基本的原则，即药品陈列要符合《药品经营质量管理规范》（GSP）及其他法律法规中规定的药品陈列的基本要求。如药品和非药品分开、处方药和非处方药分开、外用药品与口服药品分开、易串味药品与其他药品分开等分类陈列要求，如对温度有特殊要求的需要专柜保存、拆零药品集中放于陈列区并保留原包装标签等基本要求，既便于药品的管理，又是药店必须遵守的基本规定。

2. 方便购买　不同消费者有不同的消费习惯，但不论哪种药品，也不论哪类消费者，药品陈列都要适应消费者的消费习惯，便于消费者选购。这就要求药品陈列要层次清楚、高度适宜、位置适中，便于消费者在最短的时间内找到药品，或陈列的位置、高度在消费者很容易获取的地方，如需求量大、价格低、认可度高或者热销的药品适合陈列在最醒目、易于选购的地方，诸如药店的过道、出入口或货架低层等位置。

3. 整洁美观　药品陈列不仅讲究层次清晰，高度适宜，畅销商品放在醒目位置，还要注重陈列整洁美观。要及时打扫药品货架及柜台上的灰尘，药品的摆放要整齐，污损、污物、不合格的药品要及时清理下来。可以将药品按照类别、规格大小、价格高低、品牌区别等进行有序陈列，可以利用多种艺术造型、装饰物等想方设法突出药品的优点；还要注重药品陈列与货架之间的疏密得体和错落有致，货架上陈列的药品要保持充满状态，及时进行补货，不要空置，但也不能塞得密密麻麻，影响消费者视野。

4. 先进先出　由于药品的特殊性，药品的陈列也应当注重先进先出原则。既是对消费者的生命健康负责，又要避免药品过期，造成药店损失。先进先出原则在一定程度上也能保持药品日期的新鲜度，能够提高消费者满意度和忠诚度。这也就要求药店在进行药品陈列时注重陈列技巧和陈列的及时性。同时还要求药品陈列的种类要丰富，数量要充足，这样才能吸引消费者的关注，药品先进先出后一定要及时补货，避免"开天窗"的现象出现。

5. 合理布局　药店的陈列空间是有限的，药品陈列时要注重对空间位置的挖掘和开发，充分利用药店空间，合理布局。既要注重每一个货架或柜台内都有适量的药品陈列，避免空间浪费和空置现象，又要注重保持货架和柜台的美观，不要过度拥挤、杂乱，影响消费者的购物体验。尤其要结合药店建筑物的结构进行精妙的设计，因"地"制宜，充分利用每一个陈列空间。此外还要注意一般体积大、重量大的商品陈列在货架下部，体积小、重量小的商品陈列在货架的上部，以避免出现头重脚轻，有利于保护药品和货架。

6. 关联陈列　药品陈列还应当注重药品的关联性，将有关联性的药品陈列在一起，这既是分类管理的要求，也是购买便捷的体现。如将感冒、清热解毒药品与清肺止咳类药品相邻陈列，既能方便消费者购买，又能引导消费者及时从一种药品的关注转移到其他药品的关注，提高销量。

此外，药品的陈列还要注重正确标识的原则，对各个药品配置清晰、简洁的标识，包括药品的名称、用法用量、注意事项、用途等，便于消费者及时了解药品的相关信息，满足需求。

（二）药品陈列的方法

好的陈列方式可以有效吸引消费者的注意力，激发消费者购买欲望。学会药品陈列方法是医药营销人员的基本职业能力。常用的药品陈列方法可以分为以下几个方面。

1. 分类陈列法　这是最常用的陈列方法之一。主要是指将药品按照规格大小、价格高低、消费对象、消费等级等分门别类进行陈列，有助于消费者选购药品。如规格由小到大、价格由低到高、消费对象从婴幼儿到老年人等。这种陈列方法既可以分层陈列，也可以分段陈列，便于消费者浏览及选购药品都可以。

2. 功能陈列法　主要是将功能相同或有关联性的药品陈列在同一货架或柜台，如感冒药专柜、防暑药品专柜等。

3. 品牌陈列法　主要是将同一生产厂家或同一品牌的药品陈列在一起，组成一个专柜。这种陈列方法一般针对品牌知名度高或者实力雄厚的大型医药企业。

4. 橱窗陈列法　主要指利用药品或药品包装盒采取不同的组合排列或设计成一定的造型展示新药品、重点推荐药品、季节性药品等，醒目别致，最大限度吸引消费者的注意。

5. 量感陈列法　量感就是指陈列药品的数量要充足，给消费者丰富、富足的印象，让消费者产生有充分挑选的心理感受，进而激发购买欲望，如常见的堆头陈列、多排面陈列、岛型陈列等都属于量感陈列法。这种陈列方法不一定是成规则陈列，也可以是非规则性的，但主要特点就是"量大就是好"。

此外，药品陈列还可以按照货架的上、中、下分段陈列。上段一般属于感觉性陈列，主要陈列"希望消费者注意"的药品、一些推荐药品、有意培养的药品。中段由于是消费者最容易看到、拿取的位置，被称为黄金陈列段，通常用来陈列自有品牌药品、特色药品、高利润药品、独家代理经销或畅销的药品。而下端由于需要弯腰浏览或拿取，一般陈列的主要是需求量小、目标群体少或体积大、重量大的药品。

知识链接

黄金陈列线

黄金陈列线一般是货架的第二、三层，是眼睛最容易看到、手最容易拿到商品的陈列位置，所以是最佳陈列位置。一般用来陈列高利润商品、自有品牌商品、独家代理或经销的商品。该位置最忌讳陈列无毛利或低毛利的商品，那样对零售店来讲是利润的损失。其他两段位的陈列中，最上层通常陈列需要推荐的商品；下层通常是销售周期进入衰退期的商品。黄金陈列线上的商品：①畅销排行榜上的主力品种；②有足够存货的畅销品种；③重点商品和重点推荐的品种；④需要大量出清的商品。如果黄金陈列线上的品种暂时数量不够，零售商应该暂时从黄金陈列线上撤下，等到货后再重新调整，以免消费者选上此品种后发生因货号不全而不能成交的尴尬。

目标检测

答案解析

一、单选题

1. 药店选址的原则有（　　）
    A. 购买便捷原则　　　B. 符合美学要求　　　C. 彰显企业文化　　　D. 布局整体协调
2. 药店外部设计的总体要求有（　　）
    A. 满足购物需求　　　B. 安全心理原则　　　C. 聚集心理原则　　　D. 满足需求原则
3. 药店招牌的心理作用有（　　）
    A. 品牌陈列作用　　　B. 橱窗陈列作用　　　C. 引导和指示作用　　　D. 功能陈列作用
4. 药店橱窗设计的心理作用有（　　）
    A. 合法合规　　　B. 先进先出　　　C. 促进销售　　　D. 关联陈列

二、简答题

1. 药店橱窗设计的心理策略主要有哪些？

2. 药店选址的程序有哪些？

书网融合……

本章小结　　　　　　　微课　　　　　　　习题

项目八 医药广告心理

学习目标

知识目标：通过项目的学习，应能掌握医药广告的基本原理、传播策略及心理影响机制，熟悉医药商品广告的心理过程，了解 POP 医药商品广告对消费者心理的影响。

能力目标：具备分析医药广告心理效果的能力，能根据市场需求策划和设计有效的医药广告。

素质目标：通过项目的学习，树立正确的职业道德观，严谨对待医药广告的传播运用。

任务一　认知医药营销传播的心理功能 微课

情境导入

情境：某疫苗品牌为了提升公众对其产品的认知度和接种率，开展了一系列营销活动。该品牌在学校和社区开展免费疫苗接种活动，并提供专业医生现场解答疑问。同时，品牌方在社交媒体上发布科普文章，普及疫苗接种的重要性。这些举措有效提高了公众对疫苗品牌的信任度，接种率也随之提升。

思考：1. 该疫苗品牌使用的营销广告手段有哪些？

2. 你觉得该疫苗品牌营销广告活动成功的秘诀是什么？

医药营销传播是医药企业与消费者之间沟通的桥梁，它借助多元化的手段和方式，如广告、公关、促销等，将医药产品的信息、价值和品牌形象传递给目标受众。这一过程背后蕴藏着深层的心理功能，营销传播不仅触动了消费者的感知和认知，更影响着他们的情感、态度和行为决策。深入探究营销传播的心理机制，对于医药企业而言，是理解消费者、把握市场脉动并进而实现营销目标的关键。

一、营销传播及其心理功能

（一）营销中的信息传播

1. 营销传播的含义　营销传播是指在营销过程中，营销主体为实现营销目标，运用各种传播手段，将有关信息传递给消费者或客户，以激发其购买动机的信息传递与沟通过程。没有信息传播，就没有营销。

2. 营销传播的基本手段

（1）语言传播手段　指将公关信息由社会组织传送给公众的口头语言和书面语言，如企业宣传手册、品牌故事、各类社交媒体的推文等，这是公关传播的最基本手段。

（2）非语言传播手段　指用来将公关信息由社会组织传送给公众的各种体态语言、类语言和空间运用等手段，如品牌标识、明星代言、POP 广告等。这是公关传播的辅助手段。

3. 营销传播方式

（1）大众传播　是指社会组织借助大众传播媒介将公关信息传送给公众的方式。例如，一家企业通过电视大众传播（大众传播媒介）做广告，就是一种大众传播方式。

（2）人际传播　是指社会组织不借助大众传播媒介，而通过人与人之间的直接联系将公关信息传送给公众的方式。例如一位公关人员登门拜访用户，就是一种人际传播方式。

（3）综合传播　是指将大众传播与人际传播两种方式结合起来而形成的一种组合传播方式。例如新型社交媒体的"自传播"就具有综合传播的性质。

知识链接

社交媒体"自传播"

自传播是用户在社交媒体上通过互动引发的信息大范围扩散现象。每个用户既是信息接收者，也是信息传播者，其特点如下。

1. 强大的裂变效应　一条有趣的信息经用户分享转发后，能迅速触及广大用户群体，形成类似病毒的快速传播，短时间内获取高曝光率。

2. 用户高度参与　对感兴趣的内容进行评论、点赞、分享，既强化了用户与信息的关联，又推动了信息在不同用户间流动，持续驱动传播。

3. 利用社交关系链　用户间的复杂社交网络为信息传播提供了便捷通路，一旦某用户分享信息，其好友、关注者都能接收并再次传播。

4. 受算法推荐影响　现代社交媒体采用智能算法，根据用户兴趣及行为模式推送内容，意味着热门信息有机会触达更多潜在用户。

（二）营销传播的心理功能

营销传播在多个方面对消费者的购买决策产生深远影响，以下从吸引注意、增强记忆、融通情感、激发欲望、改变态度、促进购买等方面进行详细阐述。

1. 吸引注意　在信息爆炸的时代，有效的营销策略必须能够打破消费者的信息屏障，吸引他们的眼球。通过独特的广告创意、醒目的视觉设计、有趣的互动体验等手段，营销能够成功吸引消费者的注意力。当消费者对某个品牌或产品产生兴趣时，他们更有可能进一步了解并考虑购买。因此，吸引注意是营销实现其他心理功能的基础。

2. 增强记忆　营销的另一个重要心理功能是增强消费者对品牌或产品的记忆。通过重复曝光、创意广告、品牌故事等手段，营销可以在消费者心中建立起深刻的印象。当消费者在未来面临购买决策时，这些记忆将成为他们考虑的重要因素。因此，增强记忆是营销提高品牌知名度和市场占有率的关键。

3. 融通情感　营销还需要融通消费者的情感，建立与品牌之间的情感联系。情感营销策略通常包括讲述感人的品牌故事、传递积极的品牌价值观、提供个性化的产品体验等。当消费者对品牌产生情感共鸣时，他们更有可能成为品牌的忠实拥趸，并愿意为品牌付出更高的价格。因此，融通情感是营销提升品牌忠诚度和溢价能力的重要手段。

4. 激发欲望　营销的核心任务是激发消费者的购买欲望。通过展示产品的独特功能、呈现迷人的产品形象、提供诱人的购买优惠等手段，营销可以成功激发消费者对产品的渴望和占有欲。当消费者的购买欲望被充分激发时，他们更有可能作出购买决策并付诸行动。因此，激发欲望是营销实现销售目标和市场份额增长的关键。

5. 改变态度　在某些情况下，营销还需要改变消费者对品牌或产品的态度。这通常涉及改变消费者对品牌的负面印象、纠正消费者对产品的误解或偏见等。通过提供客观的产品信息、展示品牌的社会责任、邀请消费者亲身体验等手段，营销可以逐渐改变消费者的态度并重塑品牌形象。当消费者对品牌或产品持有积极态度时，他们更有可能成为品牌的支持者和传播者。因此，改变态度是营销在面临挑战时实现品牌复兴和重塑的关键。

6. 促进购买　营销的所有心理功能都需要落实到促进消费者购买行动上。通过提供便捷的购买渠道、优质的售后服务、灵活的支付方式等手段，营销可以降低消费者的购买障碍并提高他们的购买意愿。当消费者在购买过程中感受到愉悦和满足时，他们更有可能成为品牌的忠实客户并持续为品牌带来收益。因此，促进购买是营销实现商业价值和市场成功的最终体现。

二、传播心理机制分析

（一）消费者对传播主体的认知与评价

消费者能否有效地接收来自企业的有关营销的信息，在相当程度上受到消费者对信息发布者相关方面认知与评价的影响，主要包括以下内容。

1. 专业权威性与知情程度　消费者对于由专家或知情者发布的营销相关信息容易接受，认为这些信息是可靠的。例如，由医学权威推荐某个药厂的产品往往会使人信服。

2. 道德水平与性格和态度　消费者容易相信道德水平高的传播者提供的信息，对于真诚的、坦率的传播者的信息也容易相信。如果企业的管理者或员工以真诚的态度对待消费者，其所提供的营销相关信息就很容易为消费者所接受。

3. 提供信息的动机　这是极为重要的一个方面。如果提供的信息明显有利于信息提供者，消费者就不容易接受。当信息提供者不是出于私利，而是出于公心，或者有利于消费者时，其所提供的信息就很容易被消费者接受。不少企业打广告，宣传其商品如何如何好，难免有"老王卖瓜，自卖自夸"之嫌，消费者总是将信将疑。而如果是购买了这种产品的消费者现身说法，其他消费者就会很容易相信，即"满意的消费者是最好的广告"。

4. 传播者受欢迎的程度　如果信息的传播者同消费者有良好的关系，或者非常受消费者的欢迎，那么，消费者对于他们提供的信息就会容易接受。例如，一些产品由颇受公众欢迎的著名影星、歌星做广告，由于消费者对做广告的影星、歌星的欢迎而会更容易接受这些广告信息。企业应充分利用上述心理，选择适宜的人选传播企业的信息。

（二）传播过程的心理分析

1. 传播方式与消费者心理

（1）人际传播心理　由于人际传播是人与人面对面进行传播，传播信息更具有准确性与可信性。同时，人际传播也可能受到传播者人格等因素的影响。此外，人际传播可以使信息传播的过程更多地渗透进心理与情感交流的成分。这种心理与情感交流可能有助于或妨碍信息传播。例如，一位企业营销人员拜访客户时，有效地进行情感沟通。客户十分认真地倾听，不断地询问，双方谈得很投机，不但准确地传播相关信息，而且，客户对营销人员及其企业产生极好的印象。不但谈成了生意，而且还成为了朋友。

（2）大众传播心理　大众传播借助媒体，使传播面明显扩大。消费者对这种方式的心理反应：一是使消费者觉得这种大面积公开发布的信息可能更可靠，特别是经由一些主流媒体发布信息，更是确信不疑；二是由于通过中间媒介，也可能使消费者怀疑信息的失真问题。"耳听为虚，眼见为实"，有的消费者宁可相信自己直接看到的。有的媒介有很强的影响效果，可能会促进消费者的认知，加深消费者的记忆，有利于消费者对信息的接收。

2. 传播媒体与消费者心理 传播营销信息的媒体不同，其信息传播效果就会有所不同。印刷广告白纸黑字，适于消费者记忆、储存、查询并有助于了解详细信息；而电子广告对消费者的刺激明显，容易引起消费者注意，加深印象并增强形象性、动态化认知，更容易使消费者接受信息。而各种新闻媒介，由于其中立性、公正性和权威性，会使企业的信息更容易为消费者所接收和相信。例如，某家报纸报道海尔集团的电冰箱占领美国市场的消息，使广大消费者都认为海尔的冰箱质量确实过硬，这远比企业员工自己推销产品的效果要好得多。

3. 传播手段与消费者心理 企业营销传播主要靠语言传播与非语言传播两种基本手段。不同传播手段的运用会在消费者心理引发不同的反应。

（1）当营销传播的手段与消费者的需求相契合时，消费者会更愿意接受和理解所传递的信息。这是因为人们在信息接收过程中，往往会对那些与自己需求、兴趣或价值观相符的信息产生更高的关注度和认同感。企业在营销传播过程中，需要深入了解目标消费者的心理需求和特点，选择合适的传播手段，确保信息能够被有效接收并产生预期的影响。

（2）语言作为营销传播中最为常用的手段之一，其运用的科学性与艺术性对于增强消费者接受信息的有效性至关重要。科学性要求企业在传播过程中使用准确、清晰、易懂的语言，避免产生歧义或误导消费者；而艺术性则要求企业在保证信息准确性的基础上，运用生动、形象、富有感染力的语言，以吸引消费者的注意力并激发他们的情感共鸣。

（3）在营销传播过程中，情感因素的有效运用能够缩短营销人员与消费者之间的心理距离。当营销人员通过真诚、热情、关怀等情感因素与消费者建立联系时，消费者会更容易产生信任和认同感，从而更愿意接受和传播企业的产品或服务信息。因此，企业在营销传播过程中应注重情感因素的运用，以建立与消费者之间的良好关系。

4. 传播信息与消费者心理 消费者对传播信息的心理反应主要体现在以下方面。

（1）消费者对信息内容的感兴趣程度是决定其是否愿意接受该信息的关键因素。如果信息内容与消费者的兴趣、需求或价值观相符，他们就更可能产生共鸣，积极关注和吸收这些信息。反之，如果信息内容无趣或与消费者无关，他们可能会选择忽略或排斥这些信息。

（2）消费者对信息真实性、准确性的判断直接影响他们对信息的信任度和使用意愿。消费者每天都会接触到大量的信息，他们会对这些信息的真实性和准确性进行评估。如果信息被认为是不真实或不准确的，消费者可能会产生怀疑、抵触甚至反感的情绪。

（3）信息的传播渠道、载体或方式也是影响消费者心理反应的重要因素。不同的传播渠道、载体或方式具有不同的特点和优势，如果信息的传播渠道、载体或方式是消费者所喜欢或易于接受的，那么这些信息就更可能引起消费者的注意和兴趣。

（4）信息的知识性、趣味性和生动性也是决定消费者心理反应的重要因素。知识性强的信息可以满足消费者的求知欲和好奇心，提升他们的认知水平和文化素养；趣味性和生动性强的信息则可以激发消费者的情感和兴趣，使他们在轻松愉悦的氛围中接受和处理信息。

企业在营销过程中，应在准确分析与把握上述心理因素的基础上，有效运用相应的心理要素去设计和管理信息传播过程，实现营销传播的目标。

（三）传播对象（消费者）心理分析

企业传播的有效性，还在相当大程度上取决于消费者自身的因素。

1. 消费者的人格因素 消费者能否接受关于企业营销的信息，主要受到以下消费者人格因素的影响。

（1）自我尊重程度　自我尊重程度高，可能不容易受外界信息的影响。

（2）智能　高智能的人对接受的信息要进行理智化分析，进而决定是否相信。

（3）思想方法　思想方法科学、灵活还是固化、死板，也影响到对信息的接收。

（4）性格　急性粗直的人多容易较快地相信一些信息。心理成熟与心理健康程度，也会影响到对营销信息的接收。

知识链接

大五人格与消费者心理

大五人格包含开放性、尽责性、外向性、宜人性和神经质五个核心特质，它们对传播效果有显著影响。

1. 开放性消费者乐于接纳新鲜事物、创意广告以及独特的设计风格，传播时应突出产品的创新性与独特性。

2. 尽责性消费者重视规则、细节和品质，青睐知名品牌，传播应强调产品的可靠、实用和长期优势。

3. 外向性消费者喜爱社交互动、追求新鲜刺激，易受社交媒体影响，传播策略应注重社交性、趣味性和吸引力。

4. 宜人性消费者友善、易受影响，重视正面评价和推荐，传播活动应展现产品的社交价值、用户口碑。

5. 神经质消费者敏感，对负面信息、产品风险关注度高，传播应避免造成焦虑，重点传达产品的安全性以及优质服务保障。

2. 消费者现有态度情况　当消费者原有态度与企业信息不一致，企业想改变消费者态度时，其现有态度本身的一些情况也影响消费者对企业信息的接受。主要包括以下几方面。

（1）态度形成时间的长短、态度的一致性程度、态度的强度等。如果属于长时间形成的、高度一致的、高强度的态度，对于改变其态度的信息就不容易接受，态度也不易改变。

（2）现有态度与消费者利益的关系。如果态度的改变将导致消费者利益的损失，那么，消费者会强烈抵抗这方面的信息，坚持现有的态度。

（3）消费者的现有态度是否公开，是否已采取行动，是否还涉及其他方面。如果消费者这种态度已广为外界所知，或者已付诸行动，或者涉及其他方面的关系，则消费者将抵制要求其改变态度的信息并顽固地坚持其态度。

3. 消费者对信息作出的反应

（1）当信息正好满足消费者的需要时，他们会表现出极为积极的反应。在这种情况下，消费者会全神贯注地接收信息，对其内容进行深入的理解和思考。他们可能会主动搜寻更多相关信息，以进一步满足自己的需求。

（2）信息与消费者态度不一致，消费者可能采取多种方式抵制信息。如驳斥信息正确性、聚损信息传播者、歪曲信息的内容等。出现这一种情况，显然不利于企业形象信息的传播。企业必须认真分析消费者心理，研究消费者需求与特性，有针对性地解决其心理问题。并善于运用心理策略，从心理上征服消费者，营造有利于传播的心理环境，以促进营销信息的有效传播。

任务二　认识医药商品广告心理过程

一、医药商品广告的心理过程模式

（一）医药商品广告心理过程概述

医药商品广告心理过程是指消费者在接触、理解和回应医药商品广告的过程中所经历的心理活动和变化。这个过程涉及消费者对广告的感知、注意、记忆、情感反应、态度形成以及最终的购买决策等多个方面。消费者首先通过视觉、听觉等感官接收医药商品广告信息，然后对这些信息进行认知处理，包括理解广告内容、评估产品特性、比较不同产品等。同时，消费者的情感反应也在这一过程中产生，例如对医药商品广告的好感度、对产品的兴趣等。这些认知和情感反应进一步影响消费者的态度形成，即对产品的评价和购买意愿。最终，在综合考虑各种因素后，消费者作出是否购买的决策。

（二）医药商品广告心理过程模式

在医药商品广告作用下，消费者的各种心理活动，可以大致概括为三类：学习、态度和行为。其主要模式如下。

1. 主动学习模式　这是最基本、最普通的模式，它假设医药商品广告能将产品的信息有效地传播到消费者那里，影响他们对医药商品的态度，最后影响到他们的购买行动，其模式为：学习→态度改变→行为改变。

这种模式主要适用于新医药产品和高档保健商品。因为这两类商品都需要通过广告，让消费者了解有关信息，有个学习认知的过程；然后令其感兴趣，影响消费者的态度，最后在医药商品广告的作用下，消费者在认知和态度的基础上采取购买行动。

2. 低程度介入模式　这一模式假设人们对医药商品的介入程度较低，不需经过详细的分析、评价与体验阶段即可导致购买行动，而在医药商品购买之后才发生态度的改变，其模式为：学习→行为改变→态度改变。

这一模式主要适用于日常生活经常需要用到的医药商品，如感冒药、止痛药。购买这类医药商品，通常不需要复杂的收集信息、学习的过程，在大致接收医药商品广告信息之后，由于生活上的需要而付诸购买行动。只是在购后使用的过程中，才逐渐形成对这些商品的印象或偏好。

3. 减少不满模式　这一模式是假设人们对医药商品的介入程度较高，而又缺乏有关的信息资料，但又必须立即购买，常在买后产生不满情绪，而通过医药商品广告可以提供信息，减少不满情绪。其模式为：行为改变→态度改变→学习。

这个模式适用于独家（或少数厂商）生产的专利商品，以及质量、品种和规格差别不大的产品。因为产品没有选择性或无法辨别差异，只有在购买后才会形成或改变对商品的态度。所以消费者寻找信息来深入感知商品。此时，通过医药商品广告提供所需信息，以期促进消费者行为改变或减少不满情绪。

二、医药商品广告心理过程分析

（一）广告心理过程的理论模型

1. AIDA 模型　是一个经典的广告心理过程模型。该模型由四个连续的阶段组成，分别是注意（attention）、兴趣（interest）、欲望（desire）和行动（action）。

（1）注意　广告的首要任务是吸引消费者的注意。在这个阶段，广告需要使用各种创意和技巧，如醒目的标题、吸引人的图像或引人入胜的故事，以吸引消费者的注意力。

（2）兴趣　在这个阶段，广告需要让消费者感到产品或服务与他们的需求和兴趣相关，并引起他们的好奇心。通常通过展示产品的独特功能、优势或好处来实现。

（3）欲望　在这个阶段，广告需要让消费者感受到产品的实际好处，并激发他们的购买欲望。可以通过强调产品的独特卖点、提供令人信服的证明或展示使用产品后的积极变化来实现。

（4）行动　在这个阶段，广告需要为消费者提供足够的动力和理由来采取行动。这可以通过提供方便的购买渠道、优惠促销或鼓励消费者立即行动来实现。

刘易斯在该模型的基础上增加了记忆（memory）阶段，形成了 AIDMA 模型。在该模型中，记忆是一个关键的阶段。广告需要确保消费者能够记住产品或服务的信息，以便在未来需要时能够回想起来。一般通过提供易于记忆的品牌名称、口号或图像来实现。

2. L&S 模式　即勒韦兹和斯坦纳模式，它描述了一个从消费者接触广告信息到最终采取购买行动的层级模型。该模型主要包括三个阶段：认知阶段、情感阶段和意向阶段。

（1）认知阶段　企业广告的主要目的是告知信息和事实，如产品的功效或新品上市等。此时，消费者处于购买的"觉察"和"知道"的过程，只需要了解广告信息即可。

（2）情感阶段　广告的目标转变为改变消费者的态度和增进感情。通过企业品牌公益类活动、情怀营销、互动营销等手段，广告让消费者认可企业所倡导的情感和价值观，并产生情感上的"联想"和"偏爱"。

（3）意向阶段　广告的主要目的是激发和指引购买欲望。此时的消费者已经处于整个购买阶段的最后阶段，即"确信"以及"购买"。

3. ELM 模型　即详尽可能性模型，该模型认为，消费者在处理广告信息时，会根据信息的性质和自己的认知资源，选择不同的信息处理路径，包括中枢路径和边缘路径。

（1）中枢路径　当消费者有足够的动机和能力去仔细思考和分析广告信息时，他们会主动考察广告中的信息，搜集和检验相关证据，分析广告商品的性能，并作出综合评价。这种处理方式需要消费者投入较高的认知努力，通常会导致更持久和深入的态度改变。

（2）边缘路径　消费者在不进行深度信息加工的情况下，受到与广告信息相关联的外部线索的影响而接受广告信息。这些外部线索包括广告中的信息来源、广告的背景音乐、广告的制作水平等。消费者在处理这些信息时，通常不需要投入太多的认知努力，这种处理方式可能会导致较快的态度改变，但可能不够持久和深入。

在 ELM 模型中，不同的说服路径的作用取决于消费者对传播信息作精细加工的可能性高低。当消费者对广告信息进行深度加工的可能性较高时，中枢路径的说服效果会更好，而当这种可能性较低时，边缘路径的说服效果可能会更显著。

■ **知识链接**

奥特曼的强大威力

由于 4 岁儿子活动后经常脚出汗，H 女士决定带她去商场选购运动鞋。面对商场各种各样的鞋子，她倾向于棉织或透气孔设计的中等价位鞋款。征求儿子意见时，儿子却对各类推荐均不满意。突然，儿子被一双印有奥特曼图案的白色塑胶波鞋吸引，尽管材质硬、不透气且做工一般，但他坚决要买。H 女士虽试图劝阻，但最终尊重儿子的选择。儿子欣喜换上新鞋，并在小区内自豪地向小伙伴们展示他的奥特曼鞋，引来其他小朋友的共鸣和回应。此次事件揭示了奥特曼这一角色对儿童的强大吸引力，即使牺牲实用性，孩子也会因喜爱而选择带有奥特曼标识的商品。

（二）医药商品广告心理过程中的重要环节

1. 引起注意　人们每天通过各种媒体可接触到成百上千的广告信息，这些信息中的大部分都被忽略了。医药商品广告能否引起人们的注意，是能否取得预期效果的基础，能引起人们注意的医药商品广告，所提供的信息应具备以下因素。

（1）信息的刺激性　首先要对人们的感官有较强的刺激，引起人们无意的或有意的注意。例如在感冒药广告画面中，突然出现一位看上去疲惫不堪、面色苍白的人，接着转变为充满活力和生机的状态，呈现出药物迅速缓解感冒症状的效果。这种强烈的对比和戏剧性的转变具有很强的刺激性，能够迅速吸引观众的注意。

（2）信息的趣味性　人们对有趣的信息会表现出兴趣，加深注意。例如，在儿童维生素广告中，以动画形式展现一群可爱的卡通角色，他们通过吃维生素片获得了超能力。广告中充满了趣味性和互动性，让孩子们在娱乐中了解到维生素的重要性。这种趣味性使得广告更容易被注意、接受和记住。

（3）信息的有用性　凡是能够帮助人们作出满意购买决策的信息，就是有用的信息。尤其是当商品的价格比较高，人们对它又不熟悉的时候，这一点就显得更为关键。例如，在医药商品广告中详细介绍药物的作用机制、临床试验数据和实际效果，同时提供了专业医生的推荐和解释。这种强调产品有效性和科学依据的广告内容具有很强的有用性，能够帮助消费者更好地了解产品，并在需要时作出购买决策。

2. 增强记忆　记忆是以往经历过的事物在人头脑中的反映。记忆有助于人们加深对广告商品的认同。广告能否在受众心目中留下深刻的记忆，受到以下一些因素的影响。

（1）重复程度　重复可以使短时记忆转化长时记忆。多次的重复可以使人对所接触到的信息在头脑中留下深刻的印象，直至保持终生的记忆。例如，很多医药品牌会在多个电视频道、网络平台和户外广告牌上打广告。这种高频率的广告投放和重复的广告语使得消费者容易记住该品牌，并在需要时迅速联想到该药品。

（2）形象化程度　一般来说，直观的、形象的、具体的事物比抽象的事物容易给人留下印象，加深记忆。直观形象是人们认识事物的起点，它有助于掌握事物的概貌，使人一目了然，增强知觉度，提高记忆效果。例如，很多电视上的医药商品广告都通过明星、卡通或病人康复情况呈现药品的效果，这种形象化的展示方式使得消费者更容易理解和记忆产品的作用和效果，从而增加购买的意愿。

3. 产生联想　广告在人们心理活动过程中的作用还表现在联想上。联想是由一事物的经验想起另一事物的经验，它包括四种类型。

（1）接近联想　在空间或时间上相接近的事物形成接近联想。例如，在医药商品广告中呈现健康的体魄、愉快的情绪、温馨的氛围。

（2）相似联想　对一事物的感知或回忆引起的和它在形状上或性质上类似的事物的回忆，形成相似联想。例如，在感冒药的广告中，将感冒病毒比作小怪兽，而药品则是战胜小怪兽的"武器"。

（3）对比联想　由某一事物的感知或回忆引起和它具有不同特点、相反特点或某些性质的事物的回忆，叫作对比联想。例如，在减肥药的广告中，通过对比展示使用减肥药前后的身体形态和健康状况，让观众感受到药品带来的显著变化。

（4）关系联想　由事物之间的各种联系而产生的联想。例如，在针对儿童营养不良的药品广告中，儿童在使用药品后，逐渐变得活泼、健康，学习成绩也有所提高。

4. 诱发情感　消费者在购买活动中，情感因素对最终购买决策起着至关重要的作用。广告在引起注意、增强记忆、产生联想的过程中，注重艺术感染力，讲究人情味，能诱发人们积极的情感，压抑消极的情感。例如，云南白药曾以"关爱为健康赋能"为主题，推出《植物补益　因爱而行》纪录片，纪录片从三七的种植入手，以关爱为角度，以小见大，通过公司员工的视角，展现公司在三七源头的品质把控，以及推广健康理念，彰显"守护生命与健康"的企业使命。

任务三　认知 POP 医药商品广告与消费者心理

▷▷ 情境导入 ◁◁

情境： 走进全国各地的药店，人们一般都能看到右图所示的大海报。一般将这类海报称之为 POP 广告，其可以放在药店门口、挂在药店墙上或放在收银台上等。

思考： 1. 你还见过哪些类似的 POP 广告？
　　　　2. 这些 POP 广告有何作用？

近年来，我国的药品销售企业越来越多地沿袭传统商业模式中大型百货超市的经营理念，很多药品零售卖场由传统的柜台式销售逐渐发展为药品开放式展示、以消费者自行选购为主的新型药店经营模式，形成了所谓的"药品超市"。作为近年来在各类超市、商场中大量应用的一种促销手段和广告媒体形式，POP 广告在药品超市中同样能够起到显著的宣传促销作用。

一、POP 医药商品广告的形式和作用

（一）POP 医药商品广告的形式

1. POP 医药商品广告的含义　POP 即购买点广告，是英语 point of purchase 的缩写。POP 医药商品广告是指在医药销售点，如药店、医院或诊所等场所设置的广告。这种广告的主要功能是强调购买"时间"与"地点"，对于激发消费者的瞬时购买欲望，形成购物冲动，具有重要作用。

2. POP 医药商品广告的形式

（1）立式展架广告　是 POP 广告的常见形式，通常被放置在药店的显眼位置，如入口、走廊或货架旁。展架上清晰展示药品的名称、品牌、功效和价格，有效吸引消费者目光，帮助他们在众多药品中快速找到所需。

（2）悬挂式海报广告　悬挂式海报常悬于药店货架上方或墙面，以生动的图文展示药品的独特优势和特点。这种广告形式在消费者挑选药品时轻松捕捉其视线，有助于提升品牌知名度和药品销量。

（3）桌面台卡广告　桌面台卡通常小巧精致，放置在药店收银台、咨询台等地方。台卡上展示药品的实物图片、简洁的功效介绍和价格信息，为消费者在结账或咨询时提供便捷的药品信息参考，引导其作出购买决策。

（4）电子显示屏广告　利用先进的多媒体技术，在药店的显眼位置滚动播放文字、图片和视频等内容。这种广告形式动态、醒目，极易吸引消费者的注意力，有效提高品牌的曝光度和认知度。

（5）**药品包装 POP 广告**　药品包装上的 POP 广告将品牌标志、产品特点和用药提示等信息巧妙融合，使消费者在每次使用药品时都能感受到品牌的存在。这种广告形式不仅增强了消费者对品牌的记忆和忠诚度，还提高了药品的使用便捷性。

知识链接

POP 广告的适用情况

1. 消费者提问 5 次以上的相同问题　POP 广告的主要作用是替代营业员回答消费者的疑问，当相同的问题被问及 5 次以上时，有必要安插 POP 广告。

2. 新商品　新商品上市时，商店有必要将其特性、使用与注意事项等通过 POP 广告告知消费者。

3. 自有品牌商品　消费者对商店自有品牌的熟悉程度弱于制造商品牌，为了取得好的销售业绩，需要通过 POP 广告把自有品牌商品的特性和优点告诉消费者。

4. 特卖商品　零售商会通过 POP 广告把特卖商品的信息告知消费者，起到促销作用。

5. 商店向消费者极力推荐的商品　可以通过"店长推荐商品""本店最畅销商品"等 POP 广告形式将信息告知消费者。

（二）POP 广告的心理功能

POP 广告与消费者直接接触对话，在营销现场出现，给人以较强烈的视觉与听觉冲击。药品 POP 广告不仅可以吸引消费者注意，还可以传递药品信息、建立消费者信任以及促发消费者的购买行为。

1. 引起注意　药品 POP 广告的首要任务是吸引消费者的注意。在药店或医疗机构的众多药品中，POP 广告需要通过独特的设计、醒目的标识和引人入胜的视觉效果来脱颖而出。例如，使用醒目的色彩、大胆的字体、图像或动画等，都能迅速吸引消费者的目光。这种注意力的捕捉有助于消费者在众多药品中首先关注到该药品，为后续的信息传递和购买决策打下基础。

2. 传递药品信息　药品 POP 广告需要清晰、准确地传递药品的信息。这包括药品的名称、功效、适用症状、使用方法等关键信息。通过简洁明了的文字描述和直观易懂的图像展示，消费者可以快速了解药品的主要特点和优势。同时，药品 POP 广告还可以提供药品的剂量、规格、价格等详细信息，帮助消费者作出更明智的购买决策。

3. 建立信任　在药品领域，消费者的信任是至关重要的。药品 POP 广告需要通过多种方式建立消费者对药品的信任感。例如，展示药品的品牌信誉、生产厂家、质量认证等信息，可以让消费者对该药品产生更多的信任。同时，引用权威机构或专家的推荐和评价，以及展示药品的临床试验数据或用户评价等，也有助于增强消费者对药品的信任感。这种信任感的建立有助于消费者更愿意选择该药品，从而促成购买行为。

4. 促发购买行为　药品 POP 广告的最终目标是促发消费者的购买行为。这可以通过强调药品的独特优势、提供限时优惠或促销活动、创造紧迫感等方式来实现。例如，强调药品的快速疗效、长效稳定等特点，或者提供"买一送一""满减优惠"等促销活动，可以激发消费者的购买欲望。同时，通过强调药品的库存有限、限时抢购等方式，创造一种紧迫感，促使消费者尽快作出购买决策。

二、设置 POP 医药商品广告时的规则

（一）POP 广告设计的一般规则

POP 广告设计的一般要求包括明确广告目的、了解目标受众、突出产品特点、简洁明了、创新性和吸引力以及可实施性等。这些要求有助于设计出具有吸引力和有效性的 POP 广告作品，实现广告

的宣传和推广目标。

1. 明确广告目的　在设计POP广告之前，首先要明确广告的目的，例如为了推广新产品、提高品牌知名度、促进销售等。明确的目的有助于确定广告的主题、内容和风格。

2. 了解目标受众　深入了解目标受众的需求、喜好和购买习惯，是设计有效POP广告的关键。通过对目标受众的分析，可以确定广告的语言、视觉元素和传达方式，以更好地吸引他们的注意和兴趣。

3. 突出产品特点　POP广告应突出产品的特点和优势，使消费者能够快速了解产品的独特之处。在设计过程中，要重点强调产品的功效、品质、使用方法等关键信息，以激发消费者的购买欲望。

4. 简洁明了　POP广告的设计应简洁明了，避免冗长和复杂的描述。文字应简短扼要，图像应直观易懂，以便消费者在短时间内快速了解产品的关键信息。同时，要注意信息的层次和逻辑性，确保广告内容的清晰易懂。

5. 创新性和吸引力　POP广告的设计应具有创新性和吸引力，以吸引消费者的目光并留下深刻印象。通过运用新颖的创意、独特的造型和色彩搭配，使广告更具吸引力和视觉冲击力。同时，要关注行业趋势和消费者需求的变化，及时调整广告策略和设计风格。

6. 可实施性　POP广告的设计要考虑实际制作和使用的可实施性。例如，要考虑到广告的尺寸、材质、制作工艺等因素，确保广告能够顺利制作、安装和使用。同时，要关注广告的维护和更新问题，确保广告长期保持新鲜感和吸引力。

（二）POP医药商品广告设计的特殊规则

1. 严格遵守法律法规　在设计POP医药商品广告时，必须严格遵守相关法律法规。广告内容必须真实、准确，不得有任何虚假宣传或误导消费者的信息。例如，广告中不能夸大药品的疗效，不能隐瞒药品的副作用，所有信息都必须有科学依据。此外，广告还需要明确标注药品的批准文号、生产厂家等信息，以便消费者查询和验证。

2. 强调产品安全性和有效性　在POP医药商品广告中，必须突出强调产品的安全性和有效性。可以通过展示药品的临床试验数据、药品质量认证信息等方式，向消费者传递产品安全可靠的信号。同时，还可以通过讲述真实的使用案例、用户的反馈和评价等方式，展示产品的实际效果，增强消费者对产品的信任感。

3. 明确适用人群和症状　医药商品广告必须明确产品的适用人群和症状，以便消费者根据自身需求选择合适的药品。在设计广告时，应清晰地列出产品的适用人群和症状范围，避免模棱两可或过于宽泛的描述。同时，还可以通过使用简洁明了的语言和图像，帮助消费者快速了解产品的适用范围和使用方法。

4. 考虑使用场景　不同的产品适用于不同的场景和情境，因此在设计POP广告时需要考虑这些差异。例如，针对家庭常备药可以设计温馨的家庭场景，展示产品在家庭生活中的实用性和便利性；而针对旅行必备药则可以设计轻松愉快的旅行场景，强调产品的便携性和可靠性。这样的设计有助于使广告更加贴近消费者的实际需求和使用情境。

5. 定期评估和调整广告效果　定期评估POP医药商品广告的效果，并根据评估结果进行必要的调整。收集和分析消费者的反馈、销售数据以及市场竞争情况等信息，了解广告的实际效果和市场反应。根据评估结果调整广告的内容、形式或发布策略，以提高广告的效果和转化率。

另外，POP广告使用日久，必然会发生污染、损坏等问题，加强日常的管理，始终保持其整洁完好，是十分重要的。要及时清理破旧过时或卷边的招贴，调整损坏的灯管，修复损毁的灯箱等物品。

答案解析

目标检测

一、单选题

1. （　　）是营销传播实现其他心理功能的基础
   A. 吸引注意　　　　B. 增强记忆　　　　C. 激发欲望　　　　D. 促进购买

2. 针对（　　）程度较高的消费者，传播活动应避免引起不必要的担忧，强调产品的安全性、可靠性和支持服务
   A. 开放性　　　　B. 尽责性　　　　C. 宜人性　　　　D. 神经质

3. 广告心理过程理论模式中，最基本、最普通的模式是（　　）
   A. 减少不满模式　　B. 低程度介入模式　　C. 被动学习模式　　D. 主动学习模式

4. 刘易斯在经典广告心理过程模型的基础上增加了（　　）阶段，形成了 AIDMA 模型
   A. 注意　　　　B. 欲望　　　　C. 记忆　　　　D. 行动

二、简答题

1. 消息发布者的哪些特征会影响消费者对信息的认知与评价？
2. 在设计 POP 医药商品广告时，应遵循哪些特殊规则？

书网融合……

本章小结　　　　微课　　　　习题

项目九　医药营销人员心理

PPT

学习目标

知识目标：通过项目的学习，应能掌握医药营销人员的基本素质，熟悉医药营销人员对消费者心理影响的因素，了解医药营销人员与消费者之间的目标冲突的原因、类型及应对策略。

能力目标：通过项目的学习，能运用医药营销心理学理念，进行日常的营销工作。

素质目标：通过项目的学习，树立正确的价值观，成为一名具有优秀素质的专业医药营销人员。

任务一　认识医药商品营销工作心理

情境导入

情境："为发烧而生"的某品牌手机广告，广告以"发烧"为主题，展示手机的高性能和发烧友文化，吸引年轻消费者。广告中出现了许多与发烧友相关的元素，如游戏、音乐、电影等，让消费者感受到手机强大的性能和充电能力。

"××电视，让爱以另一种方式汇聚"的广告：以家庭情感为主题，通过展示某品牌电视的高清画质和智能功能，让消费者感受到家庭团聚的温馨和幸福。广告中出现了夫妻、祖孙、父女等不同人物关系，通过一点点触动人心的情节反转，让消费者收获到出其不意的感动。

思考：1. 请分析一下这些品牌产品受欢迎的原因是什么？

　　　　2. 两个广告分别运用了什么心理效应？

一、医药营销人员的基本素质 📱微课

（一）生理素质

当今市场环境下，商业竞争愈演愈烈，企业生存有赖于营销人员的出色业绩。作为企业与客户接触的桥梁、纽带，较强的身体素质对医药营销人员来说是必不可少的。身体素质应包含两层含义：一是个人的体质、体魄及健康状况，二是指人的仪容仪表、言谈举止。

医药营销人员应时刻保持头脑清醒、精力充沛、身体行动灵活。营销工作比较辛苦，工作时间长、工作强度大，为拜访客户起早贪黑、东奔西走、频繁出差、交涉各种销售业务。这样不仅要消耗体力，而且还需要有旺盛的精力，这些均要求医药营销人员具有良好的体质和健康的体魄。合理的体力训练以及灵活性训练可以提高医药营销人员的体力上限和工作效率，还可以增强医药营销人员应对复杂业务需求的能力。

对于仪容仪表、言谈举止而言，不要把它们当成琐碎的小事。医药营销人员一定要随时随地关注，它们不仅关系到自身的形象，还代表着企业的形象，最重要的是关系到给客户留下怎样的印象，是推销是否成功的一个重要方面。医药营销人员在拜访客户时应做到穿着得体、外貌整洁、举止有度、态度热情、亲切自然。只有这样，才能将最佳的状态展现给客户，深受客户的喜爱，为成功营销

埋下伏笔。

（二）心理素质

医药营销工作极具挑战性，既需要医药营销人员身体强健，又需要付出心智，最终的结果还不一定会成功。这就要求医药营销人员同时还要具备较强的心理素质，能够坦然地面对最后的结果。具备良好的心理素质并不意味着一定会成功，但是能成功的营销人员一定具备良好的心理素质。优秀的医药营销人员要具备以下心理素质。

1. 充足的信心　自信心是医药营销人员成功的关键因素之一。在医药市场激烈的竞争中，自信心不仅能够帮助营销人员克服困难和挑战，还能够赢得客户的信任和尊重，从而推动销售业绩的提升。

自信心来源于医药营销人员对自己专业知识的熟练掌握和对市场的深入了解。只有当他们对自己所销售的产品有充分的认知和了解，对客户的需求和市场动态有敏锐的洞察力时，才能够在与客户沟通时表现出自信从容的态度。

此外，自信心还来源于医药营销人员对自己的认可和肯定。他们需要相信自己的能力和价值，相信自己能够为客户提供优质的服务和解决方案。这种自我肯定的态度能够帮助他们在面对客户的质疑和拒绝时保持冷静和理智，从而更好地应对各种挑战。

医药营销人员应该注重自信心的培养和提升。通过不断学习和实践，提高自己的专业素质和综合能力，对自己充满信心，相信自己的推销能力；对所属的企业有信心，相信企业的信誉能得到客户的认可；对自己推销的产品有信心，相信产品可以给客户带来价值。从而在医药市场中更加自信地展示自己的价值和魅力。

知识链接

吉姆模式

吉姆模式又称"GEM 模式"，该模式旨在帮助培养推销人员的自信心，提高说服能力。关键是"相信"，即推销人员要相信所推销的产品（G），相信所代表的公司（E），相信自己（M）。

1. 相信推销品（G）　推销人员应对推销品有全面、深刻的了解，要把推销品与竞争产品相比较，看到推销品的长处，对其充满信心。而推销人员对产品的信心会感染消费者。

2. 相信自己的企业（E）　要使推销人员相信自己的企业和产品。企业和产品的良好信誉，能激发推销员自信和消费者的购买动机。

3. 相信自己（M）　推销人员要有自信。推销人员应正确认识推销职业的重要性和自己的工作意义，以及未来的发展前景使自己充满信心，这是推销成功的基础。

---

2. 稳定的情绪　个体受到外部客观刺激时产生的一种身心激动状态就是情绪。在医药营销过程中，营销人员面临着各种挑战和压力，如市场竞争、客户需求变化、产品知识更新等。在与不同客户打交道的过程中，必须维持稳定的情绪，与对方和谐相处。保持稳定的情绪能够帮助他们更好地应对这些挑战，提升销售业绩。

稳定的情绪有助于医药营销人员与客户建立良好的关系。在与客户沟通时，情绪稳定的营销人员能够给客户留下专业、可信赖的印象，从而更容易赢得客户的信任和合作。相反，情绪波动较大的营销人员可能会让客户感到不安，影响沟通效果和销售成果。

稳定的情绪还有助于医药营销人员保持清晰的思维和敏锐的洞察力。在面对复杂多变的市场环境和客户需求时，情绪稳定的营销人员能够冷静分析问题，迅速找到解决方案，抓住市场机遇。而情绪不稳定的营销人员可能会因为情绪波动而影响判断力和决策能力，错失良机。

为了保持稳定的情绪，医药营销人员需要学会调整自己的心态，积极面对挑战和压力。他们可以通过培养兴趣爱好、进行适当的锻炼、保持良好的作息等方式来缓解压力，提升情绪稳定性。同时，还可以寻求同事、领导或专业心理咨询师的帮助，学习更多情绪管理的技巧和方法。

3. 坚韧的意志　医药市场竞争激烈，客户需求多变，产品知识日新月异，这些都对医药营销人员提出了更高的要求。拥有坚韧意志的营销人员，往往能够在困境中逆流而上，抓住机遇，实现销售目标。

坚韧的意志表现为医药营销人员在面对困难和挫折时的坚定与执着。当遭遇客户拒绝、市场变化或销售业绩不佳时，他们不会轻易放弃，而是会深入分析原因，寻找解决办法，并付诸实践。这种锲而不舍的精神，使他们在医药市场中屡创佳绩，赢得了客户的尊重和企业的认可。

坚韧的意志还体现在医药营销人员对待工作的认真与负责上。他们深知医药销售的重要性，明白自己的工作直接关系到患者的健康与生命。因此，在面对繁琐的市场调研、客户沟通、产品推广等工作时，他们始终保持高度的责任心和敬业精神，确保每一项工作都能够高质量完成。

为了培养坚韧的意志，医药营销人员需要不断锤炼自己的心理素质。他们可以通过参加培训、阅读励志书籍、与优秀同事交流等方式，提升自己的抗压能力和心理承受能力。同时，他们还需要在实践中不断积累经验，学会在困境中迅速调整心态，以更加饱满的热情投入到工作中去。

4. 开朗的性格　性格开朗的医药营销人员通常能够更好地与客户沟通，更容易与他人建立良好的人际关系，从而实现销售目标。

开朗的性格表现为医药营销人员热情、积极、乐观的态度。他们善于与人沟通，喜欢与人交流，能够轻松地与客户建立联系。在与客户沟通时，他们面带微笑，语气亲切，能够给客户留下良好的印象，从而增加客户对产品的信任和接受度。开朗的性格还有助于医药营销人员应对工作中的压力和挑战。医药市场竞争激烈，销售任务繁重，但开朗的营销人员能够积极面对困难，保持乐观的心态。他们相信自己的能力，对未来充满信心，这种积极的心态能够激发他们的创造力和工作热情，提高工作效率和业绩。

此外，开朗的性格还有助于医药营销人员与同事和领导建立良好的合作关系。他们乐于助人，善于分享，能够与团队成员和睦相处，共同协作完成任务。在团队中，开朗的营销人员往往能够起到调节气氛、增强团队凝聚力的作用，为团队的成功作出贡献。

为了培养开朗的性格，医药营销人员需要注重自我调整和提升。可以通过参加社交活动、拓展兴趣爱好、学习沟通技巧等方式来增强自己的社交能力和表达能力。同时，他们还需要在工作中保持积极的心态，学会调整自己的情绪，以更加开朗、乐观的态度面对工作中的挑战和压力

（三）业务素质

良好的业务素质，是医药营销人员增强信心、赢得消费者信任的保证。医药营销是一个特殊的行业，医药产品是一种特殊的商品，医药营销人员的受众群体又是极其特殊的群体。这就要求医药营销人员具备较高的业务素质，在推销产品的过程中才能做到有的放矢、游刃有余，及时将有用的信息带给客户，满足客户的需求。

1. 产品知识　医药营销人员必须对自己销售的产品或服务有深入的了解，包括产品的特点、优势、使用方法、价格策略等。只有这样，才能有效地向客户介绍产品，并解答客户的疑虑。

2. 市场知识　了解行业动态和趋势、市场细分定位、竞争对手的情况、渠道以及分销等是非常重要的。这有助于医药营销人员更准确地把握市场机会，制定更有效的销售策略，保持与市场的同步。

3. 沟通技巧　医药营销人员要善于倾听客户的需求、疑虑和反馈，展示对客户话语的关注和理

解，展示同理心，理解客户的情感和立场。在交流中保持语速适中，语调自然，使用简洁明了的语言解释复杂的概念或产品特点。避免使用行业术语或晦涩难懂的词汇。还要注意身体语言，如姿势、面部表情和眼神交流等，要时刻注意自己的着装和仪表，保持积极、开放和友好的身体语言，以增强与客户的亲和力。

4. 团队协作　每个人员都是营销团队的一分子，他们的协作能力直接影响着整个团队的销售业绩和市场竞争力。每个医药营销人员要具备良好的团队合作精神，能够与团队成员紧密协作，共享资源和信息，共同解决问题并达成销售目标。同时，他们还能够与其他部门保持良好的合作关系，以确保客户需求的顺利满足。

5. 学习意愿　营销环境和消费者需求不断变化，这就要求医药营销人员要具备强烈的学习意愿和自我驱动力，能够主动寻找营销机会，积极应对挑战，并持续学习和吸收新知识和技能，以提升自身的竞争力，适应市场变化。

（四）道德素质

道德素质指的是在营销过程中医药营销人员所表现出来的价值观和行为准则，它直接影响企业的声誉。当下市场经济高度发展，企业与产品优胜劣汰，对于医药营销人员来说，既是机遇，也是挑战。道德素质高的医药营销人员更容易赢得客户的信任。

1. 职业操守　医药营销人员应遵守职业道德规范，不从事违法违规的活动。应该以客户的利益为重，提供专业、客观的建议和服务。

2. 诚实守信　医药营销人员应该诚实地向客户传达产品或服务，不夸大不隐瞒，要信守承诺，按时交付产品或服务。

3. 尊重他人　医药营销人员应尊重客户、同事和合作伙伴的意见和感受，避免强行推销，并建立良好的人际关系。

4. 公平竞争　医药营销人员应该遵守市场公平竞争的原则，不进行不正当竞争或诋毁竞争对手的行为。应通过提供优质的产品和服务来赢得客户的信任和市场份额。

5. 保密义务　医药营销人员可能会接触到客户的敏感信息，他们应该严格遵守相关的隐私保护法律法规和公司内部政策，不泄露给未经授权的第三方。

二、医药营销人员与消费者关系心理

医药营销人员与消费者的关系是一种建立在商品销售或服务过程中的特定服务关系。这种关系不仅仅是一种简单的交易关系。

1. 医药营销人员与消费者是合作关系，而不是对立关系　医药营销人员应该将消费者视为自己的朋友和业务伙伴，倾听他们的需求和关注点，理解他们的期望，尊重他们的意见，并努力为他们提供最好的解决方案。消费者的认可和满意是医药营销人员成功推销的基础。因此医药营销人员需要时刻关注消费者的需求和反馈，以便不断改进自己的产品和服务。

2. 医药营销人员和消费者之间是互动关系　在这个过程中，医药营销人员需要主动与消费者建立联系，了解他们的需求和期望，同时向消费者传递产品或服务的信息。这种互动不仅是言语上的交流，还包括非言语信号的传递，如面部表情、身体语言等。在互动过程中，医药营销人员需要具备良好的沟通技巧和人际交往能力。需要倾听消费者的意见和反馈，理解他们的需求和关注点，然后提供有针对性的解答和建议。同时，还需要通过积极的肢体语言和面部表情来展现自己的热情和专业性，以赢得消费者的信任和好感。

3. 医药营销人员与消费者之间的关系需要建立在信任的基础上　信任是医药营销人员与消费者

关系心理中的核心要素。消费者在购买产品或服务时，往往更倾向于与那些他们信任的医药营销人员建立关系。医药营销人员需要诚实、清晰地提供产品信息和建议，尊重消费者的需求和意见，以便消费者能够作出正确的购买决策。同时，医药营销人员还需要在售后提供支持和帮助，确保消费者能够充分利用所购买的产品或服务，并解决任何可能出现的问题。

4. 除了基本的合作、互动和信任之外，医药营销人员与消费者之间还需要建立情感连接 这种情感连接可以使双方的关系更加紧密和持久。为了建立情感连接，医药营销人员需要关注消费者的个人生活和兴趣爱好，与他们建立共同话题和兴趣爱好。同时，医药营销人员还需要通过真诚的关心和关注来展现自己的人情味和亲和力。这种情感连接不仅可以增强消费者对销售人员的信任和忠诚度，还可以提升他们对产品和服务的满意度和口碑传播意愿。

5. 医药营销人员与消费者之间的关系需要不断地维护和加强 医药营销人员通过建立长期信任、提供个性化服务、持续跟进与关怀、处理投诉与纠纷以及加强沟通与互动等方式巩固与消费者之间的关系。通过积极有效的互动体验，提高消费者的满意度，并为自己的销售业绩打下坚实的基础，从而为企业创造更大的价值。

综上所述，医药营销人员与消费者的关系心理是一个复杂而多维的主题。在未来的市场竞争中，随着消费者需求的不断变化和升级，只有建立良好的关系，才能在激烈的市场竞争中赢得消费者的信任和支持，实现企业的可持续发展目标。

三、运用心理效应，做好营销工作

在现代营销工作中，心理效应的运用已成为提升销售业绩、增强品牌影响力的重要手段。心理效应，即人们在心理活动中所产生的各种影响行为的心理现象，对于营销人员来说，了解和掌握这些心理效应，有助于更好地把握客户需求，提升营销效果。

（一）心理效应在营销中的重要性

1. 心理效应有助于提升营销信息的吸引力 在浩如烟海的市场信息中，如何让自己的营销信息脱颖而出，吸引消费者的注意，是每一个营销人员都需要面对的问题。而运用心理效应，如锚定效应、稀缺效应等，可以让营销信息更具吸引力和说服力。例如，通过设定一个较高的价格锚点，然后提供折扣或优惠，可以让消费者感觉获得了实惠，从而提升购买意愿。

2. 心理效应有助于增强消费者的购买决策信心 消费者在购买过程中往往会受到各种心理因素的影响，如从众心理、权威心理等。运用这些心理效应，企业可以通过展示销量数据、邀请权威人士背书等方式，来增强消费者的购买决策信心。这样不仅可以提升销售业绩，还能够培养消费者的品牌忠诚度。

3. 心理效应还有助于建立和维护企业与消费者之间的良好关系 在营销活动中，企业不仅需要关注产品的销售，还需要注重与消费者建立长期的合作关系。运用互惠效应、社会认同等心理效应，可以让消费者感受到企业的诚意和关怀，从而更愿意与企业建立长期稳定的合作关系。这种关系的建立不仅可以提升企业的市场竞争力，还能够为企业带来更多的口碑传播和重复消费机会。

4. 心理效应在营销中具有举足轻重的地位 了解和运用这些心理效应可以帮助企业更深入地了解消费者需求、提升营销信息的吸引力、增强消费者的购买决策信心以及建立和维护企业与消费者之间的良好关系。在未来的商业竞争中，谁能够更好地运用心理效应进行营销，谁就更有可能在激烈的市场竞争中脱颖而出。因此，对于任何一家致力于在市场中取得成功的企业来说，重视并深入研究心理效应在营销中的运用都是至关重要的。

（二）常见的心理效应及其在营销中的应用

在医药营销工作中，合理地运用心理效应可以帮助营销人员更有效地吸引和影响消费者，显著地增强销售效果，加深消费者满意度。以下是一些可以运用的心理效应及其在营销中的应用。

1. 社会认同效应　也被称为社会证明原理，是指人们在判断何为正确时，会倾向于根据别人的意见和行为来作出决策。这种效应多出现于不确定性高或者需要参照他人行为的情况下。社会认同原理的背后有两个主要的原因：一是多元无知状态。当人们在面对不确定、情况不明的情况时，他们最有可能认为别人的行为正确。二是相似性。人们会根据他人的行为判断自己如何做，特别是在他们觉得自己与之非常相似的时候。这种相似可以是年龄、性别、社会地位等方面。人们更倾向于仿效与自己相似的人，而不是与自己不同的人。社会认同效应在营销中具有重要的应用价值，商家运用这种效应可以引导消费者的购买行为，提升品牌形象，增加销量。以下是社会认同效应在营销中的一些应用策略。

（1）明星代言和推荐　商家邀请知名人士或社交媒体上有影响力人士代言或者推荐自己的产品，借用明星的社会影响力和消费者对明星的认同感，引导消费者购买。这种策略通过明星的影响力，增加消费者对产品的信任度和购买意愿。

（2）社交媒体营销　商家可以利用社交媒体平台，如微博、微信、抖音等，展示其他用户使用自己产品的照片或评论，通过展示产品的销量、好评数量、关注和点赞等让消费者感受到购买产品的时机和理由都是正确的，吸引更多消费者购买，形成社会认同效应。

（3）突显成功案例　在广告、宣传材料或网站上展示真实用户的使用体验和成功案例，重点打造标杆案例，让潜在消费者看到其他人对产品的满意和认同。这些成功案例可以展示商家的专业能力和产品价值，增加消费者对产品的信任度和购买意愿。

（4）收集评价和分享　商家可以通过回访客户的方式，主动收集客户对产品的评价和分享使用经验，增加正面评价的可见性，进一步加强社会认同，体现产品价值力和影响力。这些真实的评价可以增加消费者对产品的信任度，从而引导他们作出购买决策。

社会认同效应在营销中扮演着重要的角色，商家可以通过多种策略来运用这种效应，提升品牌形象，吸引更多消费者购买自己的产品。需要注意的是，在应用此效应时，要结合客观事实和历史经验，确保信息的真实性和可信度，避免虚假宣传和过度夸大，损害品牌形象和消费者利益。同时，也要考虑目标受众的特点和价值观，使营销策略与之相契合。

2. 互惠效应　是社会心理学的概念，指的是人们在接受他人的好意或帮助后，他们往往会有回报的冲动，会感到有义务回报对方。这在中国文化中被称为"礼尚往来"。以下是互惠原则在营销中的一些主要应用方式。

（1）免费试用或样品　这是互惠原则在营销中最常见的应用。企业为消费者提供一些小礼品或赠品，以表达感谢并期望未来的回报。例如，购买某产品时赠送小礼品或试用装，或者为消费者提供免费的样品试用，来增加产品的价值感。

（2）优惠券和折扣　提供优惠券或折扣是另一种常见的互惠策略。给予消费者特别的优惠、折扣或奖励，使他们感到得到了实惠。这不仅可以吸引新的消费者，还可以鼓励老用户再次购买。消费者感受到的优惠和利益会促使他们对企业产生好感，从而可能在未来进行更多的购买。

（3）给予关怀和售后服务　提供优质的购物体验也是互惠原则的一个重要应用。企业可以通过提供卓越的用户关怀和售后服务、便捷的购物体验、高质量的产品等方式，让消费者感受到企业的价值，进而建立良好的客户关系，促使他们成为忠实用户并推荐给其他人。

（4）内容营销策略　这是一种更高级的策略，即首先给予消费者一些价值，然后再期望他们回报。例如，一些公司会首先为消费者提供有免费有价值的内容，如知识分享、教程、指南等，帮助消费者解决问题或获取信息，建立起信任和互惠关系，促使他们对品牌产生认同感，再提出销售产品或服务的要求。

（5）通过建立会员制度或忠诚度计划　为消费者提供积分、兑换券、特殊待遇等回报来激励消费者多次购买，与其他品牌、社交媒体影响者或相关机构合作，进行联合推广或赞助活动，参与社会责任活动或支持公益事业，展示品牌的良好形象和价值观等策略同样可以达到互惠原则的目的。

需要注意的是，在应用互惠原则时，要确保产品或服务的质量和价值得到保证，以避免仅仅依靠互惠心理而获得的短期利益。同时，也要遵守相关的法律法规和道德规范，确保营销活动的合法性和诚信性。此外，不同的消费者对于互惠原则的反应可能会有所不同，因此需要根据目标受众的特点和市场情况进行合理的策略制定和调整。

3. 稀缺性效应　在营销中是一种非常有效的策略，它基于人们对稀缺资源的追求和珍视。当产品或服务被视为稀缺时，利用人们对有限资源或独特产品的渴望心理，消费者往往更愿意付出更高的价格或采取更积极的行动来获得它们。以下是稀缺性效应在营销中的一些主要应用方式。

（1）限时优惠折扣　这是稀缺性原则在营销中最常见的应用。企业会设置一段时间内的产品或服务的限时折扣或优惠活动，强调活动的时效性，这样会制造出一种紧迫感，促使消费者尽快采取行动，在特定时间内购买。例如，"限时抢购""秒杀活动"等。

（2）限量产品销售　企业通过限制产品或服务的数量，推出限量版或限量生产的产品来制造稀缺感。这种稀缺性使产品更具吸引力，消费者会认为拥有限量版产品更有价值。例如，推出限量版产品、限制每日销售数量等，这种方式可以激发消费者的购买欲望。

（3）提供会员专属　为会员或特定群体提供独家优惠或特权，如专属产品、活动或信息。创造了一种排他性，使会员更愿意参与和购买。例如，会员可以享受到普通消费者无法获得的折扣、赠品或服务。这种方式可以增强会员的归属感。

（4）享受独家权益　为特定用户或会员提供独家的权益、特权或特殊待遇。如给予部分消费者提前访问或预订新产品的机会，提供个性化或定制化的产品或服务，借此激发他们的兴趣和渴望，以及对品牌的关注。

其他常见的利用稀缺性原则的营销策略还有限时限量供应、限地区销售、推出与其他品牌或者名人联名的限量合作产品系列，对于一些热门的产品或服务实行预约制度等。

总的来说，企业可以通过各种方式制造产品或服务的稀缺感来激发消费者的购买欲望。然而，需要注意的是，在运用稀缺性原则时，必须确保产品或服务的真实稀缺性，且产品或服务本身具有足够的价值来支撑这种稀缺性，而不是仅仅通过营销手段来制造一种虚假的稀缺感。同时，也要注意避免过度使用稀缺性原则，以免给消费者带来不必要的压力或不满。在营销中，平衡稀缺性和消费者体验是很重要的。

4. 喜好偏差效应　在营销中有些消费者在作最后购买决策时，往往受到个人喜好、情感倾向或认知偏见的影响，对某种产品、品牌或活动产生偏好，导致他们的选择并不总是基于客观的产品或服务质量。这种偏差为营销人员提供了机会，可以通过影响消费者的喜好来影响他们的购买决策。它在营销中有以下几方面的应用。

（1）市场定位与产品设计　通过了解目标用户的喜好偏差，企业精准地定位目标市场，设计和开发符合消费者需求和偏好的产品，制定有针对性的营销策略，从而提高产品的吸引力和竞争力，提高产品的销量。

（2）塑造品牌忠诚度　基于以往的品牌形象、购买经验、口碑等因素，消费者会对某些品牌产生情感上的偏好。营销人员可以根据目标用户的喜好偏差建立强大的品牌形象、提供优质的用户服务、推出创新的产品等方式来使品牌更具个性和吸引力，增强消费者对品牌的喜好，从而建立起消费者对品牌的忠诚度。

（3）采用个性化营销 借助大数据和人工智能等技术，参照消费者的个人喜好、兴趣、需求等因素，为他们提供个性化的产品推荐或服务。例如，电商平台会根据用户的浏览历史和购买记录推荐相似或相关的商品，增加用户的购买概率。

（4）利用明星效应 利用明星的知名度和影响力做代言广告，强调产品的环保理念或社会责任等，都可以影响消费者的购买决策。

企业在运用这些策略要注意，必须确保它们基于真实的产品价值和服务质量，而不是仅仅依赖营销手段来制造一种虚假的喜好。否则，一旦被消费者识破，可能会对企业的品牌形象和声誉造成负面影响。

5. 权威效应 又称为权威暗示效应，是指一个有威信的、受人敬重的人所说的话及所做的事就容易让人相信。它基于人们对权威人士的信任、尊重和对其专业知识和经验的认可，使得他们的意见和建议具有很大的影响力。以下是权威效应在营销中的一些主要应用方式。

（1）品牌代言 许多公司邀请知名人物、专家或者行业权威作为品牌代言人。这些人通常具有广泛的受众基础和高度的社会认可度，他们的推荐和评价能够增加消费者对产品或服务的信任度和品牌形象，从而提高销量。

（2）权威认证 企业通过获得权威机构的认证或奖项，突出其产品的专业性、优越性和可靠性，如质量认证、行业奖项等。这些认证或奖项一般代表行业内的最高标准，能够为消费者提供额外的信任保障。

（3）专家推荐 在产品宣传过程中采用行业专家的意见或建议，可以增加消费者对产品或服务的信任。这些专家通常具有深厚的专业知识，他们的观点往往被视为权威和可信的。

（4）数据支持 营销活动中引用来自专业的市场研究机构或政府部门的权威数据或研究报告，可以支持企业的产品或服务。

企业在运用权威效应时，必须注意遵循诚信原则，确保所找的代言人形象正面、引用的权威人士、机构或数据是真实可靠的，而不是虚假或夸大。

6. 情感共鸣效应 情感共鸣是一种深入人心的营销策略，指的是个体在感知和理解他人情感状态时产生的情感反应。它主要基于人类的心理和情感反应。这种共鸣可以通过听他人的故事、经历等方式产生。情感共鸣在营销中可以有以下几种应用方式。

（1）讲述品牌故事 品牌故事是激发消费者情感共鸣的有效手段之一。通过讲述品牌创立的背景、发展历程中的感人瞬间以及品牌所承载的价值观等内容，可以让消费者对品牌产生更深刻的理解和认同。例如，某知名化妆品品牌通过讲述创始人为了追求美丽而不断努力的励志故事，成功吸引了大量女性消费者的关注和喜爱。

（2）情感广告创意 通过运用感人的画面、温馨的音乐以及真实的情感故事等手段，情感化广告能够触动消费者的内心情感，引发消费者的共鸣和关注。例如，某家具品牌推出了一则以家庭亲情为主题的广告，广告中展示了家庭成员之间温馨互动的场景，成功激发了消费者对家庭的渴望和对品牌的认同。

（3）情感公益活动 企业可以通过举办社区活动、公益慈善、志愿服务等情感化的公益活动方式，增强消费者与品牌之间的情感联系，展示企业的社会责任感，感受到品牌人文关怀。例如，某快时尚品牌举办了一场以环保为主题的公益活动，邀请消费者共同参与环保行动，既提升了品牌形象，又增强了消费者与品牌之间的情感纽带。

情感共鸣营销是一个长期的过程，需要企业持续投入精力和资源。在运用情感共鸣策略时，要保持真诚与自然的态度，避免过度煽情或夸大其词，以免引起消费者的反感和抵触。同时，要根据目标受众的特点和需求，选择合适的情感共鸣点，确保营销活动的有效性。

7. 比较效应 顾名思义是通过比较不同产品、服务或品牌之间的差异，来引导消费者的购买决策。其原理是基于人类心理中的对比和判断机制。是个体在认知或者决策过程中，倾向于通过与其他事物进行对比来形成判断。在营销活动中，利用消费者对产品或服务的比较心理，对比展示不同产品或服务的优势和特点，从而引导消费者作出购买决策。

（1）品牌比较 在广告或宣传中，将自家的产品与其他品牌的产品进行对比，突出自家产品的优势和特点。

（2）价格比较 通过价格对比，让消费者感受到自家产品的价格更加合理或具有更高的性价比。

（3）质量比较 通过比较产品的质量、耐用性等方面，让消费者认识到产品的品质差异。

（4）功能比较 通过将产品的功能特点与其他类似产品进行对比，展示产品的独特之处和优势。

（5）服务比较 通过强调自家品牌的服务优势，与其他品牌的服务进行对比，突出自家服务的专业性和独特性，增加产品的吸引力。

通过巧妙地运用比较效应，企业可以突出自身产品的优势，提升品牌知名度和美誉度，并最终实现营销目标。然而，在应用过程中需要注意遵循公平、真实的原则，注重核心竞争力的提升，并结合目标受众和市场需求制定有针对性的营销策略。

还有一些心理效应也经常出现在营销活动中，比如利用诱饵效应引入价格较高或较低的诱饵产品，利用框架效应强调产品的优点或利益，而不是直接指出缺点，利用一致性效应强调产品的独特性与消费者个人价值观的一致性等，使产品看起来更具吸引力，增强消费者的购买意愿等。

综上所述，心理效应在营销工作中具有广泛的应用价值。了解和掌握这些心理效应，有助于营销人员更好地把握消费者需求、提升销售业绩。然而，需要注意的是，运用心理效应时应遵循诚信原则，要结合具体情况进行考虑，避免过度操纵消费者心理造成不良影响。同时，随着市场环境和消费者心理的变化，营销人员需要不断学习新的心理效应知识并灵活应用于实践中，以适应不断变化的市场需求。

任务二　认识消费者心理与销售过程

>> **情境导入** ///

情境： 某药店内，一位中年女性进店走向降压药区域。工作人员小王主动上前询问："您好，请问您是需要购买降压药吗？"消费者表示想为家里老人买一款效果好、副作用小的降压药。小王向她询问了老人的具体病情和用药史，后根据这些信息，挑选了几款适合老人的降压药，并详细介绍了每款药物的疗效、用法、用量及可能的副作用。消费者听后表示对其中一款药物感兴趣，但担心会有不良反应。小王耐心解答了她的疑虑，并建议可以先买一小盒试试效果。结算时，小王主动为消费者办理了会员卡。最后，小王将药和小票递给消费者，并表示了感谢。

思考： 1. 医药营销人员在接待消费者时应注意哪些细节问题？

　　　　2. 面对消费者的购买疑虑，小王是怎样处理的？

一、消费者对医药营销人员心理的影响

在营销过程中，医药营销人员与消费者之间的互动关系是非常复杂且多变的。消费者的个性、需

求、购买动机等因素都会对医药营销人员心理产生影响。以下将从多个方面探讨消费者对医药营销人员心理的影响，以期在实际工作中提供一些有益的参考。

（一）消费者个性对医药营销人员心理的影响

消费者个性对医药营销人员心理的影响是多方面的，涉及销售过程的各个环节。不同的消费者有不同的性格类型，如内向型、外向型、理智型、情感型等，这些特点会直接影响他们的购买决策、沟通方式、购买决策过程以及对医药营销人员心理的态度。因此，医药营销人员需要了解不同消费者的个性特点，并灵活调整自己的销售策略和沟通方式，以更好地满足消费者的需求，促进销售的成功。

1. 不同消费者的个性影响购买决策

（1）理性决策消费者 在购买医药产品时会进行深入的研究和比较，注重产品的疗效、安全性、价格等因素。他们往往会收集大量的信息，并仔细权衡利弊。对于医药营销人员来说，与这类消费者沟通时需要提供充分、准确的产品信息，包括临床试验数据、专业认证等，以支持他们的决策过程。

（2）感性决策消费者 在购买医药产品时更容易受到情感因素的影响，比如品牌的声誉、广告的吸引力、亲友的推荐等。他们可能会更加关注产品的外包装、口碑和使用者的故事等。医药营销人员在与这类消费者沟通时，需要注重建立情感连接，通过讲述感人的使用者故事或展示产品的独特之处来打动他们。

（3）冲动决策消费者 在购买医药产品时可能会受到各种促销活动的诱惑，比如限时优惠、打折等。他们往往会在短时间内作出购买决策，不太注重产品的长期效果或详细信息。对于医药营销人员来说，这类消费者提供了快速销售的机会，但也需要确保他们充分了解产品的适用范围和限制。

（4）习惯决策消费者 在购买医药产品时有固定的偏好和习惯，如长期使用某个品牌或某种剂型的药品。他们往往不太愿意尝试新的产品或改变用药习惯。对于医药营销人员来说，与这类消费者沟通时需要尊重他们的选择，并提供符合他们需求的产品和服务。同时，也可以尝试通过提供额外的优惠或增值服务来鼓励他们尝试新产品。

（5）社交影响决策消费者 在购买医药产品时更容易受到他人意见的影响，比如亲朋好友的推荐、社交媒体上的评价等。他们可能会更加关注产品的社交认可度。对于医药营销人员来说，与这类消费者沟通时需要注重口碑营销和社交媒体的影响力，通过积极参与讨论和提供有价值的信息来建立品牌信誉。

了解不同个性消费者的决策方式对医药营销人员至关重要。这有助于医药营销人员更好地调整销售策略和沟通方式，以满足各种消费者的需求并建立长期的客户关系。

2. 不同个性的消费者影响沟通方式

（1）直接果断型消费者 通常目的明确，沟通直接，他们希望快速了解产品的核心信息，如疗效、安全性、价格等，不喜欢冗长的介绍或绕弯子。对于医药营销人员来说，与这类消费者沟通时需要准备充分，言简意赅地提供关键信息，提高沟通效率，避免过多的废话或不必要的细节。

（2）细致谨慎型消费者 在购买医药产品前会进行详尽的调查和比较。他们可能会询问很多问题，包括产品的成分、作用机制、临床试验结果等。与这类消费者沟通时，医药营销人员的专业能力和服务水平要高，需要具备深厚的产品知识和耐心，以提供专业的解答和满足他们的信息需求。

（3）情感丰富型消费者 在营销中容易受到情感因素的影响，他们可能更关注产品的品牌故事、患者见证或广告中的情感元素。与这类消费者沟通时，医药营销人员需要注重情感共鸣，用温暖、关怀的态度建立信任关系，并分享感人的故事或案例来增强产品的吸引力。

（4）社交导向型消费者 在购买医药产品时更倾向于寻求他人的建议或推荐，包括亲朋好友、社交媒体上的意见领袖等。他们可能会更加关注产品的社交认可度和口碑。与这类消费者沟通时，医药营销人员需要积极参与线上互动和社群建设，注重口碑营销和社交媒体的影响力，积极参与讨论，提供有价值的信息，并鼓励消费者分享自己的使用经验。

（5）保守传统型消费者　在购买医药产品时往往更加谨慎和保守，他们可能更倾向于选择传统、经过时间验证的治疗方法或品牌。与这类消费者沟通时，医药营销人员需要尊重他们的价值观和选择，注重与传统治疗方法的比较和优势展示，提供符合他们需求的产品和服务，并强调产品的安全性和可靠性。

了解不同个性消费者的沟通方式有助于营销人员更好地调整自己的沟通策略，提高沟通效果，建立长期的客户关系，并最终实现销售目标。同时，医药营销人员也需要不断学习和提升自己的沟通技巧和应变能力，以应对日益多样化和复杂化的消费者需求和市场环境。

3. 不同个性消费者情绪影响的反应

（1）易怒或急躁型消费者　在面对疾病或健康问题时可能感到特别焦虑或不安，容易表现出急躁或愤怒的情绪。他们可能对医药营销人员的解释或建议缺乏耐心，甚至产生怀疑或攻击性行为。医药营销人员需要保持冷静和专业，避免被消费者的情绪所左右。应该迅速、准确地提供信息，同时展现出同情心和关怀，以缓解消费者的紧张情绪。

（2）焦虑或担忧型消费者　在购买医药产品时可能充满担忧，害怕选择错误或产品效果不佳。他们可能会反复询问细节，需要额外的安慰和保证。医药营销人员需要展现出高度的耐心，提供详细的解释和支持。还应该主动提供额外的资源或信息，以帮助消费者作出更加自信的决策。

（3）开心或乐观型消费者　在面对医药产品时可能持乐观态度，相信产品能够带来积极的变化。他们可能更容易接受新的治疗方案或产品，并愿意分享自己的积极体验。医药营销人员可以与这类消费者建立更加轻松和积极的互动关系。他们应该鼓励消费者分享自己的故事和体验，同时提供符合他们乐观态度的信息和支持。

（4）沮丧或消极型消费者　可能由于长期的健康问题或治疗失败而感到沮丧或失望。他们可能对新的医药产品或治疗方案持怀疑态度，缺乏信心和动力。医药营销人员需要特别敏感地处理与这类消费者的互动。应该提供额外的支持和鼓励，强调产品的潜在好处，同时尊重消费者的感受和选择。在适当的情况下，还可以引导消费者寻求专业的心理咨询或支持。

（5）冷静或理性型消费者　在购买决策中可能更加冷静和理性，不太容易受到情绪的影响。他们可能更注重产品的实际效果和性价比，而不是品牌或广告效应。医药营销人员需要用事实和数据来支持自己的说法，提供客观、准确的信息。应该避免过度夸大产品的效果或做出不切实际的承诺，而是注重建立长期的信任关系。

了解不同个性消费者的情绪反应有助于他们更好地调整自己的沟通策略和工作态度，以提供更加贴心和专业的服务。同时，医药营销人员也需要不断学习和提升自己的情绪管理能力和人际交往技巧，以应对各种复杂的情绪场景和消费者需求。

（二）消费者需求对医药营销人员心理的影响

消费者的需求是医药营销人员工作的核心。不同的消费者有不同的需求，这些需求可能来自他们的生活方式、价值观、兴趣爱好等方面。医药营销人员需要深入了解消费者的需求，并提供符合其需求的产品和服务。不同消费需求对医药营销人员心理的影响，在医药市场中，消费者需求的多样性和复杂性对医药营销人员的心理状态产生了深远的影响。这些需求不仅涉及产品的疗效、安全性、价格等基本信息，还涉及消费者的情感需求、对专业性的期望，以及个性化的服务需求等多个层面。

1. 对基本产品信息的需求　消费者对医药产品的基本信息需求是最基本也是最核心的。他们希望了解产品的疗效、适应证、用法用量、副作用等关键信息。对于这部分需求，医药营销人员需要具

备扎实的专业知识，能够清晰、准确地传达产品信息。当面对消费者提出的疑问时，营销人员如果能够迅速、准确地给出答复，会感到自信和专业价值得到体现。然而，如果消费者对产品的基本信息了解不足或存在误解，营销人员可能会面临信任危机，甚至需要承担因信息传递不当而导致的责任。这种压力会使他们感到焦虑和不安。

2. 对情感支持的需求　医药产品往往与消费者的健康和生活质量密切相关。因此，在购买过程中，消费者不仅需要产品本身的信息，还需要情感上的支持和关怀。他们可能担心疾病的进展、治疗的副作用，以及生活质量的下降等问题。面对这些情感需求，医药营销人员需要展现出共情和关怀，为消费者提供情感上的支持和安慰。当营销人员能够满足消费者的情感需求时，他们会感到满足和成就感。然而，如果无法有效应对消费者的情感问题，营销人员可能会感到挫败和无助，甚至对自己的专业能力产生怀疑。

3. 对专业建议的需求　消费者在购买医药产品时，往往期望从医药营销人员那里获得专业、权威的建议。他们希望营销人员能够根据他们的病情、身体状况和经济状况等因素，为他们推荐最合适的产品和治疗方案。这种对专业性的期望对医药营销人员的自信心和责任感构成了挑战。营销人员需要不断提升自己的专业素养和知识储备，以便为消费者提供准确、可靠的建议。当他们的建议被消费者接受并带来积极的效果时，会感到自豪和满足。然而，如果建议被质疑或忽视，可能会感到沮丧和失落。

4. 对个性化服务的需求　随着消费者需求的不断升级，个性化服务在医药市场中的重要性日益凸显。消费者希望医药营销人员能够根据他们的个人情况和需求，提供定制化的产品和服务。这要求医药营销人员具备敏锐的市场洞察力和创新能力，能够捕捉并满足消费者的个性化需求。当其能够为消费者提供独特的个性化服务时，会感到兴奋和满足。然而，如果无法满足消费者的个性化需求，可能会感到沮丧和挫败。

5. 对销售压力和职业道德的平衡需求　在医药销售行业，销售人员面临着巨大的销售压力。然而，满足消费者需求与遵守职业道德之间往往存在一定的张力。医药营销人员需要在追求销售业绩的同时，坚守职业道德底线，为消费者提供真正符合其需求的产品和服务。这种平衡对营销人员的心理素质和道德观念提出了高要求。他们需要在面对销售压力时保持冷静和理智，坚守自己的原则和底线。当他们能够在销售压力和职业道德之间找到平衡点时，会感到安心和自豪。然而，如果无法平衡这两者之间的关系，可能会陷入内心的挣扎和焦虑之中。

为了应对这些影响，医药营销人员需要不断提升自己的专业素养、心理素质和人际交往能力；同时，企业和社会也应该为他们提供一个良好的工作环境和支持系统。

（三）消费者购买动机对医药营销人员心理的影响

消费者的购买动机是指他们购买产品或服务的内在驱动力。在医药市场中，消费者购买医药产品往往基于各种不同的消费动机。这些动机可能是对健康的追求、对疾病的恐惧、对疗效的期望，或是受到广告、推荐等外部因素的影响。它们影响消费者的购买决策和选择。医药营销人员需要了解消费者的购买动机，并根据其动机提供相应的产品推荐和解决方案。

1. 健康追求动机　大部分消费者购买医药产品的首要动机是为了维护或恢复健康。他们希望找到安全、有效的药物来治疗疾病或缓解症状。面对这类消费者，医药营销人员需要展现出高度的专业素养和诚信，提供准确、全面的产品信息，以建立消费者的信任感。当消费者因为信任而选择其产品时，营销人员会感到满足和自豪。然而，如果消费者对产品的疗效或安全性产生怀疑，营销人员可能会面临信任危机，感到压力和焦虑。

2. 疾病恐惧动机　部分消费者由于对某种疾病的恐惧而购买医药产品。他们可能过于担忧自己的健康状况，对疾病的认知存在误区或夸大。面对这类消费者，医药营销人员需要耐心倾听他们的担忧，提供科学、客观的信息来纠正他们的认知偏差。当营销人员能够帮助消费者消除恐惧、建立正确的健康观念时，会感到成就感和满足感。然而，如果消费者的恐惧情绪无法得到缓解或对产品产生过度依赖，营销人员可能会感到无助和挫败。

3. 疗效期望动机　一些消费者在购买医药产品时抱有较高的疗效期望。他们希望药物能够迅速、显著地改善症状或治愈疾病。面对这类消费者，医药营销人员需要客观、准确地传达产品的疗效和预期效果，同时管理消费者的期望。当产品的疗效符合或超过消费者的期望时，营销人员会感到满足和自豪。然而，如果产品的疗效未能达到消费者的期望，营销人员可能会面临消费者的失望和抱怨，感到沮丧和内疚。

4. 外部影响因素动机　广告、推荐、促销活动等外部因素也可能成为消费者购买医药产品的动机。面对这类消费者，医药营销人员需要灵活运用各种营销策略和手段来吸引他们的注意并激发他们的购买欲望。当营销策略成功吸引消费者并促成购买时，营销人员会感到兴奋和满足。然而，如果消费者对广告或推荐的真实性产生怀疑或对产品产生不信任感时，营销人员可能会面临信任危机和负面评价的压力。

为了应对这些影响并提升销售业绩，医药营销人员需要深入了解消费者的需求和动机，提供个性化的服务和解决方案。同时，还需要不断提升自己的专业素养和沟通能力，以建立与消费者的信任关系并满足他们的期望。

（四）消费者信任与忠诚度对医药营销人员心理的影响

1. 高度信任与忠诚的消费者　当消费者对医药品牌或营销人员表现出高度的信任和忠诚度时，这会对医药营销人员产生积极的心理影响。首先，高度的信任意味着消费者对医药营销人员的专业性和诚信有充分的认可，这会增强营销人员的自信心和满足感。他们感到自己的工作得到了肯定，从而更加积极地投入到工作中。其次，忠诚的消费者往往会持续购买并推荐给他人。这种行为不仅为医药营销人员带来了稳定的销售业绩，还为他们创造了一种良好的工作氛围。在这种环境下，医药营销人员会更加愿意与消费者建立长期的合作关系，提供更加贴心和专业的服务。

2. 低度信任与忠诚的消费者　相比之下，当消费者对医药品牌或营销人员表现出低度的信任和忠诚度时，这会对医药营销人员产生消极的心理影响。首先，低度的信任可能源于消费者对医药营销人员的专业性或诚信度的质疑。这种质疑会让营销人员感到沮丧和挫败，甚至对自己的能力产生怀疑。他们可能会感到自己的工作没有得到应有的认可，从而失去工作的动力和热情。其次，缺乏忠诚度的消费者往往更容易受到其他品牌或竞争对手的诱惑，从而转向其他产品。这种行为不仅会影响医药营销人员的销售业绩，还可能让他们感到自己的工作成果没有得到应有的回报。在这种情况下，医药营销人员可能会感到焦虑和不安，担心自己的工作前景和职业发展。

综上所述，面对不同程度的消费者信任和忠诚度，医药营销人员需要具备良好的心理素质和应对策略。医药营销人员需要深入了解并适应这些影响因素，不断提升自己的专业素养和服务质量，增加销售的成功率。

二、医药营销人员接待消费者的步骤

医药营销人员对消费者的接待是一项综合性工作，要求医药营销人员必须具备热情、专业、倾听、灵活应变和后续服务等多方面的能力。通过优质的接待服务，可以建立良好的客户关系，提高销售成功率，提升销售业绩，并为企业的长期发展奠定坚实基础。以下是医药营销人员接待消费者的步骤，在实际情况中，可能会根据不同的产品和营销环境有所调整。

1. 热情迎接与友好问候 当消费者进入销售场所或接触营销人员时，医药营销人员应主动迎接，并致以问候。这一步骤的目的是建立初步的联系，并为后续的沟通打下良好的基础。在迎接过程中，营销人员应保持微笑、态度友善，以展现出专业素养和服务意识。

2. 建立联系与了解需求 通过提问、倾听，与消费者进行简短交流，医药营销人员需要了解消费者的具体情况。这包括了解消费者的病情、症状持续时间、已尝试的治疗方法等。通过深入了解，营销人员可以判断消费者的病情严重程度和紧急程度，从而提供更加精准的建议和帮助。在了解需求的过程中，医药营销人员还需要关注消费者的心理状态。对于焦虑、紧张的消费者，营销人员应给予适当的安慰和支持；对于对产品有疑虑的消费者，营销人员应提供详细的解答和证据支持。

3. 推荐合适药品与提供专业建议 根据消费者的需求和病情，医药营销人员应提供专业的用药建议。这包括推荐适合的产品、介绍产品的疗效和安全性、告知用法用量和注意事项等。在提供专业建议时，同时，医药营销人员还需要关注消费者的经济状况和支付能力。在推荐产品时，应尽量提供性价比高的选择，避免推荐过于昂贵或不必要的产品。此外，对于需要长期使用药物的消费者，营销人员还应提供合理的用药计划和费用预算建议。

4. 解答疑问与消除顾虑 在过程中，他们可能会对产品的疗效、安全性、副作用等方面产生疑问或顾虑。医药营销人员应针对这些问题给予详细的解答和说明，以消除消费者的顾虑并增强他们的信心。在解答疑问时，营销人员应保持耐心、细致的态度，确保消费者能够充分理解并接受所提供的信息，并提供必要的支持和证据。

5. 促成购买 当消费者对产品产生购买意愿时，医药营销人员应协助消费者完成购买流程。这包括提供购买渠道、介绍优惠政策、协助办理付款手续等。在促成购买的过程中，营销人员应保持热情、周到的服务态度，确保消费者的购买体验顺畅愉快。

6. 后续服务 购买完成后，医药营销人员还需要提供必要的后续服务。这包括告知产品使用方法、提醒注意事项、提供退换货服务等。通过提供优质的后续服务，营销人员可以增强消费者的满意度和忠诚度，从而为品牌树立良好的口碑。

三、医药营销人员与消费者之间的目标冲突

（一）医药营销人员与消费者之间的目标冲突产生的原因

营销过程是一个动态的、相互影响的循环，涉及双方的期望、需求、利益等多个层面。在这个过程中，医药营销人员与消费者的目标有一定差异性，尽管两者都希望达成满意的交易，但是不可避免地会产生目标冲突。这种冲突产生的原因是多方面的，以下是一些常见的原因。

1. 利益不一致 医药营销人员与消费者在营销过程中追求的利益是不同的。医药营销人员的主要目标是推销产品，实现销售目标，以获得个人业绩，实现利润最大化，消费者的主要目标则是购买到安全、有效且价格合理的药品，希望获得性价比更高的服务。这种利益不一致可能导致营销人员过于强调产品的优点，而忽略或淡化其可能的副作用或不足，从而与消费者的实际需求产生冲突。

2. 信息不一致 医药营销人员通常具有更全面的医药知识和产品信息，对服务的了解更深入，而消费者可能缺乏这些信息。医药营销人员在传达这些信息的时候可能不够全面、准确或有误导性，如语言差异、理解偏差或信息传递不完整等。这种信息不一致可能导致消费者对产品的理解存在偏差，可能会怀疑医药营销人员提供的信息是否真实、准确，对医药营销人员产生误解和猜疑，进而对他们产生抵触情绪，从而引发冲突。

3. 其他不一致

（1）在产品偏好方面 消费者可能有特定的产品需求或偏好，而医药营销人员可能更倾向于推

销其他产品，因为它们可能带来更高的佣金或更容易销售。

（2）在服务质量问题 如果医药营销人员服务态度冷淡、响应不及时、不专业或解决方案不合理，消费者就会感到不满和愤怒，引发抱怨和投诉。

（3）在购买决策时间方面 消费者可能需要更多时间来了解产品、比较价格、考虑购买决策等，而医药营销人员面临销售压力，希望尽快完成交易，以便接待更多客户或完成更多销售任务。

（4）在售后服务方面 消费者可能期望得到全面的售后支持和保障，而医药营销人员可能更关注售前阶段，对售后服务的重视程度不够。

（二）医药营销人员与消费者目标冲突的几种常见类型

1. 价格期望冲突 这种冲突主要来自双方对产品价格的不同认知和期望。企业通常会根据产品的生产成本、市场的供求关系、同类产品竞争情况等因素来制定价格，希望高价格销售产品，以实现销售目标和利润最大化。

消费者往往对价格敏感，尤其是在医药产品上。他们可能期望以更低的价格购买到高品质的药品，而医药营销人员则需要保证企业的利润和产品的市场定位。医药营销人员可能强调药品的创新性、疗效和安全性等价值，而消费者可能更关注药品的实际效果和性价比。另外，不同消费者的经济能力不同，对价格的承受能力也不同。一些消费者可能无法承担高昂的药品费用，而医药营销人员可能无法提供满足所有消费者经济能力的价格策略。当消费者认为药品价格过高或不合理时，他们可能会向医药营销人员或销售渠道提出抱怨或质疑。这些抱怨可能涉及价格透明度、性价比、折扣政策等方面，可能会导致该药品的销售量下降。这不仅影响医药企业的业绩，还可能对品牌形象和市场地位造成负面影响。

医药企业可以开发不同定位、不同价格区间的产品，以满足不同消费者的需求。医药营销人员应向消费者提供详细的价格信息，包括成本构成、研发投入、生产流程、定价依据、折扣政策等，以增加消费者对药品价格的理解和接受。针对消费者的不同需求和经济能力，医药企业可以采取价格策略，如优惠券、会员折扣等，以平衡双方的利益。而医药营销人员可以提供性价比分析，通过强调产品的疗效、安全性、便捷性等方面的优势，提升消费者对价格的接受度。医药企业还可以根据市场变化情况和消费者的需求，灵活调整定价策略。例如，针对不同渠道或市场细分制定差异化价格，或者通过促销活动来吸引更多消费者。

医药营销人员应密切关注消费者的反馈和意见，及时调整定价策略和销售策略。通过不断改进产品和服务，满足消费者的期望和需求，降低价格冲突的发生概率。

2. 信息冲突 由于医药营销人员与消费者对产品或服务的信息掌握程度不一致，在营销过程中可能产生一些问题。以下是一些可能导致信息冲突的情况。

医药营销人员可能对产品的包括制造过程、材料来源、性能特点等有更深入的了解，而消费者可能对这些信息的了解有限。由于语言差异、专业知识不足或沟通方式不当，双方可能对同一信息产生不同的理解。在信息传递过程中，可能会出现误解、遗漏或错误，导致双方对交易条件、合同条款等方面的理解不一致。一方可能有意或无意地隐瞒某些重要信息，这可能会影响另一方的决策和利益。在某些情况下，医药营销人员可能故意隐瞒产品的缺陷或不利信息，以促成交易。一旦消费者发现被误导或欺骗，就会引发严重的信任危机和信息冲突。市场条件和产品信息可能随时间而变化，这些信息如果不能及时传递给对方，可能会导致基于过时信息做出的决策与当前实际情况不符，从而引发冲突。

解决医药营销人员与消费者信息冲突的方法包括以下几方面。①增强信息透明度：卖方应提供全面、准确的产品信息，避免隐瞒或误导；②改进沟通方式：使用清晰、易懂的语言进行沟通，避免使用过于复杂或专业的术语；③建立信任机制：通过第三方认证、客户评价等方式建立信任，减少信息欺诈的可能性；及时更新信息：确保双方都能获得最新的市场信息和产品信息。

3. 产品需求冲突 在产品需求方面，医药营销人员通常具备更深入的医药产品知识，了解各种药物的成分、疗效、副作用等。消费者往往缺乏这些专业知识，可能更依赖于个人经验、口碑、广告或亲友推荐来选择产品。医药营销人员可能根据临床数据和专业判断推荐某种药物作为首选治疗方案。消费者可能基于个人感受、对疾病的认知或对特定品牌的偏好而倾向于选择其他药物。消费者可能对某个品牌有长期的忠诚度，不愿轻易尝试新药或不同品牌的药物。医药营销人员则可能希望推广新产品或提高市场份额，从而与消费者的品牌偏好发生冲突。消费者在选择医药产品时，价格往往是一个重要的考虑因素。他们可能更倾向于选择性价比高的药物。医药营销人员可能推荐价格较高但效果更佳的药物，或者忽略价格因素以强调产品的其他优势。

医药营销人员可以通过与对方增强沟通、提供多种选择、制定个性化服务，采取灵活的定价策略等手段与消费者进行有效的沟通和协商，从而促成交易的顺利进行。

4. 服务质量冲突 从医药营销人员的角度，他们可能认为自己已经足够专业，按照自己的工作节奏充分解答了消费者疑问，服务态度恰当，服务效率合理，而消费者可能期望得到更加快速高效、耐心细致的服务，以及更加专业的建议。在提供产品信息时，医药营销人员可能侧重于产品的优点和疗效，而对副作用或限制条件轻描淡写，消费者期望获得全面、准确的产品信息，以便作出知情的购买决策。虽然医药营销人员推荐的产品价格较高但是效果好，消费者则往往希望在预算范围内获得最佳性价比的产品。

医药营销人员可以通过明确服务标准、建立有效的沟通渠道、提供补救措施等方式化解服务质量冲突，维护良好的交易关系。

5. 决策时间冲突 医药营销人员可能希望尽快完成交易，以满足紧急需求或避免进一步的市场变化。而消费者可能没有同样的紧迫感，可能需要更多时间来考虑各种因素，如产品的疗效、安全性、价格以及替代品的可用性等。消费者在处理医药产品相关信息时，可能需要时间来理解复杂的医学术语、适应证、用法用量以及潜在的副作用等，而医药营销人员可能高估了消费者处理这些信息的速度。消费者可能需要更多时间来收集和分析产品信息、市场价格、竞争对手情况等，以便作出明智的决策。而医药营销人员可能希望尽快得到消费者的决策结果，以便安排生产和交付计划。双方可能位于不同的时区或国家，受到节假日和工作时间差异的影响。这也可能会导致沟通延迟和决策时间上的不匹配。

双方可以通过明确时间表和期限、加强沟通和协调、使用中介或第三方服务等手段避免出现决策上冲突。

6. 售后服务冲突 消费者在遇到问题后，可能期望医药营销人员能够迅速响应并提供解决方案。如果医药营销人员响应迟缓或缺乏有效沟通，就可能导致消费者的不满。当产品需要维修或更换时，双方可能对产品问题的原因、维修费用或更换条件存在分歧。医药营销人员的退换货政策可能不明确或与消费者的期望不符，导致在退换货过程中产生冲突。医药营销人员可能认为销售完成后，自己的服务职责就结束了。消费者通常期望在购买后得到持续的关怀和支持，如用药指导、副作用监测等。在面对售后服务请求时，医药营销人员可能试图推卸责任或将问题归咎于消费者的不当使用，这会引起消费者的强烈不满。

通过制定明确的售后服务政策、提供快速有效的响应、培训专业的团队以及公正处理争议，甚至寻求第三方调解或仲裁，双方通常能够化解售后服务冲突，维护良好的客户关系和品牌形象。

（三）医药营销人员与消费者目标冲突的化解策略

在医药市场中，医药营销人员与消费者之间的目标冲突是一个不可忽视的问题。这种冲突可能源于双方对药品疗效、价格、服务质量等方面的不同期望和需求。为了化解这种冲突，提升消费者满意度，维护企业形象，以下将详细探讨一些有效的化解策略。

1. 深入了解消费者需求 医药营销人员应深入了解消费者的实际需求，包括他们对药品的疗效、副作用、价格、品牌等方面的期望。通过与消费者进行充分交流沟通，营销人员可以更好地理解消费者的需求点，从而提供更加精准的产品和服务。这种以消费者为中心的服务理念有助于建立长期的信任关系，减少目标冲突的发生。

2. 提供全面的产品信息 为了消除信息不对称带来的目标冲突，医药营销人员应向消费者提供全面、准确、客观的产品信息。这包括药品的成分、疗效、用法用量、注意事项、可能的副作用等。通过充分披露产品信息，消费者可以作出更加明智的购买决策，从而减少因误解或期望不符而引发的冲突。

3. 建立有效的沟通机制 沟通是化解医药营销人员与消费者目标冲突的关键。双方应建立有效的沟通机制，包括定期的回访、在线客服、电话咨询等，以便及时解答消费者的疑问，处理他们的问题。在沟通过程中，医药营销人员应保持耐心、友善的态度，尊重消费者的意见和感受，积极寻求双方都能接受的解决方案。

4. 提供个性化的服务方案 针对消费者的不同需求和偏好，医药营销人员可以提供个性化的服务方案。例如，根据消费者的病情、经济状况、用药习惯等因素，为他们推荐合适的药品和治疗方案。这种量身定制的服务可以让消费者感受到更多的关怀和尊重，从而减少目标冲突的发生。

5. 加强售后服务体系建设 售后服务是化解医药营销人员与消费者目标冲突的重要环节。企业应建立完善的售后服务体系，包括退换货政策、产品质量跟踪、健康咨询等，以确保消费者在购买和使用药品过程中得到充分的支持和帮助。同时，医药营销人员应定期关注消费者的用药情况和健康状况，及时提供必要的指导和建议。

6. 提升医药营销人员的专业素养 医药营销人员的专业素养对于化解目标冲突至关重要。企业应加强对医药营销人员的培训和教育，提升其医药知识、沟通技巧和服务意识。通过专业的培训和实践锻炼，医药营销人员可以更好地满足消费者的需求，提供更加优质的服务。

7. 建立消费者反馈机制 为了及时了解并解决目标冲突，企业应建立消费者反馈机制，鼓励消费者提供宝贵的意见和建议。这可以通过在线调查、客户满意度评分、投诉渠道等方式实现。通过分析消费者的反馈，企业可以发现服务中的不足和问题，及时采取改进措施，从而提升消费者满意度和忠诚度。

8. 加强行业监管和自律 除了企业自身的努力外，加强行业监管和自律也是化解医药营销人员与消费者目标冲突的重要途径。政府和相关机构应加大对医药市场的监管力度，打击虚假宣传、价格欺诈等不法行为，维护市场秩序和消费者权益。同时，医药企业也应加强自律意识，遵守行业规范和道德标准，树立良好的企业形象。

通过这些措施，双方共同努力可以逐步化解消费者与医药营销人员之间的目标冲突，实现双方的共赢。同时，也应该从冲突中学习和改进，以提高未来的合作效果。这不仅有助于提升消费者的满意度和信任度，也有利于医药企业的可持续发展和社会声誉的构建。

····· 目标检测

答案解析

一、单选题

1. 医药营销人员的基本素质有（　　）

 A. 身体素质   B. 心理素质   C. 拓展素质   D. 协作素质

2. 在营销中常见的心理效应包括（　　）

  A. 马太效应　 B. 破窗效应　 C. 权威效应　 D. 青蛙效应

3. 讲述品牌故事策略属于（　　）

  A. 互惠原则　 B. 情感共鸣　 C. 社会认同效应　 D. 比较效应

4. （　　）在购买医药产品时更倾向于寻求他人的建议或推荐，包括亲朋好友、社交媒体上的意见领袖等。他们可能会更加关注产品的认可度和口碑

  A. 社交导向型消费者　 B. 情感丰富型消费者

  C. 直接果断型消费者　 D. 保守传统型消费者

二、简答题

1. 消费者购买动机对医药营销人员心理的影响有哪些？

2. 简述医药营销人员接待消费者的步骤。

书网融合……

   本章小结   微课   习题

参考文献

[1] 丛媛. 药品营销心理学 [M]. 2 版. 北京：人民卫生出版社，2014.

[2] 黄雪英，陈永泰. 营销心理学 [M]. 北京：中国财政经济出版社，2015.

[3] 李海凤，单浩杰，刘清华. 营销心理学 [M]. 北京：中国人民大学出版社，2018.

[4] 曾天地. 消费心理学 [M]. 北京：中国人民大学出版社，2019.

[5] 甘湘宁. 医药市场营销实务 [M]. 4 版. 北京：中国医药科技出版社，2019.

[6] 严立浩，严振. 药品市场营销技术 [M]. 4 版. 北京：化学工业出版社，2021.

[7] 陈玉文. 医药市场营销学 [M]. 2 版. 北京：人民卫生出版社，2022.

[8] 张自英，陈思名，章捷. 医药营销过程与实践 [M]. 北京：化学工业出版社，2024.

[9] 王浩. 医药营销打开直播的正确方式 [N]. 医药经济报，2021 - 08 - 22 (004).

[10] 李瑶. 医药营销自我救赎阵痛 [N]. 医药经济报，2021 - 01 - 01 (011).